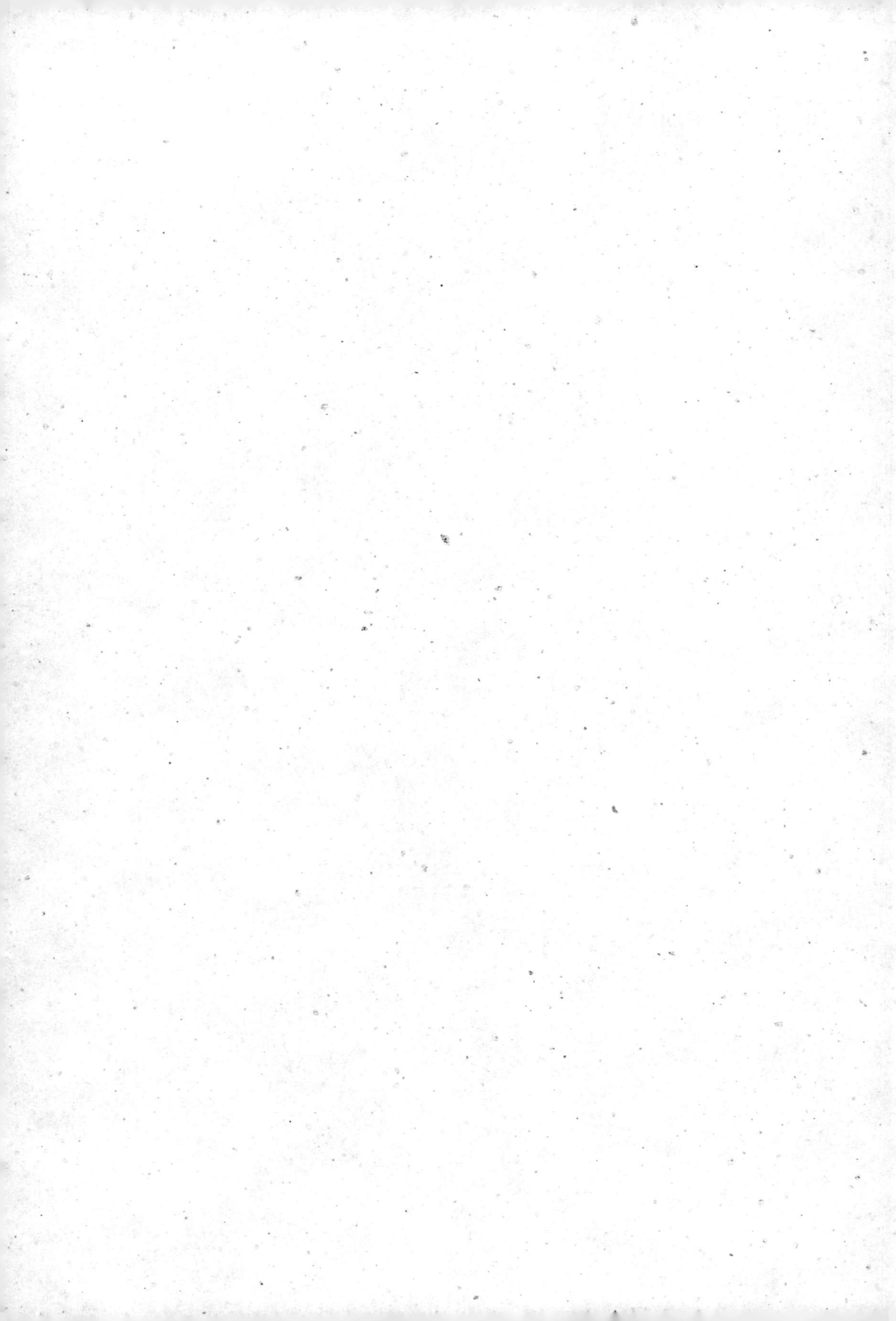

烂柯

棋道与人生

胡廷楣 著

上海文化出版社
SHANGHAI CULTURE PUBLISHING HOUSE

上烂柯
——致敬师友

要写一本关于围棋的散文集，取名《烂柯》。

烂柯作为围棋的别称，始于南朝文学家任昉。自然风景的烂柯山，在衢州。上山一次，百千感叹都在时间和空间。

今日烂柯，在人间，在棋界。位于东方文化群山之中，自是爱棋者心灵的天地。

如那观棋听歌的樵夫王质，我偶然遭遇围棋，自此便在人文烂柯山上下奔波。亲见最优秀的棋手，一着而令天下惊。又见 AlphaGo 登场，理科和文科学者细细讲授人机之缘。最留恋在上海图书馆里读书，细辨民国棋手的行踪，倾听古诗人的歌谣。

不错，我不过是王质。王质和《桃花源记》里的渔夫，可并称渔樵。古之闲聊者，亦今之著文者。

初上烂柯，是记者，在中日围棋擂台赛时。那时烂柯在北京，体育馆路南，读谱下棋在训练局大院，比赛多在北京体育馆。

《围棋天地》杂志陈铮女士领的路。

华以刚八段在中国棋院任围棋部主任的时候，我曾经向他问棋。初初一两次采访，华老有点失望。因为我的围棋水平不能与他"搭脉"。当年的"华老"还未老，他劝诫我，你这年纪，不知道要下多少棋，耗费多少心血，至多能谋一个业余段位。即使下到精疲力竭，还

1

是很难看懂高手的棋。还不如多看看棋书棋谱，可以写文章。我听懂了。一张白纸，要当好记者，首先需要理解围棋。记者的棋不必太好，要紧的是能够有知识为底气去和最高等级的棋手聊棋。

三十多年前，北京擂台赛场，裁判长都是棋坛元老，连记棋谱、传递棋谱，也是有段少年中的佼佼者方可担任。中国棋院院长陈祖德堪称学者型的棋手，他曾经在《光明日报》做《围棋与东方智慧》的报告，台下名编辑名记者云集。王汝南和华以刚，都是世界围棋史和比较文化的行家。郝克强身兼《新体育》《围棋天地》两份杂志总编，是老革命，和蔼可亲的体育新闻前辈，又是中日围棋擂台赛的中方组织者。赛场记者中指点江山者，南有曹志林、赵之云，北有沈果孙、程晓流。尽管他们都有围棋专著问世，在赛场仍然非常慎重，亲自记谱，在棋盘上摆出各种参考图。记者有疑问，还可去请教棋手。华以刚特别介绍给我的老师是曹大元和华伟荣。

记者在擂台赛的观战室里，可以站在国务院副总理、围棋协会名誉主席方毅的背后，对面是摆棋的聂卫平和诸棋手，左边是国家体委主任、围棋协会主席李梦华和中国棋院院长陈祖德，右边可能是一位部长，或者一位将军……

这样恢宏的阵容，今天已经不可复制。也可知道，认为围棋非常美丽，是那个时代的全民共识，有意无意间将棋赛中获胜的健儿，当作崛起时代的精神象征。

在不可重现的世界围棋巅峰年代做记者，自是一种幸运。

四年之后，稍稍有了一些勇气。在陈祖德院长的支持下，完成了《黑白之道》。对我而言，这是一份当代围棋文化的田野调查报告，使用非虚构作品的对话体。

围棋仅占我体育记者工作的三分之一不到。曾经走遍了国家体委训练局的每一个训练场，坐在长凳上看着一位位优秀教练调教世界冠军。和许多教练有过长谈。也曾经写过不少值得怀念的新闻稿。只是因为写作《黑白之道》，我知道"在工作中学习"可在采访围棋时实现。

吴文俊、严文井、金克木，都是我尊敬的老师。中国美院章祖安教授认定"围棋是典型的中国文化现象"。他是深度研究《周易》的专家，我尊他为导师，他以著作为函授。章老师研究中国传统文化极深，跟着他读书，感觉到大视野中浓缩的哲理，由一两句话而联想无数。中国的琴棋书画，互有沟通。章老师的书法理论，对于围棋写作，有非常广泛的启发。由老子语录生发对虚实的理解，由孟子语录引出中国式的审美层次，由"中"提出的艺术反向张力，都值得反复领会。又需要从他的幽默中警醒，他说"书法是慢熟的艺术"，便是在教我，读书写作是一辈子的事情，不可焦躁。又说"书法是裸体的艺术"，似在提示，小说散文也是裸体的，作者学识，明眼人一瞥便知。

采访围棋十年，对棋手孤身奋斗的身影印象深刻。"我的寂寞是一条长蛇，冰冷地没有言语"。孤独是一种很悲壮的美。外人难以进入某个棋手完整的精神世界，他也几乎无处可以倾诉。

上海电视台的萧强兄，曾经客串晚会的导演，因为本业是体育记者，也曾经是全国大学生围棋赛冠军，他邀请世界冠军庄泳和古力在电视台唱过歌。

游泳冠军庄泳唱的是《掌声响起来》，"孤独站在这舞台，听到掌声响起来，我的心中有无限感慨"，是孤独，但是心中有人。看台上荧屏前成千上万观众在为她喝彩，又容易走出孤独。

围棋冠军古力唱的是《三百六十五里路》，"多年漂泊日夜餐风露宿，为了理想我宁愿忍受寂寞，饮尽那份孤独"。古力，以及顶级职业棋手遭遇的是无解的孤独。即使有人将他们当作偶像，但是他们和爱好者之间，有着空间上远远的距离和围棋技术上深深的鸿沟。

超一流棋手追求棋道自甘孤独，时间长度令人感叹：下一局棋需要一天，准备一场重要的对局需要几个星期、几个月。要能够下出高质量的棋，至少是一位天才的十年以上，甚至是毕生的辛苦。

翻检往日自写围棋新闻，有不少"孤独""寂寞"的字样。擂台赛中方到日方主将大竹英雄面前，作一标题：《英雄寂寞守孤城》。写中国棋手孤独的更多，后将这些报道收集起来，作散文《孤独的心》。

孤独自然是棋手在胜负世界不可避免的状态，但不应该是人生的全部。散文的最后，是韩国和中国最好的棋手李昌镐和常昊真诚的友谊，与当年吴清源和木谷实一样，给人美好的向往。

《闰年·9月22日》是让我十分珍惜的文章。虽然也是在写孤独，刘钧的孤独和成功者的孤独不一样。

1997年，22岁的刘钧夺得了"新人王"冠军，他少年时的教练谢裕国便对我说，能不能为刘钧写一篇文章。记得是在刘钧的办公室里，他年轻的脸上，一直有着平和的笑容。然后再用相当平淡的话语，讲述自己并不平淡的故事。国家队领队华以刚找15岁的刘钧谈话，告诉他，心脏有病，已经不能适应比赛。于是他不得不准备从国家少年队回家……

我默默听他说，在伙伴们外出比赛时，他不再读谱，乘着公交车从起点坐到终点，再乘回来。回上海，他由职业三段变成了业余7段。还在下棋，直到成为世界业余冠军，参加职业棋手世界大赛，战胜包括常昊在内的所有青年强手，获得"新人王"头衔……

文章发表七年之后，2004年3月16日，29岁的刘钧在家中洗澡时心脏病发作，突然昏迷，被送到医院时已告不治。《围棋天地》找到此文，重新发表，以纪念当代一位不可忽略的棋手。

现在回想，他所谈论的下棋往事，全部在死亡威胁之下展开，有着非一般的惨烈。虽然我珍爱这样的文章，不过内心总想把围棋写得美一些。

报社在体制改革。20世纪末，恋恋不舍下了烂柯山。

二上烂柯，我已退休。游子回乡，烂柯在杭州，我的故乡。古谱和围棋规则专家陈祖源先生告诉我，中国棋院杭州分院集聚学者，研究围棋文化。

2002年，中国科大张达人教授团队和美国明尼苏达大学的研究团队已经用实验证明棋手在围棋对弈中存在形象思维。探索优秀棋手下棋瞬间的感觉，对我极有诱惑力。

日本计算机专家加藤英树先生曾经在杭州年会上做了关于围棋人

工智能 ZEN 的报告。他从富士通研究所退休后，几乎是自费开始研究计算机围棋。ZEN 其实是"禅"的意思，表明了研究团队对于围棋境界的追求。2012 年 ZEN 受让四子，战胜了武宫正树九段。

在采访体育之前，我曾经是一名科学记者。会场遇见《围棋天地》的周刚先生，他给了我两个电话。其中一位，就是人工智能学者刘知青教授。无意间看见后面桌子的姓名牌，刘教授就坐在那里。

度过极为紧张的几个月，我们完成了《对面千里》。

当 AlphaGo 战胜了樊麾二段和李世石九段之后，刘教授阅读了研究报告，认为 AlphaGo 可以看作是人类认知的新探索。他还说，这也是人类认识自己的一个契机。棋手可以和机器组成共生关系，下出更为精彩的棋。

机器让职业围棋重新洗了一次牌。所有棋手，无论男女，不论长幼，一律平等。重新站在同一起跑线上，再出发。烂柯山出现了一条 AI 新路。山腰处，机器之路没有了。棋手流着更多的汗，在无路处攀援可望而不可即的巅峰。况且烂柯山在不断长高。

围棋的发展史上，类似的洗牌一直在进行。每一次更新换代，都是年轻棋手的创造和突破，也都是年老棋手的坚持和重新认识。只有输棋，没有输家。围棋就是如此进步的。

此时重读了川端康成的《名人》和吴清源的《天外有天》，重温日本围棋二战和战后勃兴时期的人物资料：濑越宪作、桥本宇太郎、吴清源、木谷实、藤泽秀行、武宫正树……将他们棋盘边上的身影，一一留在书中。现时的棋童，认识他们多是棋谱上的名字。

文学理论家陈思和兄对于濑越宪作主持桥本宇太郎和岩本薰原爆下的对局极为震动。他说：

> 他们就在死神的眼皮底下收拾场地，继续下完了这盘棋，还决出了胜负。这需要有什么样的心理定力才能够做到？围棋真有这样超越生死的力量吗？
>
> 我联想到著名的阿基米德之死。古希腊数学家阿基米德

在家里研究圆形几何图，全神贯注，当敌人士兵破城冲进他的家，他只顾大呼不要碰坏了地上画的圆，结果惨遭杀害。我一直把这种对专业的痴迷精神视为知识分子岗位意识的最高境界。

日本棋手的故事又一次召唤了这种境界。其实，不是围棋或者几何学具有这样的魅力，而是棋手和科学家们对专业的极度痴迷，他们在工作时刻完全把自己的生命融化到对象当中去，已经很难在他们与对象之间准确区分主体与客体的二元性了。一个围棋手与他的棋盘，一个表演艺术家与他的舞台，一个科学家与他的实验室，一个作家与他的创作……现代知识分子的价值取向无法与他的工作岗位截然分开，这样的主客体如胶似漆浑然自在的生命现象，才是真正的具有创造性的生命艺术。

不管有没有机器存在，"主客体如胶似漆浑然自在的生命现象"都是优秀棋手闪光的品质。机器时代，棋手，或者其他行当的人，依旧需要"对专业的极度痴迷"。

晓露兄说，《我是常昊》中记录了常昊走向超一流的心路历程。常昊于 2005 年，和韩国棋手崔哲瀚进入应氏杯决赛。他那时获得了六次世界亚军，唯独没有冠军，舆论和他自己求胜的心情，逼着他站到围棋人生的悬崖边。他放空杂念，返身一搏，下出了创造性的名局。

《耀宇围棋》评论过常昊当年的两局棋。连续一个多月在夜晚和胡耀宇微信聊天。他分析常昊的名局，用到了 AI。数月后，才写成《致胡耀宇的三封信》。以棋手的生命周期为基点，才可直面人类和机器纠缠的当下。

已经习惯和一起研究棋文化的理科生聊天。

有一次，刘知青教授说出了人工智能学者的特别忧虑：

> 人工智能的快速进步，会导致人类对于技术的依赖，以

及自身的退化。

这种退化在很多人身上都已经很明显了：思考的退化，感受的退化，行动的退化。

不知道有谁，也不知道如何来唤醒那些在新技术面前躺倒退化的人。幸好我们有围棋。

2023 年，我们遭遇了 ChatGPT。中年理科生刘知青留下几句隽语：

> 可以把机器看作某种动物，例如猫或狗，但不要被具体的表现所限制，例如不一定要有四条腿。为了方便起见，我们不妨就叫它"狗"吧。
>
> "狗"既不是工具，也不是现象；换句话说，既是工具，也是现象。
>
> "狗"在成长中，现在比人差点，说不定将来不比人差，甚至更强大。

2024 年，我们遇到了 Sora。担任过研究所所长的老年理科生陈祖源先生说：

> 这几天 Sora 在网络上影响很大，但从本质上说自动生成视频和自动生成围棋的 AlphaZero 一样，由此更能感到 AlphaGo 在人工智能发展史上的划时代意义。
>
> 我曾经比喻机器学习就如马戏团训练狗做算术，如果狗的寿命可以无限大，那狗解微积分也是可以训练出来的。但即便如此，狗也并不知道它在做什么，就如它现在衔着 5 字，放到 2+3 后面时一样。

刘知青和陈祖源都将 AI 看作是"狗"，类似活物。

7

而棋手，早就根据发音，将 AlphaGo 之类围棋软件称呼为"狗"。他们每人几乎都有一只或者数只"狗"。人和"狗"一起活动在棋盘上，称之为"遛狗"。"狗"走过一些人所熟悉的路，棋手便忽略，让"狗"再走一步。走到冷僻的路，棋手便会认真思考。棋手不离"狗"，"狗"不离棋手。"遛狗"的，还有老资格的棋士，如曹志林八段。人通过"狗"深度理解了棋，"狗"又在棋谱中体现了自身的价值。

如今 AlphaGo 问世已经七年。背出了机器的棋谱又如何？棋手下棋，仍旧紧张激烈。现在棋手使用的 AI 有四五种，各有各的妖处。春节前收到《围棋天地》03-04 合刊，回顾 2023 年，有十大名局、十大奇谱、十大妙手……这些的的确确是棋手自己下出来的棋，只要是高水平对局，棋手总归如履薄冰，全力以赴。中盘惊心动魄之际，并没有现成的 AI 棋谱可背，复杂的棋局逼出了真性情和真功夫。

应该向清醒的当代棋手致敬。在"人工智能的快速进步"面前，棋手们当然还记得陈毅元帅大气恢宏的提醒：下棋需静，需沉着，需忍耐，需心平气和。

棋手们知道"狗"其实没有真正的认知，棋手却可以从"狗不知"的棋中寻找棋理，透视可以连贯的思路。"超越自我"如今在世界最高棋坛不断的竞争中一再复制。每一个现代棋手都是卓尔不群的个体，他们有着自己的认知，自己的美感，自己的风格。他们就这样在棋盘边上站立起来，彰显具有时代特征的人格。

李喆六段和陈祖源先生合作，解决了中国围棋技术史的难题之后，便在思考机器会给围棋带来什么。他在武汉大学的讲坛上，为未来的精英讲述前所未有的围棋课。胡耀宇八段以全部热情投入机器时代的对局分析，他将"学习机器"的棋和"棋手本能"的棋分得清清楚楚。崔灿五段贡献了对于人工智能开局的深入研究，他在《围棋天地》上的连载一直在进行……

他们都是有学问背景的棋手，哲学于他们非常亲近。他们的努力，是在追求机器时代人类心灵的自由度。

2023 年 6 月，《"局"·艺术 VS 围棋》在上海开幕，主办方邀请了中国、荷兰和日本三国的现代艺术家。艺术家们出自本土的文化，对表现围棋充满了热望。这些作品无拘无束，每件作品，都可以认为是在思考现代科学面前的围棋，又都体现出对于各自文明的溯源。他们描述着观念中的古老围棋，也叙述着科学的进步，用各种方式，表现了当代人的智慧和情感。这个琳琅满目的展厅，就是现代社会文化的风云际会，科学和艺术的交汇激荡。

当然相信机器会全面超越人的能力，但是机器绝对不能让我们忘记自己是人。历史上每一种发明创造，都在激励人类进一步解放自己。艺术家再一次启发我们，艺术，或者文学，都是因人而存在，都在体现人类精神交往中的互相认同和融合。

展览公开展出的那天中午，与发起人陈海蓝、策展人屠宁宁、画家马元相遇于展厅。面对马元教授围棋题材的观念艺术作品，激动万分，感想良多。

我相信现代艺术和文学可以互相误读，棋手和艺术家的身影，可以出现在同一篇文章中。静思默想四个月，终于写成《知的泪》。有情感才有眼泪，而棋手的眼泪偏偏和认知分不开。

2017年，被上海棋牌院召回，参加上海现当代围棋史的编写，至2019年基本完成。之前，上海史，文化史，围棋都近乎空白。

历史学家告诉我们，上海最早的移民大族是汉末的顾雍和陆逊，恰恰这两人都有围棋故事，或许这是江南文化启蒙上海的最早的文字记录。民国棋手，大多数是江南移民或者是移民的后代，而他们又是向日本学习围棋的先行者。那个时代的围棋，是文化流动的载体。他们下棋，终结了晚清围棋的闭关自守，又在新上海，跟着陈毅市长，宽厚地让新生棋手站在自己的肩上……

将他们的姓名和事迹归于历史，只留下无限感慨。

听文学前辈严文井谈围棋，他说：

文学与棋，是表兄弟而不是亲兄弟。把文学贬低一点，也可以叫技艺，而围棋也可以称艺术，都可以。

　　围棋和文学有一个背景，我觉得这个背景可以放得更大一些，背景是宇宙和人生。这个背景不是可以称之为桥梁吗？有共同的背景，共同的桥梁。甘苦是一样的，但手段不同。

完成棋史，由南京西路上海棋牌院，去了巨鹿路上海作协。遇见了赵丽宏兄。

我说："这些年，经常和文学若即若离。现在该回来了。"

他说："我一直没有离开文学。"

丽宏兄告诉我，散文可以给《上海文学》编辑袁秋婷女士。

因为偶然的机缘，结识了诗人、文学评论家张定浩先生。我无意间疏离文坛的那些年，他正在忙碌地评论作家和诗人，研究《诗经》。他成为我讨教的对象，中间有一位仰慕已久的史先生。史良昭，上海古籍出版社的编审，是上海最早将棋类归入文化的学者。他恰好和张定浩在一起下棋。

在写作民国围棋经历最复杂的人物顾水如时，我请教过定浩兄。

"最好不要有棋谱。"他说。

"好的。"

读过了初稿，他说："多少要写一点棋吧。"

"唉唉，年轻人对顾老的输棋特别感兴趣……"

"当然，输给日本第一人秀哉，即便难看，也值得一说。"

"好吧……一夜没有睡好。"

"你被我坑了。"当然还是张定浩，评论家的笑脸。

"从坑里爬出来了。谢谢你坑了我。"

这是我内心的安慰。我知道面前有不止一个坑，我早就跳在了坑里。在民国棋手的辛酸中寻觅人生诗意，作者必然辛酸。

民国棋手的人生我们毕竟知之不多。上海棋牌院院长刘世振为组长的课题组，朋友圈还在，随时都可请教。藏有围棋古谱和徐润周、赵之云研究文字的那间屋子，可再次进去。

还原历史人物，需要还原历史的氛围。生活经验便成为情绪基调。我已过七旬，自觉这个年纪还有些好处。毕竟年幼时，"大跃进"之前，周围街市和弄堂，到处是民国的遗存。周围的康绥公寓、渔阳里、和合坊和杨家弄，不同的生活场景难以忘怀。到处都有我的同学，或者玩伴。我们一起穿着打补丁的衣服，补丁是因贫困，或者为了从众。我们在弄堂里奔跑，路过西菜社、烟纸店、成衣作、电影院、煤球店，等等，一大帮同学，都可以闹哄哄地喊一声爷叔阿姨，走过去参观一番。

建桥学院的围棋教授孙德常兄，发现一份《王子晏小传》，传了过来。终于知道，王子晏下棋一度是民国最高一层，毕竟还是一员以自己的工作养家糊口的业余棋手。便理解了他离开棋和返回棋，都与生计有关。有照片。王子晏，以及和他下通讯棋的陶审安，都是我见过的当年平民知识分子家长模样。

顾水如的老家枫泾，出版了一本《围棋国手顾水如》（钟守云著），很多细节，都不可能臆想出来。几经周折，终于和顾老的外孙江德冀先生见了面，又一同去走访顾老三十年代住过的弄堂。他小时候跟着母亲，来此与顾先生的朋友叙旧。就此根据那本书的线索，来来回回在枫泾、望平街（山东中路）、渔阳里、黄陂路和松江仓桥踱步，恰如和顾老的影子在一起。老弄堂里我们父母一辈，说话都有乡音。在枫泾和仓桥，我们很自然地与当地老人，说一口并不标准，但大家都感到亲切的乡土言语。

《两张照片》落墨最多的是张澹如。他是国民党元老张静江的弟弟，是一个商人。又是民国初年上海最有名望的围棋活动家，他实力不弱，获日本四段。写他，就是在写民国围棋的生态环境。将棋社兴起和衰败写出，便可知道，陈毅元帅和他新四军老战友擘画的生态环境对于新中国围棋发展有多重要。

张澹如不该是谜一样的人物，可是我们无论如何不能将他生活的轨迹补全，多少次在南京路那条名叫静安别墅的弄堂里流连，想要寻找他建造这条弄堂时留下的蛛丝马迹。晓露兄还向张澹如故乡朋友询问，只获得星星点点的信息。萧强兄居住于此，好几次，似乎走到了上海围棋社的门口，最后还是不敢确认。仅能在棋史前辈徐润周、赵之云的文章中，在张氏家族的一些书籍中，一次次寻找他的生涯踪迹，才稍有了一些故事。

"民国烂柯"的素材，往往是沉甸甸的。飘逸灵动和厚重深邃已经不能得兼。我不得不先取厚重，再考虑灵动。有时候，写完文字，几乎找不到一点飘逸的地方，知道内心已是不可忍受之重。会听到轻微的破碎声，传统散文写作的金科玉律，在我心中有了裂纹。便问自己，还能不能写下去？不得不另寻思路。科学家解析围棋图像的方法，帮助我重新获得感觉。他们在科研中的哲学"不求准确到达，只求无限接近"，经常在我不自信时，如一只鸟儿，飞到窗口。我看着它，点点头，又继续写作。它悄悄飞走。

每每写完稿件，便会去请教陈先法兄。他为我编过四部书，过眼的散文不计其数。我相信他。每写完一文，就问他，可以在什么地方发表。他若是说文学杂志，便知道他认可这是一篇散文；若是说专业杂志，那就看看，是不是要重写。

至今未曾谋面的袁秋婷女士，以及她背后的《上海文学》编辑部，接受了《指尖之舞》《如水》和《知的泪》。这给了我完成全书的信心。

赶忙修改重写陈祖德和聂卫平的两篇，他们的围棋人生和今天的棋手完全不同。便也有不同的风貌。棋手的运动生命和大多数体育项目不同，他们的积累，不在肌肉记忆，而在对于形状的视觉经验。陈祖德在创造中国流时的内心独白，无疑是棋手形象思维的最好诠释之一。而聂卫平对于超一流棋手围棋生命周期的认识，应该是棋手最重要的人生体验。

疫情期间，由建东兄陪着，去中科院药物研究所，访问院士陈凯先和他的女儿陈华真。他们保存着一份珍贵的手抄棋谱。

棋谱主人陈苍麟是陈凯先的父亲，上海第六十二中学语文教师，教育系统的劳动模范。他是华以刚八段的老师。将临退休，恰逢"文革"，他设法借来许多日本棋书，靠着《日汉词典》刻苦地翻译日本名局。每局都分谱，有参考图，一局棋要花费他十几个日夜。努力延续了近十年，他以钢笔字将棋谱记录于语文备课纸上，装订为67册，每册10局，共670局。收入吴清源、林海峰、坂田荣男等数十位优秀棋手的实战谱，取名《弈战欣存》。1973年，围棋项目恢复，这些棋谱被不少教练和学棋的少年借阅手抄，他只好搞一本登记簿。陈苍麟还去小学担任围棋教练，以后在中国棋院办公室任职的华伟荣、国家围棋队领队华学明兄妹，就曾经是他的学生，称呼他"陈老爷爷"。

我想，他编辑这一本资料，一开始就不是为了自己，如教师为学生选择教材和读物。又知陈老师曾经是《汉语大词典》的编撰者之一。某日柏伟兄赠余厚厚一本陈苍麟老师所作李贺的诗论。陈老师论李贺诗甚详，远远超过抄写日本棋谱的功夫。七十年代，中国围棋代表团一次访问日本，总分上胜了日本。中国队七男一女，先生借八仙过海的故事，填写一阕沁园春。江德冀去探望陈老师，他便即兴吟唱。

忽然想，如陈老师健在，他看到以前我浮皮潦草的棋诗阅读，一定会严厉地教训。在陈老师，一个优秀语文教师的眼中，每一首诗，即使是棋诗，也是诗人生命的片段，都有文学的意义。于是重读元稹、王禹偁、苏轼和黄庭坚的相关诗文，由棋诗，再读诗人的其他诗文，还原他们的生活，读出了"诗言志"。

机器以前所未有的速度，在人们的认知领域，吹过了一阵阵时尚之风。烦躁的落叶到处飘零。

不敢预测围棋的未来，但有期望。

偶遇作家陈村兄，互加微信。他发来两篇文字，其中有言：

> 我不知中国文化中至今还剩有多少活着的东西，反正围棋是一个，它不仅活着，而且没有苟延残喘的惨状。一种游戏，玩来玩去玩出了文化，玩出了抽象，可见这种游戏的玄妙，几乎成了一种宗教。围棋是不被征服的，无论是九段还

是棋圣，在它的面前无一不是诚惶诚恐，这么说，它又是艺术了。

曹志林先生出其不意地说围棋是外星人所发明，这个说法实在有趣，然而我还是希望这种简单的杰作是地球人的创造。上帝造人类难为了上帝，人类造围棋难为了人类，这样很好。

这是三十年前，AlphaGo 尚无影子时写的。现在读来，依旧不错。

围棋毕竟是人间游戏。不管有没有 AI，下棋人毕生都在难为自己。

思和兄很少下棋，不过看得更清楚。他说："人和人下棋，总是为了获得一份快感吧？"人间对弈，快感多来自胜负。胜负之外，更有意趣。不如背几句诗：

"老妻画纸为棋局"，杜甫在颠沛流离之后，他的快感在于和老妻下棋的闲适。

"玉子纹楸一路饶，最宜檐竹雨潇潇"，官场失意时的杜牧，快感出自仅被国手王逢让一子的自豪。

范仲淹的快感，当然在他看出国手的棋，可映衬自己的军事生活："静持生杀权，密照安危理。接胜如云舒，御敌如山止。"……

擂台赛时，在文化热中掀起了一股围棋热。中方领队郝克强先生希望中国有八百万甚至上千万的棋迷。围棋协会最近有消息：中国当下拥有五千万爱好者。

想起在日本棋院挂有一幅字，上书围棋五得：得好友、得人和、得教训、得心悟、得天寿。想来今天和明天，大多数下棋人都不会轻易放下手中的棋子。

我已经 75 岁。散文第一次被排成铅字，刊登在杂志上，至今已经 49 年。第一篇围棋报道发表，至今也有 37 年。

我的面前幻化出一张数十人的合影，背景是烂柯山。他们是有人文情怀的棋者、作家学者编辑中的知棋之人。我的视觉中留下了他们的许多影像，记忆中有他们的许多话语。初初接触围棋是为了写出一两篇好一些的新闻，遇见了那么多难得的师友，便是王质遇见了仙人童子，分享了他们的见识、事迹和风采。这些故事是无须虚构的文学，不必修饰的历史，是围棋大时间大空间的缩影。如今重温往事，一篇篇编订文稿，意识到是在向师友致敬，这是我的幸运。

　　写顾水如先生的那篇《如水》刊登在《上海文学》上。一天夜晚，江德冀先生发来微信和照片：

　　　　老妈在病床上看书，今天我陪夜。

　　　　老妈又在看《如水》，说，《如水》像檀香橄榄，越看越有
　　味道。

　　"老妈"是顾水如先生的女儿，已过百岁，耳聪目明。

　　明知这是长者的鼓励，还有女儿对父亲的无尽怀念，还是高兴得像儿时看到老师在作文簿上画了个红圈。

2023 年 10 月 28 日初稿，2024 年 5 月 18 日完稿

目 录

如水

"你终究写了顾水如先生两个败局。"

"倘无败局，何来国手。"

1

在枫泾，就沿着河走。河的东边是一道长廊，上有黑色屋瓦，旁有廊柱。正有小雨，长廊对过，枕河的人家，檐头都湿了。一位姑娘从窗口探身出来，用手试了试雨，便把窗户关上了。

长廊之下，便是许多小吃店。粽子在锅里，水扑扑地跳，飘着香，那是箬叶包裹，本地酱油渍过的，本地的米和本地猪肉的混合乡土气味，同时刺激嗅觉和味觉。浓浓的茴香味飘来，那里便有茶叶蛋和豆腐干。米粉和豆沙混杂的气味里闻得到甜味，那是梅花糕和海棠糕。

我想象，百多年前，1908 年的春天，顾水如也走过沿河长廊。

春天的鹅毛细雨，不分吴越，甘霖普降。他刚刚 16 岁，哥哥在前面领着，后面有人为他挑着铺盖。他穿着土布的青色长衫，脑后拖着一根辫子。臂弯处，夹着一把黄色的油布伞。那时的枫泾古镇，沿河两边没有这许多吃食摊子。他们从 73 号狭弄出来，偶见一小店，兄长便买了两包状元糕，说是路上垫饥。

快船就在前面。哥哥先进得船篷，又反身接过行李，让顾水如走过跳板。

船载重三吨。三四个摇橹的，辫子盘在头上，都说绍兴话。老成的那个见人都上了船，便抽去了跳板。用一根竹竿点点花岗岩埠头，船便到了河浜的中间。那是双橹船。顺水，船轻便地朝北边驶去。

河岸有些野草和野花，河边有小小的吴越界碑。那时枫泾，一镇分属两个县，

1

顾水如旧居一角

镇子南面，是浙江嘉善，镇北是江苏松江。不经意间，船过越，入吴。

"唔哎喔哩远哉。"

那是说，"我的家"远了……"唔哎喔哩"，今天刻在枫泾迎客门上。

我字正腔圆读过不远处饭店旗幡上这四个字。我称不上顾水如的乡亲，不过都是江南人，知道这一带的口音来自何处。我站在枫泾的一座桥边。老妻在桥堍边上，和卖红菱的农妇闲聊。大妈拿出了一枚小小的工具，为我们剥着菱壳。她们篮子里的水红菱，又称为"苏州红"。

枫树何在？泾水长流。近三千年前桥下的流水，曾经见证了春秋吴越残酷的兵戈相争。此间土地，为吴越轮流所有，终于在汉末暂归于孙权的东吴，自此，大江南便连成一片。

桥下绿色的河流不宽，却是悠长的历史。一千八百年前，流水曾经承载了数队搬家的船只，从吴县过来，向东而去，船上是顾雍和陆逊两大贵族。

他们是上海最早的移民。

在这荒芜的河流纵横之地，出现了"僮仆成军，闭门为市，牛羊掩原隰，田池布千里"的豪门庄园。

在东吴为官，怎能不会围棋呢？

公元 214 年，吴尚书令顾雍（168—243）的长子顾劭在豫章太守任上去世。

顾雍正召集下属聚会，豫章有送信人到，没有他儿子的书信。顾雍当时正在下围棋，虽然神态不变，可是心里已明白。他强忍悲痛，"以爪掐掌，血流沾褥"（《世说新语·雅量第六》）。

以顾雍为代表的顾姓一支居于亭林，被称作"亭林顾氏"。顾雍早年还当过娄县令。

公元236年，孙权北征，使吴将陆逊（183—245）与诸葛瑾攻襄阳。陆逊遣部下韩扁给孙权送信，韩扁返回时，被魏军巡逻的士兵抓获。诸葛瑾闻后，心中甚惧，给陆逊写信，陆逊未予回答，只是让人种菜点豆，"与诸将弈棋射戏如常"（《吴志·陆逊传》）。

陆逊率幼子移家于华亭，因擒关羽立功，封为华亭侯，第二年晋封娄侯，即以亭侯升为县侯。

江南的围棋，就随着他们的船，到了昨天的娄县、今天的松江一带。

顾水如与哥哥，在橹声中，随着航船摇晃，他们或许并不在意，自己是不是顾雍家族的后代。

清末民初的上海，渐成江南文化的重心，想要有作为的商贾政客、文人雅士，都沿着一江春水，向东流向上海。顾水如兄弟沿着文化的流动趋势，带着江南文

吴越界碑

化来到上海，便是奔着日本围棋而去，与海外文化交会。

仿佛听见已经在上海棋界小露头角的哥哥，对顾水如说："在枫泾，俫画了棋盘挂在蚊帐上，夜夜张大仔眼睛，拿布店的那个老太公赢了，毕竟是在枫泾这一小地方，勿算稀奇。"

"阿哥，连俫也着不过唔。"

"阿哥领俫去上海的茶馆店，俫先看看。枫泾格朗相着的是古棋，上海格里，已经有了日本棋。"

"陈子仙和周小松在枫泾住过……"

哥哥只是笑了笑。他拍了拍弟弟瘦小的肩膀，知道水如有才，志向比他要大。

顾水如看着船外的流水。航船朝北，经过两三条称为"泾"的小河，折头朝东，就是黄浦江了。未及过午，松江绿的秧苗和黄的菜花就悄然远去了。

2

广东路上那个茶馆叫"文明雅集"。

哥哥渊如前几年就到了上海，在文明雅集结交了一些棋友。这茶馆是外来游码头的棋手落脚首选之地。渊如带来弟弟 —— 两只眼睛放着渴望光芒的乡下孩子顾水如。这个被称为"小顾"的少年，棋子厉害，很快就引起了人们注意。

在茶馆里赏识他的是王彦青、范楚卿、吴祥麐，他们堪称提携顾水如的前辈。

走出茶馆，欣赏他的人，就不一般了。

"当民国初年游沪，年甫弱冠，而弈棋已甚知名，时他人棋路尚沿旧习，而顾君独研日谱，开风气之先……"这是赵之云先生在 20 世纪 20 年代旧报纸上找到的一段文字，那时的名棋手陶审安居于浦东，在《新闻报》上写围棋，笔名为"东篱居士"。当年与陶先生在一起切磋棋艺的是张澹如和王子晏。顾水如经常出没于张宅，获得张澹如的指点。

顾水如到上海不久就遇到了狄楚青，《时报》的掌门人，他便去了望平街。

狄楚青是一位学者，晚清举人。他又是康有为的弟子，参与戊戌变法。变法失败后，逃亡日本，便在那里留学。

上世纪初的文明雅集茶馆

　　他也是围棋爱好者，慧眼识顾。顾水如宣统元年（1909）后，便在时报馆做过一段。时报馆围棋爱好者甚多，顾水如将他们一一击败。于是该报特辟《围棋》专栏，由顾水如任编辑，登载棋局、棋话以及死活题。每月工资 25 大洋。

　　狄楚青还办了一个出版社，那就是有正书局。这个出版社在中国出版史上占有重要的一页，许多日本棋谱，最早就是他们用新式的机器印制出版的。清末民初，时报馆有两扇门，右边的门上写着"时报馆"，左边的门上写着"有正书局"。小个子顾水如，从左边的有正书局出来，又进了右边时报馆的门。是《时报》的作者，也可以是有正书局的读者。

5

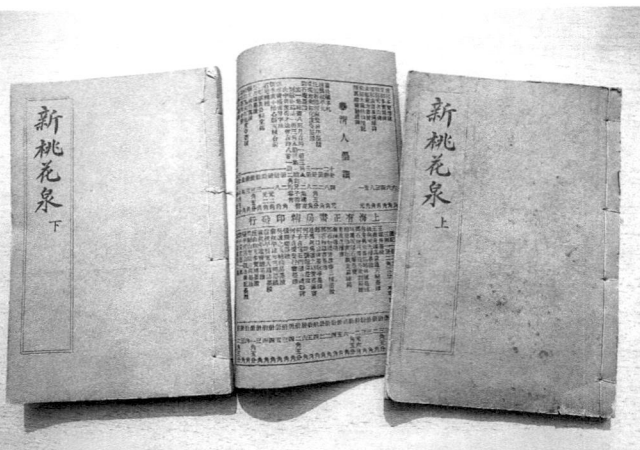

上海棋牌文化博物馆藏《新桃花泉》。此书主要
为日本幻庵因硕《围棋终解录》和小林铁次郎有
关定式的编译，是我国较早介绍日本定式的专
著，1918年上海有正书局出版

此是当年时报馆旧址临福州路一面，时报
馆左边为有正书局的营业部

　　小顾剪去辫子后，因狄楚青的介绍，去了张元济的《时事新报》。那张报纸也
在望平街上，以副刊出名。以后顾水如在天津、北京，都曾经为报纸编写过围棋
文章。

　　在我当记者的时候，曾经在《申报》和《新闻报》的旧楼里上过班。山东中路，
也就是往昔的望平街，仅剩下《解放日报》一家报纸。

　　《时报》的那栋楼距离申、新两家报馆仅仅百米，那座标志性的宝塔，解放
后还雄踞福州路口二十多年。数家报馆，集聚于一街，望平街便是他们共同的大
本营。

　　现代新闻的巨擘，无意中和民国围棋翘楚，有一段奇妙的缘分？

　　疫情前后，去过图书馆多次，终于在《时报》读到了署名"水如"的一篇稿件。
那是对于老棋手丁礼民的感谢。丁礼民提供了他与清朝最后一位围棋大师周小松
的对局谱。

　　小心翼翼将这篇稿件拍下来的时候，便想起，丁礼民对局记录原稿，用小楷
写就，在上世纪60年代，由其后人捐赠给上海棋社。这一局棋，可以看作是中国

围棋欄

白先結果如何

禮民先生棋界泰斗馳名大江南北數十年今承出其生平與
國奕及諸名手所奕傑作郵見惠亞允將抄存前賢未刊之
同陸續寄登本報以供海內方家研究保存虛懷謙益大公無
私局勝歆佩謹敬誌以表歡迎

（水如）

（横）禮丁 受二子 小周 松民 行一六

19 18 17 16 15 14 13 12 11 10 9 8 7 6 5 4 3 2 1

一二三四五六七八九十十一十二十三十四十五十六十七十八十九

1914年2月13日《时报》围棋栏，介绍周小松让丁礼民二子局，有"水如"的署名；左侧是一则死活题。顾水如的报纸围棋编辑生涯，应该始于1909年，可惜上海图书馆收藏的1909—1913年的《时报》，尚未找到顾水如编辑的围棋栏。一般资料认为，顾水如1911年已经转到《时事新报》，1913年，顾水如已经踏上北上之路。因此1914年的专栏，可能是他由北京寄来的稿件编就

古棋的最后影子，而丁礼民，在74岁出战日本棋手高部道平，且有胜绩，自是站立在新旧棋法分界线上的人物。

谁见过辛亥前后的望平街？

每每走过山东中路，便会想起望平街。上世纪初的老报人早已不在。改革开放之初的报纸，和辛亥前后相比，自然不可同日而语。唯排字房，世纪末的空气中依旧有

顾水如由日本回国之后，曾经受聘主持《天津商报》围棋栏，据棋友考证，这是1929年的消息

Members of the Rainbow Club, a newly founded fine arts institute at Tientsin

Mr. Ku Shui-ju, a genius in chess, now editing the Chess Section of the Commercial Daily News, a local leading paper.

顾水如君之肖像

FROLIC CABARET
高等跳舞场

7

着世纪初的气息。

偶然几次因为围棋和奥运会做夜班，呼啦呼啦吃完大排面，便听那些 20 世纪 40 年代过来的排字工说闲话。点了一根香烟，呼一口，烟头红光幽微，随着烟雾飘散，望平街的许多轶事，也便在夜半的食堂流传。过往的社会新闻，今是昨非，老工人司空见惯。报社间竞争的恩恩怨怨，离开排字房也很遥远。他们说的是工人一族眼中的细碎生活。

印报车间墙边有一台涂满黄油的印报机，便是《申报》时代的老货，尚可开机，以备不时之需。某某报社一台机器，坏了，几个外国"铜匠"都修不好，被一个中国工人修好了……史量才某日见到楼梯特别干净，便吩咐账房唤来那清洁工，特地发一个红包。史量才用过的办公桌，现在谁谁在用着，只是台灯换了。当年杨乃武放了出来，便在《申报》老楼里当过一阵编辑……

文化名人包天笑当年供职《时报》，他给出了一张时间表：

> 在报馆里编新闻，于每日的时间，很有关系。
>
> 编要闻，时间最晚，因为要等北京的专电到来。那种专电，往往要到夜里十二点钟以后，甚而至于到午夜两三点钟送到，也说不定。为什么这样迟呢？原来那时的电报是分几等的，如一等电、二等电是官电，民间不许通行；三等、四等电，方是民电，又称为急电，我们所打的乃是四等电……
>
> 本埠新闻的编辑，比较要早得多，大概到下午九点钟的时候，访稿全都来了，编本埠新闻的到十点钟就没事了。
>
> 编外埠新闻的，更要早一点，从前还没有快信、航邮，下午五点钟以后，邮差不再送信了，把当日所到的信，评定它的轻重与缓急，发清了稿子（有的须要修正一下），就没你的事了。

这一时间表，似乎数十年不变。

放下书，望着图书馆的天花板，想象着顾水如的少年模样。

在零零落落的照片里，见过《时报》的一张信笺，没有格子，只有数道红色的竖线。那时的稿笺也是这样？

顾水如很工整地用毛笔写完稿件，画完棋谱，交给版面编辑而转排字房。

排字房的下午，弥漫着干燥金属的味道。最忙碌的是铸字工人。他们将铅锭和旧铅字化成银色液体，倒入模子，机器"克拉克拉"响着，铅字连接不断吐了出来。排字房有字架，便是铅字的墙，上面都是字的蜂窝。排字工人手中有一只无盖的木盒，小顾的稿件在木盒里排成了方方正正的信息。和别的稿件相比，小顾的稿件中有棋谱，在铅字墙上，有一区域是特别的蜂窝。棋盘是一个一个铅字拼成的，格子和棋子都很小。因有数字，铸模特别精细。排字工手势熟练，往墙上一模，便可得到。排字房迅疾将这信息拷贝在纸上送回，小顾便校对自己的文章，便用毛笔蘸了红墨水，圈圈点点，交给版面编辑。那位戴瓜皮帽的编辑，就是包天笑？他用两只手指，推了推圆形的玳瑁眼镜，凑近纸样，用蝇头小楷，一一在文章上注明字数、作者、标题。

初排的版样进了排字房，便有老师傅，对照修改稿，用镊子将错字一个一个钳了出来。换上新字，口中不免对学徒工詈骂咧咧。从排字房出来，小顾的"围棋栏"已经嵌在第十五版密密麻麻的竖排文字中，有了左邻右舍，挤挤挨挨，初成模样。

天渐暗。小顾回到家里，与哥哥一起，在灯下读日本棋谱。

排字房在临近午夜是最忙碌的时候。最重要的时效新闻往往这个时候到达。编辑的办公室灯火通明。

《时报》总主笔陈景韩的桌子上，已经有了预拼的版面，还有电报传来的北京专电、本地的截稿新闻。他的办公桌像是一张蜘蛛网的中心，他便是那只大蜘蛛，每一根蛛丝的抖动，他立刻感觉到了。他埋在一堆稿件和版面里，用他特别的笔墨，读过所有的版面，稍稍修改几个字，润色标题。包括小顾的"围棋栏"。

报纸全部排好，拼成版子，将要开印的时候，还要仔细看一遍，有无错误，陈景韩就是深夜最迟的那个编辑，他住在报社。

望平街上赶早市的，是在赶辛苦报人在后半夜的下班时间。有小贩卸下担子，用柴爿点亮了小小的灶头，便候在楼下，时不时喊一声："馄饨！"等待二三楼阳台上露出一张隔夜的脸，放下一只篮子和几只角子。黄包车已然排开在街头，车夫一顶旧帽，挡住黯淡的路灯，坐在车座上，打着盹，等候熟悉的编辑来拍拍肩膀。

早上5点，曙色初露，大马路上有轨电车叮叮当当驶过，望平街一时沸腾。

报贩来了，在各家报社印刷厂的门口等候，拿到报纸，立马在地上分夹。围着报贩的是报童，他们的衣服上都有补丁，最贫困的小孩，穿的布鞋前卖生姜，后露鸭蛋。喧闹一阵，抽身出来，各自将报纸放入报袋，便飞跑上了街。他们跑向苏州河上的桥头，十六铺码头，有轨电车站，城隍庙……

早晨，顾水如和哥哥吃着泡饭。筷子夹着冒着热气松脆的油条，在红酱油中一蘸，便是上海人的佳肴。他们看报纸，他在早餐的稻米油酱香味中，闻到了类似乡下煤油灯的气味，那是新鲜的油墨和新闻纸味道的混合。

我按住胸口，不敢过分激动。我在图书馆看到这张百多年前的报纸，已经做成了电子版。没有报纸的气味，唯存百年前的气息。

《时报》是一张给文人看的报纸，当大量的信息如河水一样漫过读者眼帘的时候，围棋仅是非常细小的一脉。围棋还没有正式比赛，散散落落的信息，构不成影响社会的新闻。少年和青年顾水如，应该没有做过夜班，也没有进入新闻采访序列。况且在无意间，顾水如和数位中国新闻文化界前驱擦肩而过。

如无意外，中国现代报纸上有了围棋，自他开始。少年的顾水如无疑是我们这些被冠以"围棋记者"新闻人的前辈。

顾水如到上海五载。棋艺日渐精致，眼界兼开。读到日人高部道平的让子棋谱，知北京棋界豪杰众多，便有心往北京以棋会友。1914年起，他与高部道平下棋百盘，1917年，他有心东渡日本，以棋会友。在日本学棋不到两载，因母有疾，方赶回枫泾，旋又去了北京。俨然已成段祺瑞眼中"不可多得之天才"。

3

这是重庆中路上，一条威严的弄堂。名曰"渔阳里"。疫情期间，铁门锁着。

正探头对着弄堂发愣，一位中年女同志便问："老先生找谁？"

我说："顾水如。"

"他是做什么的？"

"下棋的。"

"住在几号？我是居委的，可以帮你。"

"不知道啊。再说，他早就搬走了。"

她歪头想了想，"不记得有过一个下棋的姓顾。你自己找吧。从淮海路康绥公寓的大门可以走过来。"

这样的回答，能够想象。我翻过《卢湾区志》，那里没有顾水如。

渔阳里是我非常熟悉的弄堂。早先，我家所在的和合坊和康绥公寓、渔阳里，都只有一墙之隔。

1958年，钢铁元帅升帐的时候，这里三条弄堂铁门和围墙统统拆去，以邻为壑的旧日子彻底革除。

和合坊的小孩，在夏日的上午，进行了一场大规模的"官兵捉强盗"。毫无顾忌地奔跑啊，穿过和合坊后弄堂"炼钢炉"的青烟，绕过用来支援农民伯伯的泔水缸，躲在康绥公寓和渔阳里相间的那个碧绿的小球藻池子后面，这也是家庭妇女支援生产建设的场所之一。康绥公寓、渔阳里的大人，都是斯文人，见到和合坊满身是汗的小人，便有些张皇。他们的女儿，戴着鲜艳的蝴蝶结，穿着泡泡纱衬衣，系着丝绸的红领巾的漂亮女孩，狠狠地说，报告老师去，都是野蛮小鬼……

康绥公寓的窗是钢制的，出来的大人西装革履。渔阳里房子的门窗都是木质的，走在弄堂里的男女便多是一副中式打扮。我们躲在小球藻池子边上时，想起了那里曾经有一个针灸诊所。似乎是一个穿着中装的名医。他的病人坐在天井里，也有几只竹子的躺椅，已经放在弄堂里。男病人居多，一根根银色的针扎在那里。有一个三轮车夫，坐在自己的车上，膝盖边扎着针，流着血，细细的，蜿蜒到了小腿肚子。这让我们这些小孩看着惧怕。

阿五头便说起，诊所曾经在淮海路贴过纸头的。那张巴掌大的黄色纸，蜡纸油印：针灸。

"官兵"蜂拥而来，在小球藻池边，捉住了"强盗"。"官兵"和"强盗"合为一群，探讨淮海路上梧桐树和电线杆上贴着的纸片：书法、中国画、篆刻、俄语、会话、集邮、誊印……纸片都有对应的文化实体，都有周边弄堂里一间特别的客堂间。散落在民间的自由职业者，在弄堂里从事文化活动。马路对面弄堂里有私立幼儿园，在客堂间。也有弄堂小学，客堂间里上课。客堂间里还有手工作坊、裁缝小店。

顾水如重返沪上，已在不惑之年。先在和合坊租下三层楼，那就是有了三间正房、两个亭子间、一个厨房、一个阳台和一个天井。他在此创办了上海弈社。二楼三

渔阳里一直没有改建，14号里外还是石库门弄堂的旧貌

楼住人，一楼客堂间便用来下棋。下的多是指导棋。一年后顾水如相中了高雅古朴的渔阳里14号。也是三层楼，还有厢房，顾水如将客堂间和二楼都给了弈社，自家住在三楼。顾水如一个人忙不过来，青年过旭初和过惕生兄弟，还有一位拜师于顾水如的少年宋温善，便都住在弈社，帮着顾水如张罗。过氏兄弟在这上海弄堂中，殷勤与弈社主人切磋棋道，日渐成为棋坛不可忽略的国手。

黑色的前门经常开着，门外有一方小牌："上海弈社"。顾水如家的客堂间已经载入中国围棋史。家人挽着菜篮，牵着小孩从后门进出。

顾水如重返沪上已是1933年。这19年的漂泊，属于那个年代的围棋，想要有所建树的中国棋手，总是挫折要比胜利多。

读到了几局顾水如当年的棋谱，时下浏览量最多的，是1919年秋在北京，顾水如受让三子，负于日本当年围棋第一人本因坊秀哉的一局棋。

那一局棋一步步走来，顾水如的黑棋似乎不错。而且顾先生第80、82手，咄咄逼人，几乎瞄准右上的一条大龙。不过此处可有一处变化，秀哉看到了，他便佯装败退，暗中设伏。一路追杀的顾水如，红了眼，便也粗疏。当秀哉不动声色，走出绝妙手筋之后，白棋便"赢形暗去春泉长"，大龙摇头摆尾脱离了险境，留给顾水如一个难堪。

顾水如便成为当代某些爱好者们的嘲笑对象。

我想他在输棋当时，必然要比任何人更为辛酸。眼含热泪，心有不甘。长夜里，无形的棋局一直悬在天花板上。这不是他第一次让子棋输给秀哉，只是输得太难看，太轻易。

年轻人并不知道，那一年，秀哉在北京、上海展现棋艺，中国其他棋手都要被让四子。顾水如在日本学棋时，秀哉让他也是四子。仅仅过去一年，顾水如就升到了受让三子。

而且他们更不知道，也就是在秀哉这一次访华棋战中，顾水如在另外一局棋中真的吃了天才秀哉的一块不小的棋。

45岁的日本老师，正在棋艺无双、恣肆奔放的最好年华。遇上了27岁棋艺蒸蒸日上的中国学生。是一次教学，还是一次考试？

让三子而一胜一负，恰好是中日间真正差距的度量。秀哉根据这一局棋，认可顾水如为四段棋手。秀哉曾经说过中国高手的水平不过二段。赵之云先生曾经回忆，这一局赢棋，顾水如铭记在心，多次提起。在赵公的《早期中日围棋交流》中，特地以此局棋谱留下了顾老的成就，但是他并无详细的解说。

不说，也是一种无言的说。赵公的父母都是历史研究者，赵之云与人云亦云的流俗，距离甚远。他知道，无论花费多少笔墨，今天的年轻人绝对不愿相信，这就是百年前中国最好的棋。

在渔阳里，顾水如经常会去淮海路的西头陪伴段祺瑞。段祺瑞受蒋介石邀请，"南下颐养"。顾水如也是因他才回到上海。

《段祺瑞传》简要评述：

> 段祺瑞掌权时一直走日本路线，但在民族存亡时刻，他终于没有做汉奸，而是接受了蒋介石邀请，这在当时不失为一种爱国举动。

《段祺瑞传》正文找不到围棋两字，尾声却有此几句：

> 段祺瑞在上海居住期间，每日除下一局围棋外，大部分时间都静坐诵经或阅读旧书。

细读段祺瑞的围棋逸事是在上海图书馆，新冠刚刚阳康，周围是此起彼伏的咳嗽声。那本书为《围棋国手顾水如》，作者是顾水如家乡人，自然有非常多的家人回忆。

出图书馆门，往东不几步就是淮海中路1487弄，上海新村，一条建设于20

世纪 40 年代的弄堂，今天还不失时尚的高等级公寓。那里曾经是霞飞路 1487 号，有草地十余亩，有几栋可作为公馆的建筑。

段祺瑞晚年住在那里，每天早饭后都要下一局棋。

以往人们对于段祺瑞下棋的印象，来自吴清源的回忆录《天外有天》。那里写，顾水如带了少年吴清源赴段府每周日早上的棋会，不谙世事的吴清源，赢了当年中国的最高统治者，结果所有棋手都饿着肚子没有吃到美味的早餐。还写，段祺瑞一次有事召回在外地的儿子，谈话之前先下一局棋。结果，儿子把老子赢了。段祺瑞大发雷霆，立马打发儿子打道回府。

字里行间，不苟言笑的段祺瑞凛然如冰霜。

顾水如当然还见到了段祺瑞晚年儒雅如静水的另外一面。

在《围棋国手顾水如》一书中，有心的作者，记录了段祺瑞曾经去参加顾水如母亲的丧礼。

> 1936 年春，顾水如的母亲去世，段祺瑞亲自来枫泾吊唁，时曾轰动整个枫泾镇。顾水如的家离枫泾火车站不远，约二三里路程，枫泾南镇镇长姚天星，嘉善县区公所区长张莘根，枫泾北镇镇长王福春，松江县枫泾区公所区长叶景秋等闻讯赶来，陪同顾水如到枫泾火车站迎接。段祺瑞身穿黑色长袍，手拄拐杖下来，在家人陪同下，和大家一一招呼后，便询问顾水如丧事准备得怎样。水如一一回答。……他已经出现年老体衰、行走不便的老态，此行实属不易。……临走还送上 200 块大洋给顾水如。

一次次的和段祺瑞下棋，见老段健康每况愈下，坐在回家的黄包车上，顾水如必默默无言。车夫小跑着经过霞飞路，转弯，回渔阳里，走进上海弈社。面对家人，面对过惕生等，他也会沉默一段。

1936 年的深秋，段祺瑞因胃部又一次大出血，被送入宏恩医院。那家医院的医生曾经于两年前挽救过段祺瑞的生命。这一次回天乏术。

南京国民政府决议进行国葬，灵柩由铁路，自上海至北平。声势浩大扶柩北上之行，在专列上的除了亲戚，多为海上闻人。顾水如也在车上，专列一路呼啸北上，顾水如见同行者，都很陌生。便顾自回想，自上海北上去北京，以枫泾出产的"丁蹄"为晋见之礼，不料段祺瑞不吃肉，于是丁蹄被周围人分享，段祺瑞看顾水如下棋。他不久便出入于段府。执政府瓦解，段祺瑞下野，顾水如随着他去了天津。最后又随着段祺瑞来到上海。二一多年，一位国内一流的棋手，追随一位围棋爱好者，所为何来？

陶菊隐先生当时有言："我国围棋高手自段合肥一瞑不视之后，惶惶然有曙后孤星之感。"又专指顾水如而言，"颇有知己难逢之感"。

不敢说一位棋手和一位政治家之间会有多么深厚的友谊。但相信这两人，都在乎对方。"在乎"也可以是一种很本能的情感，用围棋联系着。在段祺瑞，佛经是他空远的慰藉，围棋是他日常的寄托。他或许很少和顾水如谈谈战场和政坛，却能够倾听顾水如指点棋盘，叙谈棋理。

1934年，吴清源曾经和挚友木谷实来沪访问段祺瑞。两人弈棋，其中一局，吴小败。段祺瑞自然知道，这是吴清源对他知遇之恩的回报。堂堂大棋士，已经不是当年的冒失少年。这一年，蒋介石邀请段祺瑞去庐山避暑，顾水如是随行者之一。段祺瑞向蒋介石进言，希望召回吴清源，以便发展中国围棋。也只有顾水如才明白，段祺瑞内心仍旧希望见到古老的国技复兴。

段祺瑞在乎顾水如，或许是因为他去了日本，又回到了中国。

战火骤然降临。顾水如舍不得他的上海弈社，滞留在上海。

1937年，日军攻入上海。

便有一位"大人物"来渔阳里找顾水如。绝无意外，和段府过从甚密的顾水如，早就被人盯上了。《围棋国手顾水如》有此叙述：

> 当时，大汉奸梁鸿志到顾水如家拜访。梁是一个棋迷，和顾水如相识多年，是段门老友，以前私交棋谊都不错。这次拜访，名为叙旧，实是拉人下水，说请顾水如出任伪政权官职（一说是陪侵华日军头面人物下棋）。顾水如以只善黑白，不知政治为由，予以拒绝。后来，梁又来了几次，日本人还带着黄包车两车食品既威逼又利诱，结果顾水如请一位德国医生开了一张"严重贫血，不能外出"的证明，坚决拒绝。梁知道个中原因，他游说不成，便恼羞成怒，下令关闭了上海弈社……

顾水如也在这一年的冬天，把家搬到了襄阳路上。

不久就得到了消息，曾经住在渔阳里顾家的少年才俊宋温善，与家人西迁，行船于三峡，江流甚急，宋少年在危崖之上加入背纤队伍，失足掉下深渊，年仅18岁。

噩耗传来，顾水如想起宋温善曾发豪言，要战胜吴清源。便好几天默默无言。

见到顾水如自书的一首七言诗。并未留下书写的日期，小心考证后，方知应该是二战时期的作品。

1942年10月，顾水如的老友濑越宪作先生率弟子井上一郎、桥本宇太郎、吴清源等赴上海、南京访问。

顾水如外孙江德冀先生上世纪90年代在日本留学时，偶然在日本图书馆的杂志中发现这一手迹，全文如下：

藏机守默自通神，妙技而今海外珍，壁垒森严惊急劫，岂知身是局中人。

弈之为道，由来甚古。唐以前棋局纵横各十七道，今则十九道，其法稍稍变矣。我国施范，倔起雍乾间，各张一军，自后名手辈出，虽小道亦有可观。今东瀛人士尤笃好之。

井上先生为老友濑越先生之高弟，顷客海上。与余手谈将归，索书为别，因成一绝句贻之。

在吴清源的回忆录中说到过，井上一郎很早就应征入伍，随军驻扎在中蒙边境诺门罕。1939年，苏联和日本俱陈兵于此，大战一触即发。井上因病，被遣送回日本。不久朱可夫率领的苏军一举击败日寇。死里逃生的井上，随濑越宪作来到上海，百感交集。他和顾水如一起下过棋，将返日本，希望获得顾水如的手迹作纪念。

他们是旧友，在顾水如游学日本时，相交于棋坛。此刻，顾水如必推敲再三，方援笔书之：

> 藏机守默自通神，
>
> 妙技而今海外珍，
>
> 壁垒森严惊急劫，
>
> 岂知身是局中人。

前两句自然是在写围棋，后两句呢？可以理解为下了一局紧张激烈的棋，两人下得忘我，都已"坐隐"。有没有弦外之音？顾水如在诗后的文字中，说到了唐朝、清朝，我国、东瀛。再读"岂知身是局中人"，便可从棋盘边上站起，换一个空间再读。

自本因坊秀哉去世后，濑越宪作无可置疑成为日本围棋界的精神领袖。向濑越宪作的学生赠诗，便是曲折地向日本的棋手们传递情感。读此诗时，便会想顾水如落笔时，当仁不让的身份是中国的"国手"。

中日围棋重新正式对局，要到18年后，在陈毅元帅和松村谦三先生的努力下方始实现。1960年濑越宪作率日本围棋代表团打破坚冰访问中国，濑越宪作已经71岁，和68岁的顾水如握手言欢，手谈一局不计胜负的棋。

1964年12月20日，濑越宪作率29位著名棋手联名发表呼吁书，号召日本数百万围棋爱好者参加要求恢复日中邦交3000万人签名运动。在呼吁书上签名的有桥本宇太郎、坂田荣男和杉内雅男等举足轻重的大腕。12月22日，日中友好协会理事长宫崎世民率领部分职业棋手直接走上东京街头，在闹市区征集签名。八段梶原武雄背着大喇叭，摇着旗子，宣传日中友好……梶原武雄（后升为九段）是1964年访华的日本围棋代表团团长。中国棋院前院长华以刚记得梶原武雄曾经说过："我到过中国，在战壕中朝天放枪。"

可惜，这一切井上一郎都没有见到。二战后不久，他便因病去世了。

我流连在渔阳里的那个下午，弄堂里无人。大门宽阔，涂着黑漆，门框上有着二维码。我的步子缓慢而拖沓，寂静之中，听得到空洞的脚步声。

那时的围棋很久没有走出那个不大的圈子，并未真正光顾如我们这里的弄堂，特别是和合坊这样的旧式石库门。那些奔跑的孩子，穿着打补丁的衣服，还不知道出后弄堂往东拐，就是品芳茶楼，出前弄堂往西拐，走一段路就是襄阳公园茶室。围棋离开孩子们不远。

不过，即使数上十遍，他们的零用钱，也不够找一位启蒙先生。

小孩子下的是斗兽棋，初小生下的是军棋，高小生以上，便将爸爸们一枚枚酒盅大的象棋搬出来，闹哄哄聚集了一大帮人，像是在吵架一样，争论象棋文化第一章第一节：红先还是黑先。真正会下象棋的，如汤家大毛，远远瞟一眼。便伸出两个指头摇摇，顾自走出弄堂，去找人借棋谱读了。

在和合坊红色的墙壁上，读得到报纸。很多老人，围着铁丝编成的报夹，在读连载小说。偶然一天，在人缝中挤进报栏，读到一则顾老的学生陈祖德战胜日本九段的消息。我便在自家斗室翻遍角角落落，终于在大橱底下的抽屉里，找到一副散落的玻璃围棋子，又找到一张父亲用鸭嘴笔画出的棋盘。摆在弄堂里，找人下五子棋。观战中有一位中年人，他曾经是校长，又喜欢孩子，在弄堂中闲走几步，看看他们下棋打牌。他只说了"是围棋啊"。他应该是知道围棋的，不过我们并没有拜他为师，那时的孩子都很警觉，他是右派啊！

那时候大多数学校并没有围棋课，也没有围棋兴趣小组，当然不知道顾水如曾经住在隔壁的弄堂里。更不知道后来读书的学校里，那位个子不高，但是气度不凡的物理老师，竟然是一位围棋高手。朱福源，1962年新中国首次评选的专业三段棋手。他教高二，可惜我们高一将要读完，便"文革"了……

那时弄堂的孩子，一次次错过了围棋。

忽然听到蟋蟀响亮的鸣叫。我不信今天的弄堂里还有养蟋蟀的孩子。似乎蟋蟀声就是在顾水如家里传出来的，唯行家的虫子振翅，才有金玉之声。

在上海沦陷的日子里，顾水如养蟋蟀，放风筝，驯鸽子。很少有人知道，顾水如在天津还养过一匹名曰"良友"的马。顾家的蟋蟀不是老克勒捂在棉袄里的鸣虫，而是善斗的大将。"良友"也不是拖着破车的驽马，而是获过奖的赛驹。

4

顾水如还是搬出了渔阳里。早先顾水如顶下那栋房子，恐怕已经是倾囊而出了。上海弈社关闭之后，顾水如虽在另外的棋社任甲等指导，毕竟不是稳定的收入。

解放前后，顾水如在襄阳公园，印刷了棋票，每张两角，他课棋为生。与顾水如下一局棋，需要十张棋票。

解放后，陈毅感慨老棋手没有社会地位，便嘱咐将其中优秀者招入文史馆。顾水如因其声望，成为上海市政协委员。他前半生都在盼望的时刻到来了，可惜，此刻他已只剩下余热了。

值得流连忘返的是黄陂路304号，这里的场地记忆，可还原20世纪上海围棋惊人起飞。我在此盘桓久久，是因为很长时间知道的顾水如，仅仅因为他曾经是吴清源和陈祖德的老师。

真正老上海人说起这一片建筑，不在大剧院，而在租界的跑马厅。新上海人民兴建了人民大道，大道将跑马场中分为二。大道北边是人民公园，大道南面是人民广场。当年为跑马厅留下了钟楼建筑、厅堂和水泥台阶的看台。靠近台阶的南边，成为体育宫。

老年顾水如和少年陈祖德

顾水如指导少年棋手，右为王汝南，左为魏昕

1962年六城市少年围棋赛于北京举行，上海队教练顾水如站在陈毅背后观战，对弈者为华以刚（右）和
王汝南

顾水如的学生陈祖德在《超越自我》里，说到他 1959 年 1 月去体育宫报到，参加集训。

> 一进门，就看见一个好大好大的看台。我得走到这个看台的最高处，才能找到围棋集训队的那间屋。对于十四岁的我来说，这个看台有着那么一种了不起的、神秘的意味。我一级级地向上走着，好像总也走不到头似的。没有想到，从此我便在人生的阶梯上开始了那没有尽头的攀登……

北边的钟楼建筑，依旧巍然。午休时间，陈祖德就去上海图书馆读书。

1992 年，我也曾经一步一步走上台阶，为了写《黑白之道》，采访《围棋》杂志的编辑曹志林和赵之云。那时候，编辑部与上海击剑队同在一个屋檐下。见到那些英俊的青年剑客，双手放在背后，从阶梯的最下方，作"蛙跳"，一直跳到最上一级。再跑下来，从第一级重新开始。周而复始，也是"没有尽头"。

那时的《围棋》杂志，和击剑队仅一墙之隔，剑与剑的格斗声，声声入耳。也听得到教练严厉的吼声和队员击中的欢呼。

取出了录音机。那时，谈论的主题是世纪之交中国人的围棋观。没有细谈顾水如，是一大遗憾。

如今我站在上海历史博物馆和大剧院的那条小路上。抬头望天，看台已经是一道看不见的天际线。晴空，有白云。天上一只鸽子飞来，那是顾水如的鸽子？一只风筝扶摇直上，那是顾水如的风筝？

也无鸽子，也无风筝。我想听到云上的声音，那是顾水如在讲棋，特别是为孩子讲棋。

在北京，为了要讲棋给天才吴泉听，顾水如雇了马车，特地把刚满 10 岁的孩子，接到自己家中。有一天，孩子的母亲也坐着马车赶来，说希望吴泉有一个"字"。正好顾先生的哥哥也在，便说"泉水是清的"，顾先生说，"泉水是源远流长的"。吴家妈妈，拍手称好，人们便以"吴清源"称呼吴泉。在襄阳公园，陈祖德父亲的棋友"周文王"，特地带了 7 岁的陈祖德，在公园茶室外显眼处，专等顾水如过来，和陈祖德下了一局让七子的棋。"周文王"便隐没在里三层外三层的人群里，听顾水如讲棋……

云中出现一人，怀抱古琴。赵之云从《围棋》杂志的那间旧屋中翩翩走来。用竹壳热水瓶为我泡了一杯宣统御赐的古茶，自己也泡了一杯，我们便走到看台最高处，坐在台阶上。

"他的理论师法日本，但是他对日本棋法从不迷信，年轻时，便敢于提出自己独到的见解。在 20 年代，他曾经质疑过日本当时屈指可数高手铃木为次郎和野泽竹朝棋中的某些着法，而且刊登在日本《棋道》杂志上，想想吧，当时中国棋界积弱已久，顾水如竟敢怀疑遥遥领先的日本棋手……"

"我年轻时听过他讲棋，他对围棋的认识，是辩证、积极、科学的，他绝不是食谱不化的学究，围棋观当胜人一筹，故在围棋理论上，探得真髓。"

在那种大砍大杀的古老棋风面前，顾水如源自日本的棋理，自然会让人深思。每每讲出周围人未知的道理，四周鸦雀无声。他必稍稍停顿，左顾右盼，目光炯炯。

20 世纪 60 年代上海围棋训练班在看台侧面背后的 304。顾水如是高级班的教练。那里当年也是围棋爱好者的乐园，有时候顾水如也会出来，和爱好者们下让子棋。

高级班的学员那时候有华以刚、邱鑫和曹志林。家住得最近的是华以刚，他是第一个报到的。邱鑫住得稍远，报到晚一些。曹志林住得更远，他来的时候，顾水如已经开课，他自报家门，请求顾老收下一个热诚的少年爱好者。顾老对下棋的孩子一向喜爱，便破格收下。华以刚小曹志林两岁，可又是顾老最早的学生，常常认曹志林为"师弟"。曹志林便报以憨笑。

疫情期间，给曹志林打电话，想从他那里听到顾水如讲棋的声音。

他告诉我，某日，顾水如突然和一位年轻的业余棋手争吵起来，喉咙蛮粗。原因无非是因为在一个局部中，是先填一枚子还是先接一下。顾水如不肯退让的原因是，他已经将其中的道理再三解说，而且在棋盘上摆了变化图证明，为什么还要争？而那位业余棋手却以为，不是你顾老说错了就是错了，我难道不能说说自己的道理吗？

两人都气呼呼地离开了棋盘。唯有少年曹志林走了过去，默默记住了这个形状，自己研究了次序。两种下法，差距仅在厘毫之间。

你得佩服曹志林对于形状的超级记忆力。电话中，75 岁的曹志林说最近用人工智能软件，研究了15岁时记住的形状。人工智能判定，顾水如的下法更为合理。

我以为故事背后还有我所不知道的顾老面貌。便念着下一次再给他打电话。可惜，之后再也不是他亲自接电话了，过了不到两周，便得到他因新冠去世的噩耗……

一连几个夜里，面前出现的都是曹兄的面容。有一天，我又在推敲这个细节，突然想到他说过，由这一着棋，便可知他是职业棋手。他仿佛在责备我：对于棋艺，你是真的浅薄，能够辨出厘毫之差，只有真正的高手才做得到……

要听华以刚重现顾老讲棋的声音，便要走到南京路上。上海体育俱乐部，这是"西侨体育会"的旧址，十层楼高的西式建筑。

1962年，上海棋社获通知，六城市少年儿童围棋比赛金秋将在北京举行。于是暑假便召集小棋手，在俱乐部强化集训。顾水如和林勉担任教练，顾老是主要老师。

有一次电梯故障，70岁的顾老一步一顿上了五楼，不住喘气。连声说"老了，老了"。

华以刚回忆说，孩子们刚刚下完的棋，他便复盘讲解。顾水如自然是复盘的高手，华以刚那时只有13岁，听得津津有味，今天回忆起来便是："收获很大，有每天都在进步的感觉……"

赵之云还在云间，他说："顾老自是负有时誉的代表人物，他才气横溢，棋理清晰，自有不少令人钦佩的长处，但是他的短处最明显的是并不善于与同辈棋手平等相处。他出名早，名气大，资历深，留过学，捧场的人也多，棋艺当然是第一流的。他便有很强的优越感，小觑同道……"

陈祖德也曾经说过，顾先生认为，在中国，即使再高明的棋手，包括刘棣怀先生，都不能和他相提并论。

在和爱好者下指导棋时，顾先生经常这么问："刘大将让你几子？"对方如答三子，则顾先生必然要他放上四子；对方如说四子，则顾先生无疑会让他放上五子。……顾先生是个个性很强的人，他处处要高人一头，也是不奇怪的。

讲棋精湛的顾老和清高孤傲的顾老，本是同一个顾老。那种清高孤傲，是行走于民国江湖之中护身的无形硬壳。

1949 年深秋，陈毅曾经去襄阳公园，询问棋迷，谁是上海最好的棋手，棋迷回答"名声最大的是顾水如"，"下棋刚猛的是刘棣怀"。陈毅和顾老便有了围棋交往。下棋时，少有深入的谈话。三言两语，顾老便感受到博览群书通晓诗文儒将的阵阵清风。陈毅调到北京之后，某日回沪，便招顾水如去。陈毅问，办一个业余围棋学校，你来当校长好不好……

与陈毅下棋，顾水如身上的孤傲一点点褪去，诚恳一点点滋长。

疫情过去，终于在图书馆读到可以品味他讲棋风格的文字：《围棋对局解说》。

这是一本特殊的教材。五位民国大棋士，为写书，特地下了 8 盘棋，现身说法，启发希望把棋下好的读者。这是 1957 年老棋手面对读者的诚恳，他们弯下腰，比量着当年读者的围棋高度。那些言语，即使没有段位的爱好者，读来也毫不吃力。字里行间读得出有教无类的真诚，诲人不倦之恳切。

书中顾水如的对局，一输一赢。

当然要细读他输给刘棣怀刘大将的那一盘，看看强强之间如何对话。有 10 幅行进中的棋谱，每一幅棋图，便有一长段两人的自评。棋手间的手谈，由文字化为面向万千棋迷的笔谈。每一着棋，有多少选择，每个选择会有怎样的形状变化，对于局部如何，对于大局如何，两人都不厌其详，口若悬河。

在自评中，读到了顾老自剖的两句话：

> 白棋 76 一着，可能是本局失败的首要因素。
>
> 154 至 166，大块虽勉强逃出，然形势已非，……本局至此，胜负已决，结果负四子半，已属于幸运。

下棋是一种艺术，讲棋又是另一种艺术。下棋者，必将自己包裹得严严实实，甘心情愿被孤独笼罩。讲棋者不然，唯坦坦荡荡，将自己和棋手都化作透明的玻璃人，方可细致展开人们看不到的内心谋略和决策。现在，顾水如坦承败局，等于他用高超的讲棋艺术，在批判反省曾经自负的对弈艺术。他的内心必然纠结过，又舒展开来，以新社会人的姿态面对败局。这里当然有着老年棋手告别一线的辛酸，不过，难道不是他 17 岁起，在报纸上编辑围棋栏的继续？

再望天空。赵之云脱下蓝色的布套，便见古琴的真容。起手弹奏，竟是《高山流水》。

琴音还在缭绕，云间已然没有了赵公。我手中捧着的，也不是那杯浓得近乎墨汁的古茶，而是陈祖德和赵之云三十多年前写的书，以及顾老的棋谱。

顾水如的经历，令他逃不过一片火红的年代。

没有戴高帽，没有重量级的批斗会。不过老棋手的挂念还在围棋。尽管他已经退休，可是听到到处锣鼓敲响，见到街头红旗飘飘，棋社里无人下棋，便很惨然。那等于说，老棋手为之毕生奋斗的竞技围棋已经没有价值。

顾水如的工资已经被扣发，寄钱补贴家用的儿子在北京遽然去世。某天，他拿着工作证走进银行，卖出了妻子的耳环、戒指和木鱼，计合纯金 14.97 克，获 45.41 元。可暂缓窘迫的家用。

1967 年，那些寒冷的冬夜，跑马厅的屋宇里。他和一班老棋手都参加了学习班，睡在水泥地上。他们如几枚记载在精彩棋谱上的棋子，曾占领要津，威风凛凛。现在被扔回棋盒，便什么都不是。

顾水如与刘棣怀和王幼宸他们睡在一起，这才彻底地相濡以沫。这里本不是居室，高敞而无暖气。家人心痛他们，送来厚厚的被子，衰老的身体便隔绝了水泥地的冰凉。那些老人，担忧晚上的起夜。黑洞洞的，古稀之人，一脚踩空，便会摔倒。76 岁的顾水如研究出一个奇妙的"手筋"，家里送来的炒麦粉，吞下便会吸收胃部的水分，可坚持到早晨不起夜。于是推荐给身边的老友。鼾声此起彼落，直到天亮。

他们并不知道，革命高潮之后，便是文化的真空。

他们的学生在工厂、在农场又拿起了棋子。或许是为了打发庸常日子，却让围棋不可思议地回归民间。

曾经接过幼时玩伴刻好的蜡纸和纸张，印完大批判传单，便来制作粗糙的油印本：歌本、象棋、围棋和桥牌。和合坊里，流传过最简单的围棋死活题。在中学教室里，在大学宿舍里，在弄堂里，下棋的人渐多。胳膊上还箍着红袖章，手指却在棋盘上点目。304 棋室的棋迷已经星散，暗地里却依旧在下棋。棋迷间的友谊，随着纸做的折叠棋盘，跟随少年棋友上山下乡。

1973 年，围棋恢复。陈祖德等"七君子"为首，国家队重新集合，便分南北两路，一路表演一路讲棋。蹉跎十年，围棋并不蹉跎，却是生聚十年，教训十年。

围棋一恢复，突然冒出了一支现成的教练队伍，民间的围棋又推进了竞技围棋……

1986 年 4 月，上海体育俱乐部的门口曾经围着很多看热闹的人。中日围棋擂台赛有两场比赛在此举行。

这是我第一次近距离接触那时需要仰望的中日围棋名人。查检旧文，藤泽秀行和聂卫平等超级棋手的当年形象都在眼前：

> 三楼图书室，安静异常，周围满是书和杂志，中间一副围棋。散散落落坐着的，是中日高段位的大师，绝无激战气氛。瘦削的藤泽秀行剃着短短的平头，戴副花镜，整个身子仿佛埋在椅子里，有时漫不经心浏览报纸，有时抬起下巴眯眼一扫棋枰。聂卫平呢，好像永远在思考，他一手握空拳支着硕大的脑袋，另一只手嚓啦啦在棋盒里拨弄着棋子。他不苟言笑，不时与藤泽先生交换一下眼色。……藤泽先生默默不语，突然他苍老的手指夹着一枚黑子，高高举起，"啪"一下投到某点上，于是大家全会意地笑起来，"哦，是这样？"棋子复又将去，只让聂卫平默默地对着棋盘。

隔壁的休息室里，又是一种氛围：

> 几乎全是老同志，白发苍颜，拄拐杖的，戴助听器的。你瞧，那面一位老者，凝神端视棋盘，不时微微颔首，你似曾相识，搜索记忆，他曾是一位经常在电视上出现的领导。……从新四军起就相熟，不必客气，指手画脚有之，脸红耳赤有之。一位老作家竟然起座绕了一个大圈，走到大棋盘前比画一番，这才心满意足回来坐下。

他当然就是《红日》的作者吴强，新四军老战士。

偶有几名稚童，一语不出，端坐一隅，那必是俱乐部围棋班的小将了。

10岁的常昊也在其中，常昊是弄堂里出来的孩子。

二楼大厅是大盘讲棋现场，一场棋那时需要讲好几个小时。我们那时还住在弄堂里，我的女儿比常昊小两岁，也在上海体育俱乐部跟着邱百瑞、谢裕国学棋。我女儿和她俱乐部的同伴，都在大厅听棋。这里还有全上海的教练，这一局棋，不久就会出现在各区少年班的大棋盘上。

弄堂里的报栏，上午有《解放》《文汇》，下午有《晚报》。凡有棋赛，报栏前总有很多人。某个夜晚，我从报社骑自行车回家，路上穿过不少弄堂。见到某条弄堂中，幽暗的路灯下，报栏前还有两个孩子在看报，手电筒的光芒聚成了一个圆，罩在一篇新闻上，聂卫平在擂台赛上又下一城。

围棋和新闻、和大人小孩，奇迹般在弄堂会合，如看不见的毛毛雨，滋润着人们渴望胜利的心。

可惜，顾水如没有见到这一幕。

5

终于和朋友一起去了松江的古仓城遗址。

顾水如是从河滨大楼搬到此地的。1954年，因陈毅的倡议，老棋手们得到了很好的安排。顾水如从襄阳路新乐路旧居，搬进河滨大楼宽敞的房间，他享受了教授级别的高级知识分子待遇。

1970年，陈祖德从北京回来，拜访了老师。那时，顾老已经从学习班回家。

我跨进那老式的电梯，在那长长的、有些阴森的走廊上快步走着。我的心在呼唤着：顾先生，顾先生！我推开了顾先生家的那扇门，他那宽敞的房间里，有十来个小孩围在一张桌子旁，顾先生被这群小孩包围在其中。这些小孩都才十多岁，活泼可爱。而顾先生呢，已是一副老态，他直到七十岁时头发还是乌黑的，如今却全成了银白色，连眉毛也白了，以前

烂柯

的精悍一去不复返了。

这是陈祖德最后一次走进河滨大楼，最后一次见到老师顾水如。一年后，顾先生搬出河滨大楼。叶落归根，顾老原先是奔着枫泾老宅去的，不过，那里已经有人住着。西行之路，终于在距离枫泾近40公里的松江古仓城停了下来，他住进向阳新村，那时的新公房。

仓城这一带早就要拆迁，新房子有一些已经造就。有展览馆，也有展示区，更为未来的游客预备了一座不小的咖啡馆。残存的旧屋，挂着清朝建筑的牌子，内里已经破败不堪。一些老人背着手，在街上走着。问他们是否知道顾水如，都说不知道。一条小弄里，有一位守着竹器农具摊子的中年男子。问他，他说："我印象中有迭个人，不过房子拆掉了。"他用手指指大仓桥堍一带。那里的新房子已经很有规模。

朋友喊我，说是工地外的围墙上，写的字、画的图很有意思。

字是告诉来此的人，松江这一带本有土话：

有一种喜欢叫"相信"
有一种厉害叫"结棍"
有一种认可叫"来三"
有一种干脆叫"一记头"
有一种急躁叫"投五投六"
有一种乱七八糟叫"一天世界"
有一种稀里糊涂叫"神知无知"
有一种迟缓叫"木知木觉"
有一种过去叫"老里八早"
有一个语气词叫"格么"

再看壁画，画的都是街上曾经有过的店铺：

鼎新鸡粥店、黎明日夜商店、群馨药店、仓桥理发店、城西剧场、

28

城西打铁店、益民点心店……

很感激那些涂白墙壁、写字画画的年轻人。当他们看到这里将要改变，便恋恋不舍留下了曾经数十年不变的日常，为游客，也为自己。

便也可想象，顾水如用枫泾话和松江人聊天。在鸡粥店喝着鸡粥，他"相信"松江的大米。在益民点心店呼呼吹着烫嘴的锅贴，他也"相信"枫泾猪的鲜肉。他理过发，板寸式样，在隔壁的打铁声中，回想"老里八早"拖着辫子的童年……

枫泾的茶馆，3点半摸黑生火，4点，水"噗噗"滚了，便开门迎客。大仓桥一带已经没有了茶馆。顾水如邂逅了一群爱好者，在三里路外一条旧街找到一个可以手谈的茶馆。那些爱好者与顾老，有让三四子的差距。他们眼中，顾水如即使老了，下棋还是"结棍"的，讲棋还是"来三"的。顾水如便也经常和他们在一起，将竞技围棋还原成为市井乡野的游戏。

如此，顾水如视古仓城老街为家乡，受伤的心，被乡音和乡情温暖。

可惜，这样的日子，仅仅持续了50元。1971年5月1日搬来，6月19日，顾水如因患肺气肿去世。发病三天之前，他还在和爱好者下棋。

我站上了大仓桥。

河不宽，是活水，此河在唐朝便有了记载。此桥形制在明朝就有，至今依旧

大仓桥

能够辨出古老的石板，顽强地嵌在桥中。

想象一位瘦小的老人曾站在这里，俯身看着河水，手抚桥栏。

曾经用水流做比方，讨论中国和日本的围棋交往。棋如长流之水。谁的棋好，谁就在上游。棋不如者，若其志仅在守成，可静待上游的水流过来。然真正的大棋士，便逆流而上，班门弄斧，先学后创，早晚要见识上游风光。

逝者如斯。水在流，谁在逆流而上？

与棋友编完上海现当代围棋史，我们感动了：

20世纪之初，中国大约有不到十位棋手，启程追赶相当强大的日本，那里有少年的顾水如，而且他走得最远，一直取经到了日本。民国半个世纪，战争、灾害不断，曲曲折折，仅赶上了日本大约两枚子。一直坚持到解放的，棋界还剩下约十名中坚棋手。此十人已经不是过去的十人，花甲棋士顾水如仍在其中。

陈祖德曾经描写过顾水如的眼睛。

> 他那突出的脑门下面的一双大大的眼睛才是他的不平凡之处。天下大眼睛有的是，但像他那样有神的却为数不多，他的眼睛是明亮的、机灵的、深邃的、具有洞察力的、富有经验的、闪烁着智慧的。
>
> 谁要是看到顾先生的眼睛，便会感到此人不凡，决不可等闲视之。谁要是已经和顾先生熟悉了，那更会在他的炯炯有神的眼神下对他肃然起敬。

我接触围棋太晚，不曾见识顾老这一双大眼睛。

1988年，在北京首届应氏杯的赛场采访，我见到了年过八旬的过惕生。他垂垂老矣，穿着一件旧中山装，独自一人坐在观战室距离棋盘几米的地方。人们走过，都尊敬地点头致意。他是聂卫平的老师。聂卫平是这一场世界比赛最引人瞩目的中国棋手。

偶然，老人站起来，慢慢踱到年轻棋手的背后，一看棋盘上陌生新鲜的形状，昏花老眼，立时放出光来。想起"小过"曾经在渔阳里顾水如故宅住过多年，顾老指点过他，那种眼神，莫不是当年传道的见证？

一年后，他去世。民国棋手眼里的光，便成为留给当代棋手的遗产。

我的手抚摸着桥栏，希望在桥栏上感受顾老的手温。

远处驶来一只清理河道的木船。船上一农人，用两根竹竿，搅动河里的水草浮萍，夹到船上。河水悠悠，载着船缓缓过了大仓桥。

农人摇着橹，回头，看了我一眼。再回头，又看了我一眼。我意识到在桥上站着的仅我一人。痴呆呆的老头，又不像是游客。

2023 年 3 月 16 日

寄信到对岸

今年 3 月末，浦东开始全面测试核酸的时候，便想到，那里有几位朋友，便在微信上隔江问候。至建桥学院的孙教授，便很踌躇。孙教授为大学生讲围棋史、围棋学。日前他传来一张棋谱，当时一阵震撼，却不知如何与孙教授讨论。

一张泛黄的纸，记录着一盘棋。

下棋的两位，都是上海棋手。一位是陶审安（1894—1926），居于浦东，自学成才，又以"东篱居士"为名，在《新闻报》发表围棋文章。上海围棋研究会主持者、企业家张澹如，欣赏陶审安的才华，每有与日本棋手对局机会，便邀他渡江过来。1919 年秋，本因坊秀哉访华，在北京盘桓二十多天后，到了上海。秀哉曾经让张澹如和陶审安四子对局。1920、1921 年间，铃木为次郎访华，通晓日语的陶审安便奉他为师长，向他求教棋艺，并与之讨论《围棋十诀》。另一位是王子晏

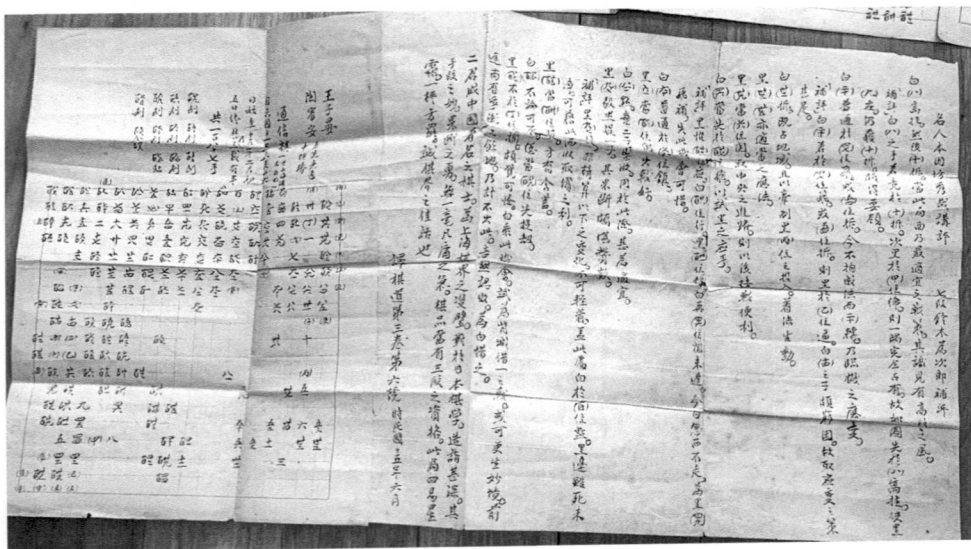

（1892—1951），他于 1919 年由嘉兴来到上海。张澹如知道王子晏棋艺不凡，便让他在上海证券交易所就职，闲余钻研围棋。他们三人的友谊，当自此开始。之后，王子晏越战越勇，曾经和濑越宪作学生桥本宇太郎鏖战三天，巧成和棋。来沪十年，王子晏与日本棋手共弈 51 局，获胜 34 局。

王子晏和陶审安，棋品甚高，彼此气昿相投，这一局棋当属他们棋艺巅峰期的写照，探索的见证。王居于浦西，陶住在浦东，隔江对局。从 1922 年 8 月至 1926 年 1 月，长达三年零五个月，一共下了 187 手。因以信函来去，《围棋词典》归之为"通讯棋"。

第一谱（1—100）

白8若10位拆，黑9即甲位关。是当时流行的布局之一。

白20若47位飞，黑即乙位拆，如谱白争先于26位拆二。

黑29绝好点。

白32拆，使黑在丙位投入受到牵制。

白46当丁位先飞。

黑 81 脱离主战场，当82粘较厚实。

黑97，提白一子，有成算。

第二谱（1—87，即101—187）

黑15，因上边留有劫争，呈黑方主动有利的局面。

黑25恶手，当30位提一子。

白44可46位先提劫。

黑87失着，当甲位行。此时若白下一着在甲位粘，变化尚多，白方轻易认输，颇觉可惜。

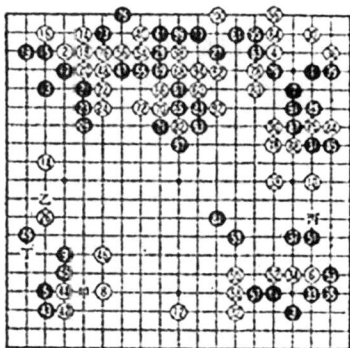

第 一 谱

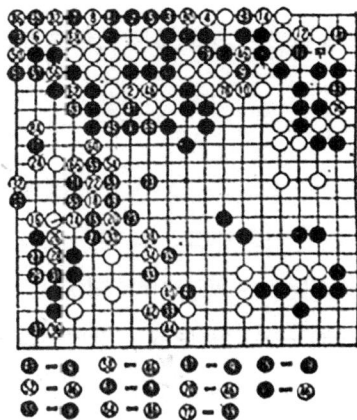

载于《围棋词典》中的通讯棋谱，这是当代棋手的客观分析

33

没有考证。不过就那张棋谱看，应该是王子晏的亲手记录。右侧还接了一张
纸。1926 年 6 月，他翻译了日本《棋道》杂志上的评论：

> 二君咸中国有名之棋士，为上海棋界之双璧，对于日本棋学，造诣
> 甚深，其手段之妙，果断之勇，无一毫凡庸之气，棋品当有三段之资格，
> 此局四易星霜，一枰方罢，诚棋界之佳话也。

评论者，是本因坊名人秀哉和陶审安的恩师铃木为次郎七段，都是日本，也
是当时世界响当当的一流棋手。

王子晏将这一段话记录下来，也是一种纪念。因为陶审安就在这一年，染疾
亡故。不知道陶先生是在哪一个月去世的，故也不知道他是否看到了当年棋界顶
尖人物的赞语，含笑瞑目。

陶审安留下了译著《东瀛围棋精华》。1929 年，陶审安去世三年之际，张澹
如特地张罗出版他的遗作。他出资自任"付梓人"，委托日本东京高桥印刷所刊印，
是当时棋谱中最精美的一种。张澹如、王子晏和铃木为次郎，为此书写了三篇序
言。其中，王子晏那篇，仿佛就在一间空空的棋室，含泪和一个棋魂在说话：

> 子声丁丁之际，余与浦左陶君审安最蒙嘉奖许进。今秋张先生、陶
> 君暨余，并晋三段。日本棋院之证书邮到，而陶君已归道山，鼎足遽缺，
> 怆已！

棋史学者赵之云先生说，陶审安在围棋最后的工作，是翻译本因坊秀哉的《围
棋神髓》五卷，惜乎未曾译完，遽然去世……以此告诉孙教授，他便回传来 1951
年 11 月的几张《新民报·晚刊》的"棋类周刊"，那里登过一些《围棋神髓》的棋局。
译者署名两人：王子晏和陶审安。这些残卷终于发表，是因为王子晏先生在这一
年去世。将这些棋谱讲评推出的，是王子晏、陶审安的好友徐润周。徐先生还特
意写了纪念文章。

《围棋神髓》最后是不是译完，还待考证。王子晏一直在继续陶审安未尽之业，

围棋神髓

四子第五局

王子晏陶审安译

刘棣怀校

棋座杂谈

追怀王子晏

近楼

《新民报·晚刊》所刊《围棋神髓》

1951 年 8 月 18 日，《新民报·晚刊》第二版，近楼（徐润周）《追怀王子晏》

才是最令人感动的一页。

纸面上的探讨，总是意犹未尽。

浦西静默不久，收到了人工智能学者刘知青从北京发来的慰问。在电话中，说起了那一盘"通讯棋"。我记得他以前说过：

网络的确改变了我们这个时代对局的可能性和场景。

实际上网络下棋也有前身，就是通讯棋。通讯棋和网络棋，可以说都是虚拟的，它们没有真正的物理棋盘。

现在他说："通讯棋虽然也是虚拟的，毕竟比网络棋要好。我的一点想法是，借鉴其时间管理的方式，改进现在的网络对弈。"

暗暗喝彩，他依旧是理科学者的本色。

我便报以上海老居民的回忆。王子晏和陶审安的信函来回渡江，并非飞翔在真空，而是穿行在人间烟火中。眼前仿佛有一个屏幕，古董放映机老是卡顿，吱吱嘎嘎播放着一盘发黄的旧纪录片。我童年居住的弄堂，建于上世纪20年代，进进出出，街市店肆，便都是民国的遗迹。

该有一个实寄封吧？那时的信封是竖式的，淡棕色的牛皮纸，中有一个红色的框框，如果是王子晏寄出，就在框内用毛笔写："陶审安先生启"，右上是收信人地址，左下是寄信人地址。可惜应有未有。贴几分邮票呢？百年之前，本埠邮资2分，川沙有段时候属于江苏，按外埠计费。他得贴上一张4分邮票。我家集邮簿中有一册是长辈留给我的，百年前销行最多的是帆船票，面值不同，颜色也不同，几十种之多，放在一起，堪比问世不久的马利美术颜料。4分邮票是暗绿色的。

如果他们信函的原件还在，有心人会将187个信封编号。王子晏执白，那么浦西寄往浦东的信封都是双号。

百来年前，王子晏先生应该就住在大片弄堂房子红色屋瓦下的某一间。他昨夜面对电灯泡下八仙桌上的棋盘，苦心摆了很多参考图，才在那张棋谱上"下"了一子。清早，从小弄堂拐向大弄堂。穿过东家阿姨、西家大姐生煤球炉的青烟。

石库门弄堂里的日常生活总有一些碌碌庸常，唯独公文包中的那封信，让王子晏有一些特别的使命感。上了街，他将信投入了转弯角上的邮筒，便有一些轻

SHANGHAI, Post Office.　　　　　　　局 便 邮 海 上

四川路桥北堍的上海邮政总局初建成时的明信片，上贴帆船邮票

松，坐上黄包车，上班去也。

铁铸的邮筒刚刚由蓝色换成今天人都熟悉的绿色。一个快乐的邮差，一身绿色的服装，大盖帽上有"邮"字的铜制帽徽。他丁零零骑着自行车过来，不下车，打着绑腿的两腿叉开，支在地上，用钥匙打开信箱，把信函全部装进白色的帆布包内，那帆布包内的信，交到龙门路邮局。不久一辆崭新的雪铁龙邮车开过，载上邮包，高声鸣笛，气宇轩昂地穿过石子路上的黄包车群，又小心地和推车和拉车的农民并行。上了1923年建成的邮政局桥，过了苏州河，开至四川北路邮政总局。那一栋建成于1924年的漂亮建筑，现在还俯视着苏州河。

王子晏先生的信，和一堆寄往浦东的邮件，被装上船。不知是邮局自己的快船，还是一般的渡船？黄浦江上，渡江船穿行在火轮、驳船和帆船之间。那时江上最多的是带着巨大补丁的风帆，缓缓来去，岸上看去，像是活动的皮影。渡江船走着之字形，绕到帆船的尾部开过。

对岸码头上，应该有一辆带有艇状车斗的绿色摩托候着，载上邮袋，噗噗噗地喷着尾气，在下船的人群中左冲右突，一路至川沙县城，城里1913年就有了的邮局。

邮差鱼贯而出，绿色的自行车散开，在金黄的稻田之间的乡路上飞驰。他们到达交通还算方便的"街上"，摇铃招示，也经常会将游子的信函交给小杂货店的熟人。店主把信留下，放在账台的抽屉里。农人上街，自然会来取。他们大多不识字，在街上找到代人写信的落魄书生，听他读过，再放下一两枚角子，复一封回信。

陶审安先生应该住在某处"街上"吧？老邮差到来的时候，把车停在石板路上，将铃按了两遍，便见陶先生从黑瓦白墙的平房里走出来。陶先生经常往浦西投稿，与老邮差该是熟人，满脸笑容寒暄着。一看是王子晏的信，便慌忙打过招呼，拿着信进了屋子，在桌子上放下棋盘，摆弄着棋子。陶先生下棋，离不开自家的那张桌子。他不是科班出身。只是关门读谱和自悟，总是被尊为"左右手互搏"的高手。吃饭的时候，他离开了棋桌，吃完饭，收拾了碗筷，又对着棋盘。

直至1923年，川沙仅有县城和黄浦江沿岸不多的地方才有电。为省一点灯油，周围乡野那些整天挑担踩水车的农夫天黑便都睡了。唯陶审安心中有棋，舍不得夜之光阴，秋雨潇潇，微风里便现出孤灯明暗，照着一张桌子、一盘棋。

仅仅在一张不甚清楚的中日棋手合影中，见到过王子晏站在后排模模糊糊的

1914 年的徐家汇镇邮务支局。上海邮政博物馆资料

身影，戴着眼镜，如一位教书先生。照片上没有陶审安，他已经不在，他的穿着打扮，大致也该如此。相信这两位棋手尚未沾染上海市井的油滑，踽踽于喧闹的街市，便是一副落落寡合状。不免带有旧式书生的迂，兼有乡下人的耿。

如他们那样的棋力超群，在当时的中国，必然非常寂寞。就我的水平，看不明白这三年多他们在讨论什么，但是相信这一局棋联络了弃旧取新的孤独者。这是他们在张澹如家中讨论的继续，连缀了这漫长的日子里的种种技术上的疑问。后代也必只有情致不凡的高手，方能走进民国的上海旧谱，读得出每一着，都是如歌如诗，如诉如泣。

那时的浦江两岸，地面上，空气中，多达十数种看不见的微小生物正窥视着居民的生命。

陶审安或许对露天的乡村厕所习以为常，也不在意那里营营飞出的苍蝇，在他家的粥饭和水缸里，留下病菌。年仅 32 岁的他，是因痢疾而夭亡的啊。

那时候的市区，结核杆菌是常客。患肺结核的人几乎每条弄堂都有。子夜，总有响亮的咳嗽声，回荡在狭弄两壁之间。有微微小风，飞沫便带着杆菌，在空气中隐隐飘荡。王子晏感染肺疾在上世纪30年代初，此后日渐淡出棋界。久治不愈，二十年后，咯血亡故。

想到两位才华横溢的棋手，围棋的生命竟然先后终结于今天看来并不难治的传染病，不禁唏嘘不已。

想邀孙教授喝一次茶，无奈这些日子，他来不了，我去不了。孙教授发来几张照片，滴水湖那里，满地绿叶黄花。他说，这种苦菜花，煮沸当茶喝，很可口。清明早已过去，我这里还存有一些去岁的陈茶，清香依旧。隔江自喝杯中茶，用微信聊聊通讯棋。

2022年5月1日

两张照片

年轻人会笑我：这老头！像读谱一样看照片，看了那么久。

回问年轻人：如果两张图片可以辨识出时间刻度呢？如果抚摸这些时间，能够听到岁月回声呢？

长衫和圆口布鞋

此照载于《中国围棋史》。中国棋史的近现代部分，最权威研究者是赵之云赵公，此照是他提供的无疑。照片里体现的时间刻度，可以上溯至辛亥革命与五四新文化运动。一份又一份的棋谱告诉我们，上海围棋就是从那时起，成为中国围棋的重心。

中国围棋，清末对日的战绩一败涂地。辛亥之后，历经二十年卧薪尝胆，终有收获。这一张照片是这段悲壮的历史的一个截面。赵公记载：

> 1930年7月至8月，篠原正美（四段）、小杉丁（四段）等联袂来沪。王子晏、潘朗东、刘棣怀、魏海鸿、陈藻藩、张澹如等执黑先行，竞争激烈，屡次出现一局棋连弈两三天的现象，胜负之数往往在毫厘之间。可见中国一流棋手已经对日本四段职业棋手构成威胁。

照片当然是这一场棋会赛前或者赛后的礼节性合影。说明写着：1930年摄于张澹如家门口。

那时流行的照相馆外拍。摄影师从附近的照相馆出来，师傅小心地抱着老式的照相机，徒弟扛着三脚架。走近，未见特别的景致，便指着门口，说，就在此地吧。

师傅将照相机放上三脚架，拧紧螺丝，轻轻拉出皮老虎，镜头便突出在前头。

徒弟就着台阶，指挥着人物排列。除篠原正美、小杉丁两位日本棋手居中。前排右一张澹如，右五吴祥麐，右六魏海鸿。后排右一刘棣怀，右二杨寿生，右五陈藻藩，右六王子晏，右七潘朗东，当年中国棋界的大半高手，都在照片上。中国围棋在那些年代，正在觉醒嬗变，那些在棋史上不可磨灭的名字，在当年并不显赫。以致这张照片上模糊不清的面容，便是一些民国棋手留给我们仅剩的肖像。

如果早在百年前就有"80后""90后"的年龄排序，那么，载入《围棋词典》的吴祥麐、张澹如、潘朗东、陈藻藩堪称"80后"。王子晏和刘棣怀是继之后起的"90后"。魏海鸿便是"00后"。

在照片上憨笑的潘朗东，以及叉手站立的陈藻藩，并未有文字具体说明他们的战绩，潘朗东、陈藻藩与日本棋手对局不在少数，和这眼前两位日本棋手下棋，仅是他们厚厚的私人棋谱中的数页。陈藻藩本是江南造船所的副所长，是中国近代著名造船技术专家。在此下棋，也是他工作之外的余兴。

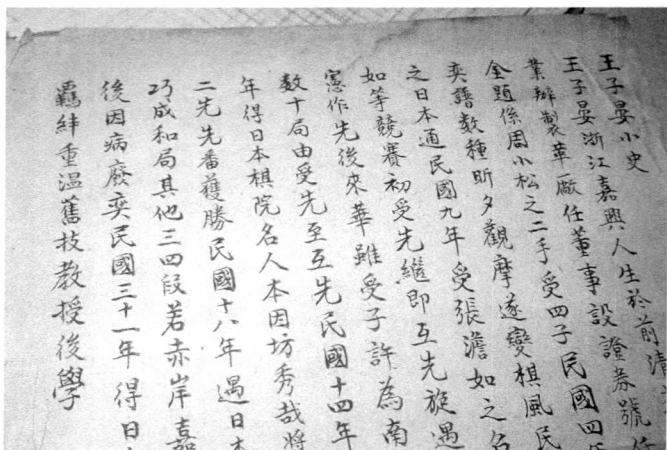

拍卖行所见王子晏小史

站立在第一排左边偏僻位置，且稍有一些拘谨的是魏海鸿，那时的下棋人成熟得晚，30岁该是少年才俊。魏海鸿常往返汉口、上海两地经商。业余下棋。词典上特意注明，魏海鸿执黑战胜小衫丁四段。这是他战胜日本棋手的序曲，也是十多年后日本一代宗师濑越宪作承认魏海鸿为四段棋手的佐证之一。

那年，戴着眼镜的王子晏38岁，是这一幅照片中棋力最出众的中国棋手。

疑是自撰的《王子晏小史》，是建桥学院孙教授传给我的，说该图片得之于旧书网。细读战绩部分，简直就是民国前二十多年围棋技术演进的缩影。

日本高段，加腾信、铃木为次郎、高部道平、濑越宪作先后来华，虽受子，许为南方第一人。

民国十二年（1923），与日本三段安藤磐角逐数十局，由受先至互先。

民国十四年（1925），对日本四段山平寿七战七捷，黑白皆胜。

民国十六年（1927），得日本棋院名人本因坊秀哉奖授三段。同年遇日本六段井上孝平，按院例先二先（王每下三局，一局受二子，二局受先），先番获胜。

民国十八年（1929），遇日本少壮健将桥本宇太郎（当时四段）先相先（三局棋中王子晏两局执黑，一局执白），先番巧成和局。

其他三四段，若赤岸嘉平、伊藤甲子、都筑米子，皆败归。

王子晏这一文弱书生模样的棋手，胜了那么多日本棋手，虽然对局者多不是高手，在当时，仍然是非常了不起的成绩。

照相师按下快门那时，王子晏还是沪上棋手的翘楚。不过他已经知道，新一代执牛耳者已然出现。数月前，已经在上海滩茶楼初露峥嵘的刘棣怀，曾经和王子晏下过四局棋，连续 12 日，每三日一局。刘棣怀刚猛的野战棋风，令王子晏竭尽心智。王子晏慎重绵密的棋风，又令剧烈心跳延续的时间更长。只要一局未终，王子晏必夙夜苦思。刘棣怀小王子晏五岁，况此时王已初患咯血之症。体力的差距，在棋盘上便左右了胜利的天平。读谱极为认真的赵之云只找到四局中的两局棋谱，双方各胜一局。他后来说"估计刘棣怀以三比一领先"。

他们是惺惺相惜的棋友，局后亦有称赞对手的言语。不过黑白子收入两奁之时，两人也都明白，沪上第一高手只有一人。

王子晏婉约而艺术，刘棣怀豪放而刚猛，上海滩围棋传奇转折丰富了探索的内涵。此后，王子晏渐入幕后，研究并著述，刘棣怀在棋坛越战越强。这张历经沧桑而漫漶不清的照片上，年方三十三的刘棣怀戴着新潮墨镜。

站在另一角的前辈棋手吴祥麐，颌下有着几缕白丝，如果那不是底片上的划痕，那么吴先生留着丰子恺式的山羊胡子。

那个年代，因循守旧几乎分分秒秒要被淘汰，传承和变革无处不在。吴祥麐此时已经 50 岁了，堪称元老。他本是一位承先启后的人物，有两重身份：晚清最后一位国手周小松的再传弟子；又受过日本旅华棋手高部道平的指导，他受让两三子，与高部道平下了近百局棋。于新法旧制都有研究的吴祥麐知道，中国围棋要复兴，必然要开门学习。他的主要翻译作品，集注于中国棋手亟须解决的布局研究，他于 1922 年编译出版日本中川龟三郎八段的《布局详解》，是中国最早出版的日本棋书译本。以后，他还编译了本因坊秀哉的《围棋布局研究》。

他与棋友黄瀛仙合编的《周小松受子谱》，附有他与张乐山、陈子俊的对局。有一局棋，年甫 30 岁的吴祥麐，将第一手下在右边"十·3"位置，在当年中国旧学看来，当如晴窗飞霆，今天后人看来，也无异于石破天惊。老辈棋手从旧制的桎梏中挣脱，却不愿亦步亦趋跟着日本的路数走，追赶者自有不俗的探索。

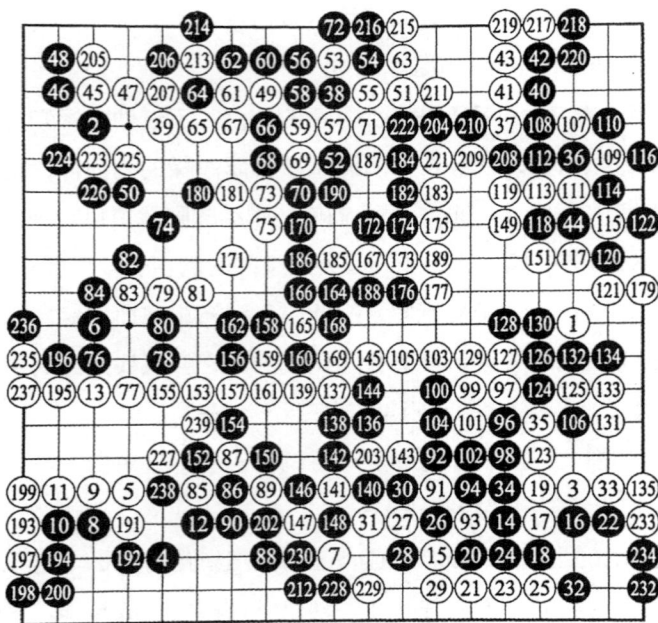

吴祥麐
张乐山
239 子

(95)=⬤26, (163)=(115), ⬤178=⬤44, (201)=(141), (231)=⬤148.

吴祥麐和张乐山对弈第六局棋谱，吴祥麐执白先行。为《周小松受子谱》附图

那时候日本所有棋手，都穿着和服走进对局室。这一张照片中的所有中国人，都儒雅似学者，长衫飘飘。

如将照片放得很大，便可见到，第一排中国人的长衫底下，露出了他们的鞋。一式的布鞋，中国人穿了数千年，如今北京前门老字号鞋店仍有此制，手工纳的鞋底，黑色的鞋帮，有着滚边，小圆口。并不意外，这样的穿着，俨然是那时候的"正装"。

拍照那天，吴祥麐没有出战，他的使命已经完成大半。他曾经指点过王子晏下棋，而王子晏现时的棋力，已较初创民国棋风的他们这一辈，足足长了两枚子。

穿着长衫和布鞋的吴祥麐，一如今天赛场上穿着队服的教练，看着晚辈落子。

前排右一

第一排最边上站着张澹如，似是在回应摄影学徒的招呼，他的身子微微向着

中间靠拢。

他是一位棋力超群的健将。他和王子晏、陶审安，都有日本棋院职业三段的证书。他本有资格站在中间，他是这一场邀请赛的真正的策划者，这一群中国棋手的号召者。

晚清最后一位国手周小松，环视海内，几无敌手，便孤独而充满悲哀地长叹："棋虽小道，恒视国运为盛衰。"至上世纪之初，中国之大，无人堪称国手，更多的棋手还是踯躅于街头，踱步于茶馆，靠下彩棋和指导棋养家糊口。

棋史载，辛亥革命后，北方以"北段"段祺瑞，召集棋手会弈，南方以"南张"张澹如举行棋会。他们当仁不让举起复兴的大旗，他们是中国围棋由衰败而奋起的功臣。

张澹如是辛亥革命元老张静江的弟弟。徐润周在《海上棋坛杂忆》与《围棋纪事诗》中记载：

清末民初平湖张静江（人杰）张澹如（鉴）昆弟继起，宣扬弈事，静江参与同盟会，奔走国事，无暇专业。澹如力肩此任。

静江棋艺不弱，与日本棋手高部道平受四子，寓居爱文义路（今北京西路）旧式石库门，屋宇逼仄，有时招待中日棋客，其两腿瘫痪，不能起立，在室内坐轮椅而行。

其弟澹如与高部受二三子。静江宅内棋会，偶尔举行，而澹如便扩大规模，在威海卫路（今威海路）自建洋房内招待棋友，自二时起至晚十时，供应丰盛晚餐，来宾络绎。来者不拒。但以高级水平为主。

常来者月致固定薪金约百元，对局竞赛优胜者另致奖金。账房逐日登记，按月结算。常请日本高手表演指导，旅费膳宿酬金，月靡万金，棋艺之发展提高深得其力。

赵之云曾经分析：

据老一辈传说，当南张全盛之时，每月用于围棋的资金不下数千元，有时甚至高达万元。这听来难以置信，但南张在当时富甲全国的上海多方开展围棋活动，用费几倍于北段是完全可能的。

"北段南张"本有不同的文化背景。段府的围棋活动有浓郁的官僚色彩，与历代王公贵族风格相似。张澹如是一位有家族渊源的富商。张澹如主持上海围棋研究会，自有江南商人的特点。

《张静江张石铭家族》中说到张澹如。他是浙江兴业银行的大股东，亦是创办人之一，他还是清末大清银行（辛亥后为中国银行）上海分行的大股东，1921年参与发起成立上海证券物品交易所，任理事。之后又投资上海通易银行、汉口武埠地产公司、华中营业公司、大中华公司、开元电器厂、通汇信托公司、华安银行、华业银行、中一信托公司、江南铁路公司、五和精盐公司、长城唱片公司等等。

查阅上海金融史，1917年1月，申请开办交易所的呈文，张鉴在列。1921年8月成立通易银行，张澹如位列负责人第一号。故以上的介绍应该不错。

辛亥以来最初二十年，围棋十年生聚，十年教训，是一个漫长的序幕。此时张澹如无棋会之名，而有组织活动之实。上海高手的围棋活动，因此卓然领先于全国。当年《新闻报》副刊曾这样报道张澹如："慷慨好客，谦恭下士。故海内善弈咸集其门，以为一识荆州，荣于万户封侯也。"

张澹如投入围棋的资金已经脱离了资本的特性，他在棋界只有付出，不求回报。正如他对于教育的投入。大同大学1928年2月通过校董会组织大纲，张澹如等四位金融界人士和马相伯、吴稚晖、杨杏佛等社会名流一起，出现在拟聘校董的名单上。站在现代人的角度，或许可以理解，张澹如在商界资金运作之余，他还在营造自我的精神空间。

张澹如遍访棋友，终于找到两位知音，于是有了他一生中最得意的"围棋日子"。

当世弈友秀其外而慧其中，洞达事理，通中东之方而善变者得二人焉：王子晏、陶审安。平居敞明窗，安净几，参三才而两之，相与手谈，口矗矗（wei）讲焉，欣奇折变而未始有倦也。

张澹如并不是"养士"的霸主。

一直有这样的传说，张澹如招募王子晏，以任上海证券物品交易所常务理事的权力，为他安排了一个虚职，养了起来，王子晏便成为"职业棋手"。

但是，徐润周曾经这样记述：

> 到一九三九年（当为 1919 年），张某赏识他的棋艺，请他到自己所办的商号里任职，暇时参加棋赛。

在《王子晏小传》中又有这样的表白：

> 初习刀笔吏，曾襄戎幕，授上尉。后改商业，办制革厂，任董事；设证券号，任经理。

王子晏的"商业"生涯，始于故乡嘉兴。应张澹如之召到了上海，很可能在证券物品交易所 200 个证券交易号中某号"任经理"。即使是南方第一人，他应该还是"业余棋手"。

陶审安是否受过张澹如的长期接济，并无资料证明。不过他长居浦东，仅可推想，他的主要生活来源应该在黄浦江对岸。参加围棋活动时受到张澹如的资助，"账房逐日登记，按月结算"，应该并不例外。

王陶两人，经济上受到张澹如的帮助，但又不是完全依附于张澹如。在经济上有个人自由度，在思想上才可有独立意见，"相与手谈""洞达事理"的氛围才可形成。

张澹如在围棋上的最大支出，应该是邀请日本棋手来沪的对局费，也是中国棋手的学习代价。日本棋手之所以乐于来华或者来沪下棋，是因为中国方面支付的"学费"可观。棋史课题组的老姜听棋界老人说起过，那些日本棋手回国时嫌用麻袋装银圆费事，最后换了古董。

照片上，棋会的组织者、赞助者张澹如，站在陪客的位置，神态自若。他应该不在乎塑造自我"领导者"的形象。也就是说，他不看重因资金投入形成的地位。

张澹如、陶审安和王子晏之间的棋弈活动，已经超越单纯的游戏者或是竞技，他们还是围棋义理的探索者。

在古籍出版界长期耕耘的学者史良昭曾说：

> 古人一旦认识了它（围棋）的教育性，立刻对它特别青睐，倾注了罕见的热情。人们除了推求围棋本身的棋理外，还在枰上进行着哲学、政治、军事、文学、美学的思考，将弈棋同天道、人事、哲理、艺术等社会生活的具体内容联系起来。世界上没有一种游戏技艺能像围棋这样，同外部世界发生如此广泛的联络，产生如此深邃的反响。

将围棋当作可进入的精神世界，古代文人墨客下棋观棋便可有某种寄托。张澹如有意继续前贤的遗风。1929 年，他为英年早逝的棋手陶审安张罗出版了遗作《东瀛围棋精华》，特意写下一篇序言：

> 天下之至变者莫如易，继易而与通其变而神明乎易者，莫如弈。是故方罫甫陈，拈子未下，无极而太极之相也。迨乎白黑间投，灿若星列，则两仪四象八卦三百八十四爻，错糅现前矣。古之圣人明乎易象者，然后智周万物，道济天下，盛德大业由是出焉。弈之为数，亦复如是。远直行师对陈通易之变，而运筹帷幄决胜千里外也。大而一日万几百世因革，小而至于身价日用涉世作业，云为动止，亦唯善弈者为能。因应咸宜，有条而不紊。

在为上海现代围棋编史的时候，才细读了这一段写于"戊辰仲夏下澣"，也就是那年农历五月下旬写就的文字。

历史上所谓"围棋文化"，多是由非专业的文人墨客，由外而内，旁观棋手对弈而生的感慨。唯有张澹如等，从里向外，以有专业段位的棋手出发，探讨围棋和外部世界的联系。更何况张澹如是一位商人，其对于围棋的文化的视野，则更广阔于单纯的棋手，或者单纯的学者。

弈和易，可能同时出现于古人的占卜活动。至春秋战国，华夏学术大繁荣，思想家视易如瑰宝，而轻忽了弈。围棋在那时候属于引车卖浆者流，学术研究几乎是空白。

唯空白，便留下巨大的探索空间。数千年来，文人对围棋文化性的探索不断。现代以来，对于围棋文化的重新探究，最兴盛是在 20 世纪 80 年代起，文化热和围棋热的交汇激荡之时。实际上五四之后，20 年代中国新文化浪潮中，棋界的文化思想也有所更新。

在漫长的历史中，易演化为一个周而复始的循环系统，被视作中国学术的源头。围棋因其新的形状不断出现，它还活着，生长着，不断令人眼前一亮。如今我们所知道的那些浩繁的经典，不能够说是中国传统学问的全部。中国学问的另外一部分躲藏在围棋里面，可领会，可教化。当人工智能解读了围棋取胜之谜，我们对围棋科学性和规律性的一面有了更多的认识，围棋形状中蕴含的科学，经成千上万次实践检验，可以论证和推演……

如果我们以今天对围棋的认识去看待张澹如们的"易弈并研"，是否可以认为，他们继承了过往朝代知识分子对围棋义理的讨论，也是现当代围棋文化勃兴的萌芽？

拍照那一年，张澹如已经在棋坛耕耘了十多年，他已经 48 岁。

照片上张澹如的身影，有些模糊。张澹如或许已经意识到，他的商业活动和围棋集会的活动都已经到了最辉煌的时候，于是他酝酿正式成立围棋组织。

《中国围棋史》称"上海围棋研究会"正式成立于 1930 年，也就是拍摄照片的当年。围棋研究会成立之后，有了协会的规章，亦有教练指导。可是日后可记入棋史的技术内容和著作却是寥寥。这一方面是日本军国主义对中国虎视眈眈，战争阴云之下，中日棋手已经很难共一方安静的棋盘。另一方面，围棋精神空间的共享，需要志同道合者。当年和两位棋友"平居敞明窗，安净几，参三才而两之，相与手谈"已经是张澹如永存于心间的美好回忆。当陶审安谢世，王子晏"因病废弈"，他放眼四顾而无知己，内心的苍凉可以想见。

格栅移门和一条弄堂

又一次将这张照片放大到整个电脑屏幕。我想寻找张澹如的"私宅"，他的家，也就是"上海围棋研究会"的"社址"。

徐润周说：

> 张澹如在威海卫路（今威海路）自建洋房内招待棋友。

《中国围棋史》记载：

> 从民国初至三十年代初，张澹如先后在上海福煦路（今延安中路）及萨披赛路（今淡水路）私宅创建上海围棋研究社（会），聚集了众多名手。

《围棋词典》称：

> 上海围棋研究会"设在上海成都路张澹如私宅"。

这是前辈围棋学者留给我们的记叙。四条马路两纵两横，相距不远。

请一位建筑师老友看照片，他回复说，大门"后面较暗，是否是个门斗？大门柱内侧我开始看似两小柱，再细看也像是格栅移门折叠后的样子，若是这种门，如今又不太会用于住宅"。

小时候，我常见这样的铁条组成的拉门。

数学老师曾经叫我们去淮海路看看沿街店铺晚上关门的时候，折叠的门如何张开，封住了整个门面。正是自然灾害那些年月，孩子们往往被家长差遣，去看看店铺里新出什么不要票证的食品。故而早在开门时，就观察过营业员推着格栅拉门，下方一排轮子如何吱吱呀呀在导轨上滚动。老师用教鞭敲着黑板，提高声调："这是平行四边形的不稳定性……"

这里的"私宅"可能仅仅指的是"自建洋房"？走到成都路，但见高架桥腾空而起，拆掉的公寓房子里，未知有没有某一栋带有格栅移门。淡水路和成都路平行。现存的住房，老式的独栋洋房和公寓大楼，哪一栋才姓过张？沿着延安路走，南北高架和延安高架交会处，下面是郁郁葱葱的绿地。如今走在这里，可以欣赏轰轰烈烈的樱花、清雅的海棠，以及团团的绣球。有人在这里遛鸟，有人在做操，唯独见不到下棋人。

上海棋史课题组的萧强兄，居住在威海路一带，他说威海路和茂名路的转角一幢建筑，过去做过居委会。门口有一块空地，他曾经在那里踢过球。像是张澹如的"自建洋房"。

　　去过那里很多次。那屋子面街，住宅的格栅移门或许有过，也或许没有。不过格栅既是铁做的，1958 年钢铁元帅升帐，全上海大大小小弄堂里的铁门，几乎全部都被用锤子敲断，化成"钢"水。那一阵风潮过去，几年后有钢有铁，重建铁门，并不会刻意恢复原样。格栅移门仍未绝迹，如今在静安区所见，大多数为单开间门面的小商铺。

　　忽然就觉得这样穷究照片上并非独一无二的"格栅移门"细节，大约只能知道那栋楼的规模进深，未必能找到张澹如住在哪里。更何况"他生意兴旺的时候也是豪宅连片，在富民路、南京西路、四川北路上都有大批房产"。

　　前年深秋的某个周末，走进附近一家咖啡店，要了一杯烟熏司考奇拿铁。下了决心，最后一次向可能的"张澹如私宅"，也就是这一大片上世纪 30 年代住宅区的某处，行一次注目礼。

　　忽然想到，长衫、圆口布鞋打扮的张澹如，会不会也喝咖啡？

高处俯视静安别墅

附近的新房子越来越多，兴业太古汇已经造成，张园正在更新换代。这里的老住户告诉我，威海路和南京路之间的几条老弄堂快满百岁了，是"的的呱呱"的旧建筑。其中就有张澹如牵头建设的静安别墅。

《静安区志》有这样的记载：

> 素有"小上海"之称的静安别墅内，不仅有旅馆、舞厅、弹子房，还有西人开设的酒吧、咖啡馆等。

只是，张澹如即使有喝咖啡的兴致，也未必会到静安别墅，那里是他投资房产的滑铁卢。

《静安区志》勾勒了这一条新式弄堂的建筑的时间线索：

> 静安别墅始建于民国十五年（1926 年）。

房产资料介绍：

> 该地曾是潮州会馆基地，占地 2.25 公顷。并有马厩，为英国人养马场所。

1928 年建造房屋，1932 年竣工。

赵之云已经发现，张澹如的房产投资的失败和上海围棋研究会的终结在一条时间线上：

> 约 1933 年间，张澹如在房地产业方面栽了筋斗，再也无力为围棋活动提供资金……
> 约 1934 年顷，因张澹如经营实业亏本，停止（上海围棋研究会）活动。

张澹如的房产投资和研究会终结的时间线，淹没在中国和上海宏观的时间洪流里。

1927 年始，因为国内战乱，上海民族资本衰落、破产。其中就有江
浙财团。

1929 年，资本主义国家经济危机。

1931 年，九一八事变爆发，日本军国主义者占领东北。

1932 年，一·二八，日本进攻闸北。

曾因张澹如遗文标点请教华师大胡晓明教授。胡教授校正了断句标点，回复
中还对张澹如文中的一段话大为感慨：

棋人观棋以观世，"恫乎巨变之遽来也，环顾世变极幻，莫可臆测，
庶几有善弈者，知化达变以应无穷之变乎？"一九二八年前后，正是大变
局极为剧烈之际。忧生忧世，借棋寄情，岂局于棋人而已？

游刃有余的"善弈者"在哪里？谁又能"知化达变以应无穷之变"呢？张澹如毕
竟是一个棋手，他知道围棋的道理不可能是万能的。他的本业是金融和地产，巨
大的财产，既是事业发展的资本，也是人生沉重的负担。静安别墅的巨额投资，
除了家族的资金外，还有 800 万银行贷款。工地既已开工，有进无退。未来的建
设和销售却存在极大的变数。"忧生忧世"该是他当时的常态。

传说张澹如精明能干，只是在房产方面"运气很差"。静安公寓建成，正逢
一·二八日本进攻闸北，难民涌进租界，人心惶惶。闸北炮声隆隆，炮弹越界击
中张家老宅紧邻房舍，两位正在下棋的邻居当场丧生。张家人便纷纷暂避于静安
别墅。新房子根本卖不出去，也租不出去。资金链终于断裂。张澹如不得不忍痛
清算了自己的资财抵债。

那时债权人天天来敲门，他索性跑到南京，租了一幢洋房安置了家
眷。每天一早来张静江家聊天，常至深夜才走。张静江其时任国民政府建
设委员会委员长，追债人知张澹如是张静江的亲兄弟，也不再与之为难。

如是一年，张澹如财产得以清算，方始回家。

（《张静江张石铭家族》）

在时间刻度上可以对得起来的是：成立于 1921 年 8 月的通易银行于 1935 年停业。

没有张澹如的棋会，棋手还在下棋。不过滋味不一样了。当围棋被迫和柴米油盐捆绑在一起，再好的棋手，也会重回贫贱，百事皆哀。

徐润周曾经为王子晏感叹：

病后只能戒棋，回乡谢客，专门从事编述棋书……抗战后故乡沦陷，重行来沪，设立正风棋社，教棋糊口，经济上很为拮据。

赵之云曾经写过刘棣怀的传略，其中有如此的描述：

自张澹如的棋社倒闭后，刘棣怀除了在茶馆中从事对局外，又参加各私家棋会举办的中小型"春、秋季围棋赛"，他的对局谱也不断在报刊发表，无奈收入寥寥，全家上下的温饱始终没有保障，有时从早到晚仅购得几只烧饼充饥。刘棣怀历尽艰辛，在这灯红酒绿的上海也难于立足。

谁能料到，租界房产会"畸形恢复"呢？

据《静安区志》记载，"到 30 年代中后期，由于租界特殊的政治、经济环境，大量为躲避战乱的人口，首先是富裕阶层人口纷纷迁入境内"。

转变仅仅数年。张澹如终究没有熬过去。当房地产重新景气之时，拥有近 200 幢楼房的静安别墅，早已不在张氏家族的名下。

某个夏日下午，我从南京西路弄口，到威海路弄口。一步步走过静安别墅宽阔无比的大弄堂，眼看可以停放汽车的左右支弄、可以打球的公共空间、可以种花草的大天井，实在令我这个曾经在石库门老弄堂生活过的人羡慕。

过时的旧式石库门大量拆除，静安别墅却一次次保护性装修。改革开放后，被建筑界评为优秀历史建筑，编号 2B005。

静安别墅老被人惦记着，张澹如却已经被人淡忘，淡忘到他的名字也经常被人写错。

《静安区志》这样写：

> 国民党元老张静江的二弟张坻如建造的静安别墅……

静安别墅弄堂口的一块花岗岩石牌，镌刻着弄堂建设者的名字：

> 张潭如。

曾经去居委会访问，打探张澹如的故事。两位朝气蓬勃的青年女干部接待了我们。

"你们弄堂口挂的那块牌子，名字写错了，是'水何澹澹'的'澹'，不是'下见小潭'的'潭'。"

曹操的诗和柳宗元的文，在中学课本中都有。可是她们一脸惘然。

走到门口。她们忽然喊住我们，说："我们也想知道，如果你们得到新的资料，告诉我们啊。"

谁来告诉我们呢？

他的背影

张澹如最后一次围棋活动，是在 1934 年 5 月至 8 月，创造"新布局法"的两位围棋大师吴清源五段和木谷实六段联袂来沪。在中方参与对局的名单中，有 52 岁的张澹如。此刻已临近上海围棋研究会终结时分，张澹如的资本实力已经大不如前。不过他依旧承担了大量的费用。吴清源和木谷实离开的时候，张澹如还给他们 1000 银圆。

吴清源和木谷实在上海的日子里，一起去看望段祺瑞。

平心而论，就向日本棋界学习来说，"南张"以上海为基点，引进并消化日本先进技术，并加以推广，推动了围棋的进步。但是，张澹如组织的棋艺活动，缺少了"走出去"的实践。而北段和日本棋界的接触既有"引进来",也有"走出去",顾水如和吴清源出国日本,都曾经得到段祺瑞的支持。

九一八事变后,北方中日关系急遽恶化,段祺瑞于1933年1月南下到达上海。赵之云说:

> 这一年夏天,应蒋介石之邀,段祺瑞曾前往庐山避暑。段见蒋,曾谈及围棋,并提到吴清源,说起这位稀有天才有可能加入日本籍,将是中国的一大损失,应设法召吴回国,指导国人棋艺,否则日本围棋越来越强,中国会越来越落后。蒋介石当面唯唯,其实当时他哪有心思办这类事,结果也就不了了之。

这一段叙述,令人感慨万分。沉寂已久的"北段",在生命的最后时刻,支撑着病体,仍在为中国围棋向当局请命,是一位政治家从民族文化角度出发的思路,值得赞赏。

如此照办,可免除一位出生于中国的棋手,在日期间饱受严酷的精神折磨;但是另一方面,吴清源留在日本,在师傅濑越宪作、师兄桥本宇太郎、挚友木谷实的身边,度过了他围棋生命周期中最艰难又是关键的岁月,成就了一生的辉煌。

张澹如至少在1939年还曾露面一次。那时他57岁,还在上海,在租界。他曾是上海商界领袖盛丕华在证券交易所的同事。抗战爆发后,盛丕华一直在为救亡工作奔走。解放后,盛丕华担任上海市副市长、工商联主席。

在盛丕华简单的传略中,可以读到:

> 1939年10月,南浔张澹如(张静江之弟)在上海延安东路西藏路口西北拐角处宁商总商会内开设"红棉酒家",盛丕华担任董事长。

酒家以经营高档粤菜出名。实际上是租界工商界爱国人士聚集处,这一家酒楼,后来称为"红楼"。一个原因是民主人士和共产党员出没于此,"星期聚餐会"成为各界联络的空间。

红棉酒家的房屋是张澹如的产权。但在报纸上红棉酒家的开办公告中,董事会成员一一列出，未见张澹如的名字。

陈祖源先生提醒我，张澹如在杭州住过。依据祖源先生提供的线索，阅到张澹如 1930 年代中期曾经在杭州喜雨台下过棋，赏识浙江少年棋手董文渊。并在孝女路未央村 2 号家中接待了董文渊，"送派克金笔一支，另现金 20 元，以及一本木谷实编的《围棋词典》"。

也是在 1939 年，张澹如的账房刘盈丈在上海找到董文渊后，同乘亚洲皇后号大轮船去香港，成功挑战著名象棋手、"七省棋王"周德裕。其间，"董吃、住均在张的家中，每月另有一百元零用钱"。

如此看来，张澹如曾经在香港住过一段。

吴清源再一次来到上海，是在 1942 年 10 月，与师傅濑越宪作八段和桥本宇太郎七段等一行，"组团"来到上海和南京。此时，上海租界坚持了四年的孤岛岁月已告结束，全城沦陷。

濑越宪作那年曾经授予一批中国棋手段位，一些段位是早就确定的。张澹如被定为四段。这是他的名字最后一次因围棋而出现在消息中。

赵之云在叙述中加注了两句，"此时刘、顾不在沪宁"，"张、王因病而不常对局"，其中"张"即张澹如。

10 月 29 日，十二名中日棋手于上海魏家花园下联棋，参与的五位中国棋手中，没有张澹如。1941 年 12 月 25 日，香港沦陷。60 岁的张澹如是否已经回到上海，并无确定信息，但因疾病逐渐淡出了围棋界，应是实情。

在今年酷暑中查阅到的张澹如资料，大多与他的围棋活动无关。不过，这也让我们知道，无论是张澹如还是段祺瑞，围棋仅是他们生活中的一部分。《段祺瑞传》，描绘的是军人和政治家的形象，只在最后一节，写到他退隐之后经常下棋。那么，如果有人为张澹如写传记，应如徐润周所言，"论其大节生平，当是货殖传中人物"。

今天我们知道的围棋活动家张澹如，大多来自徐润周和赵之云的著作。

徐润周是陶审安和王子晏的挚友，应该是当代知道张澹如事迹最多的人之一，可是他在很长一段时间内，经常不说张澹如。

1951 年，他在悼念王子晏的文章中，只说是"张某"赏识王子晏的棋艺。

1961 年 11 月，张振飞和徐润周，向上海棋社捐赠 500 余种珍藏的围棋书籍。在《新民晚报》的报道中，张振飞的身份是"收藏家"。徐润周和棋社诸君都知道，真正的收藏家是张振飞的父亲张澹如。张澹如曾经广收日本棋谱，作为上海围棋研究会棋手的研究资料。

在一堆笔记本中的某一本里，徐润周透露了一些珍贵书籍的来历：

> 周达……善弈，收罗中外古今棋谱甚多……后因商业投资失败，将所藏诸名谱悉数出售于南浔富商张澹如，以资抵还债务。
>
> 建国后，张氏后裔捐献公家，藏于上海棋社。

这些笔记本形成于漫长的年月中，改革开放之后，此书历经曲折，终于出版。这便是具有棋史意义的大作《围棋纪事诗》。那本书的现代部分不止一处说到张澹如。可惜图书出版，徐先生已经去世。

赵公的文字，说到张澹如直白明快，自是"文革"后的风格。不过，对于张澹如的生卒年份，多有踌躇。

在他与夫人共同编写的《围棋词典》中，有张澹如的条目，仅说是"近代棋手"，却没有生卒日期。载于《围棋词典》的人物，以出生年份排列。位于张澹如之前的吴祥麐出生于1880年，排列在后的潘朗东出生于1885年。这说明赵之云知道张澹如的出生年份在1880年和1885年之间，只是他并未落笔。作为严谨的史学家，赵之云不会贸然采用未经考证的资料。

我们在上海棋史张澹如的姓名之后，记录生卒年份为"1882—？"。这来自新世纪初出版的南浔张氏家族的那本纪实图书。张氏家族在海外的后人，能够排出张澹如子孙辈详细的序列，终究未能告诉我们张澹如最后的行踪。

我能想象一些文字回避张澹如的缘由。只可惜文学创作允许的合理想象，写史便不可以。也便有很多后悔，与徐润周一起研究现代中国围棋史的赵公，必然

上海棋牌社藏《东瀛围棋精华》，原主人为张澹如

知道很多张澹如细致的故事。他在世时，只要问一声即可。可惜，总以为写棋史是人家的事情。悔之晚矣。

张澹如遗留的那些古旧棋书在上海棋牌院新建的资料室里，历经岁月的劫难，整整齐齐陈列在书架上。特别留意那本原版非卖品《东瀛围棋精华》。这是旧谱中最精美的一本，当年张澹如特意在日本印制的。题写书名的是和张澹如兄长张静江同为辛亥革命元老的于右任。

翻开来，读到张澹如的序言，文末署名"澹如张鉴"。并且盖有一枚朱红的印章："张鉴"。好像是背对我们的张澹如侧过身来，向素不相识的隔代棋友，微微点头示意。

后排右二

站在后排右二的是杨寿生。杨寿生生于 1879 年，比民国老资格的棋手吴祥麐还要大上一岁，唯一的"70 后"。他棋力不弱，但一把年纪，未必能够在第一线搏杀。

他自觉地走向后排边上，不料小他 18 岁的刘棣怀已经占了最边上的"右一"位置，一番退让，杨寿生便站上右二的位置。

在这张照片中，他是一位"最佳观棋者"，杨寿生观棋的资格很老，他又长寿，故阅尽上海现代围棋沧桑，见证了新中国上海围棋的崛起。

徐润周曾经在回忆上海棋坛往事的文中说到过他：

> 清末国手周小松曾经到过上海，从其游者有杨士珊，其弟寿生老先生曾告诉我，他幼年时，还见过这位老国手。

后来又读到一些回忆录，说杨寿生看到周小松下棋是在上海城隍庙。

杨寿生在建国后被许多人知晓，缘于他的一些轶事。

赵之云在刘棣怀的传记中，说到杨寿生。后排"右一"和"右二"，在二十年后再次相逢在同一个场景中。

> 1951 年夏，刘棣怀所属单位上海铁路局决定调刘棣怀到内地工作，

刘棨怀舍不得离开上海，不得不辞去职务，回到茶楼中对局维持生机。如果中国最高水平的棋手，也不得不在茶楼蹲点，那么围棋的希望又在哪里呢？

……正是这位杨寿生，把刘棨怀棋艺高超以及失业在家的情况——告诉了陈毅。

这一年年底，陈毅派遣工作人员看望刘棨怀，并送去 100 元钱。几天后，邀请刘棨怀和杨寿生共同进餐。不久介绍刘棨怀进入文史馆。

陈祖德在《超越自我》里，补充了杨老和陈毅市长交往的背景：

> 他的亲属中既有共产党也有国民党。他有一个亲属在新四军中，是陈毅军长的部下。解放后陈老总和杨老经常来往。陈毅经常将杨老接去下棋，而且有时还去杨老家……

杨寿生先生在和陈毅下棋时，经常在市长和棋手间转递消息。

1953 年 4 月 25 日，汪振雄、王幼宸致信陈毅。他们为政府对老棋手的照顾表示"衷心感谢和欣慰"。又为建立上海棋社出谋划策："近来闻说，政府对于应否立即筹设棋艺研究社正在考虑，这消息又鼓舞了我们，我们本着热望上海棋社早日观成的信念，敬谨提供几点意见写在下面请您斟酌。……"

6 月 30 日，陈毅复信，指示上海文史馆落实筹建一事。

接下来的文字，透露了陈毅市长通过杨寿生带话给汪振雄、王幼宸：

> 7 月 21 日，汪振雄、王幼宸再次致信陈毅："最近听到杨寿生先生说，您曾经将我等的信给他看过，并且说在虹口有两间公用房屋可以拨给我等筹办棋社之用。但您又顾虑地方较小难容多人……"

为此，两先生附上初拟计划大纲，并说刘棨怀和顾水如都看过计划……

他的下一篇轶事，是因为他珍藏的棋子。

汪振雄、王幼宸

为筹建上海围棋社事致陈毅市长函

上海档案馆主办的《档案与史学》杂志 1997 年第六期公布了这两封信

1960 年 6 月，日本围棋代表团访问中国，在上海有三场比赛。不知道是谁出了个主意，要向杨寿生借一副围棋，委派的对象就是少年陈祖德。陈祖德在大病初愈后写作的回忆录《超越自我》中，通过借棋的细节，绘声绘色地写活了"收藏家杨寿生"。

他精准计算，公共汽车 5 分可以乘几站，超出一站就要买 1 角的票。于是他乘满 5 分就下车，多走一站，可以省下几分钱。这是一个奋斗起家的富商的"节俭本色"。然而，杨老因为酷爱围棋，自己特制了不少围棋子，约有四五十副，有些是国内无双的珍品。

16 岁的陈祖德来到杨老家时，81 岁的杨寿生展览了珍藏的棋子，然后拿出其中最好的一副。

棋盒涂金，闪耀着令人眩目的光彩。

白子由白玉磨成，磨得光滑均匀。杨老说，这白子每个光手工费就要两个大洋。黑子则由琥珀加工而成。堪称国宝。

杨老小心翼翼将棋子倒在桌子上，一个个地给我点了数，然后给我交代清楚，一个子都不能少。

这副中国最珍贵的围棋子就放在赛场的第一台上，以表示对四次访华的日本代表团团长濑越先生的尊重。

围棋在杨寿老的晚年不可或缺，他每天上午乘一辆三轮车，去襄阳公园，和几位老棋手下棋过瘾。

他毕竟没有躲过"文革"。陈祖德以悲愤的笔调写道：

> 若干年后，"文革"之中，杨老先生的家被抄，这些珍贵的围棋用具也被洗劫一空。杨老经不起冲击一命呜呼。

一两年前，某古玩城有一场线上拍卖会，出现过据说是杨寿生先生遗留的拍品。

我们不是鉴赏家，不过相信这可能是杨寿生老先生的旧藏。这一对棋罐造型逼真，表面打磨得光可鉴人，棋盒的盖子和盒身严丝合缝，确实很符合一位旧式珠宝商人的审美观念。原装的黑白两色美玉棋子，也可以是一位超级棋人不惜工本收藏的见证。

应该不是那副"一个个"地数给少年陈祖德，向濑越宪作致敬的珍贵玉石棋子。也不免会想，或许将来某个时候，那一副价值连城的棋子会浮出水面……

拍卖介绍为：此对围棋罐以上等葡萄樱木整料掏制而成。造型奇巧，作一对南瓜状，罐盖设瓜梗状钮，妙趣横生。打磨细腻，再以天然大漆擦拭指清十遍以上，方能达到这样光滑如镜面般的肌理效果。罐内配当年原装墨玉、白玉棋子，尽显奢华，保存完好，且成对传世，颇为不易

另外一张照片

需要再读另外一张照片。照片摄于 1956 年，这张照片是在照相馆拍摄的。那位摄影师，一定沾沾自喜地将这一类有情景的照片称之为艺术照，以别于那种所有人排排坐，脸带微笑，瞪眼看镜头的集体留影。

他们服装并不统一，四人中式，三人中山装，颜色也有深浅，似乎是被随意喊去拍照的。围棋项目刚刚划归体育不久，并无类似"队服"的统一着装。

老的老，小的小，上海围棋青黄不接。

顾水如、王幼宸 64 岁，刘棣怀 59 岁，魏海鸿 56 岁，汪振雄 53 岁。林勉 35 岁。陈祖德 12 岁。刘棣怀和魏海鸿在 1930 年的照片上出现过，只是老了许多。

或许有人已经意识到了这七个人，已经形成了上海竞技围棋的某种生态环境。1956年，围棋正式定为国家开展的体育运动项目。同时，上海整个城市经济和社会可发展的城市生态，已经初步形成。在陈毅和他的新四军战友的努力下，青黄不接的上海围棋重新出发。

老少亲密无间的艺术场景，是一局指导棋的复盘吧？

再看照片，棋盘上是一真实的棋谱，所有棋手都会自动进入研究氛围。年龄最小的陈祖德低头观棋，当在虚心等待各位师长的点评。他内穿棉袄，外面罩着大上一号的中山装。一根长围巾，在脖子上打了一个结，是那个年代，小学男生的流行服装。顾水如似乎刚刚进行了几句点评，他是陈祖德的启蒙老师，也是本照中年长者。他的右手在棋盘上摆棋，刚刚收回到棋盘边上，目光还是注意着棋盘右边，当是言犹未尽。林勉大哥似乎在体会顾水如的意见，沉吟着"那么……"，拈子的手便停在了空中。后排，刘棣怀和汪振雄的脑海中默默勾画棋形，他们靠拢，似有惜字如金的低声交流。王幼宸或许看出了右边某个局部的奥妙，便退后半步，视野可及全局，重新盘算一番。

那位摄影师大概陶醉于自己的精妙构思，迟迟未按下快门，魏海鸿先生不由抬头看了一眼……

棋手用手指拈起一枚棋子，等待计时钟发出滴答的声音，就像短跑运动员蹲在煤渣跑道白色的石灰线后，等待发令枪响。这七个人，五位老人、一位青年和一位少年，都站在一条起跑线上。战争、逃难、穷困、疾病……那个年代的老棋手什么没有经历过？他们中的很多人默默无闻，不是因为他们没有才能，而是因为他们生不逢时。民国围棋硕果仅存者已经临近自己围棋生命的终点，他们的每一步都是冲刺，都是在追求大器晚成的辉煌。少年人是幸运的，他们在人生最美好的时候，站在起点，成为一个体育工作者、运动员。

刘棣怀、王幼宸与陈祖德、吴淞笙一起参加集训。顾水如、汪振雄和**魏海鸿**三位前辈，经常指导陈祖德和吴淞笙。林勉和两位青年棋手的指导对局，也不在少数。

六位教练和两位弟子组成了一个"研究会"。这是新中国围棋"集体研究"的先声。老人和少年，榫卯相嵌，合成紧密无间的团队。

陈祖德说：

> 从向高手学习的这个条件来说，我和淞笙是有福气的。
>
> 多年来每每别人讲起我的些许成绩，我便想起老前辈们花在我身上的心血，想起这些六七十岁的老人，天天陪着我们对弈，天天如此呵……
>
> 老前辈们扶着年轻一代在棋艺的道路上前进，使我们少走了很多弯路。一些老棋手花了几十年走的路，我们只花了一二年时间。

时间刻度为证：

1957年，上海围棋（协）会成立，新四军老战士中的围棋高手、早期海归学者姚耐任主席，他还是上海财政经济学院院长兼党委书记。8月，举行首届上海市围棋比赛。

1958年，上海刘棣怀和王幼宸分获全国围棋比赛男子个人冠亚军。

1959年，上海刘棣怀获得首届全运会冠军。

1960年，围棋杂志创办，上海棋社成立。新四军老战士、时任上海市副市长宋季文带人开车，一处处寻找可作"围棋之家"的建筑。最终，吴兴路草坪上的那一栋小楼归于围棋。

1960年6月，中日围棋对抗赛始举行。在35局比赛中，中国棋手执黑受先，仅胜两局。

这两局的胜利者都是上海棋手，68岁的王幼宸战胜濑越宪作名誉九段，53岁的刘棣怀战胜濑川良雄七段。

至此，老棋手已令自己头上"国手"冠冕实至名归。接下来，是年轻棋手突破的时候了。

1963 年，陈祖德受先胜日本棋手杉内雅男九段半子，吴淞笙受先战胜日本棋手宫本直毅八段。

1965 年，陈祖德分先战胜日本棋手岩田达明九段。

这些时间刻度展现的年轮宽阔并且致密。是上海围棋的崭露头角，更是新中国围棋的辉煌序曲。

而且，一种生态一旦形成，便令万物不可抑止地生长。1978 年，在漫长的静默之后，如一声春雷，吴淞笙在中日围棋赛三番棋中战胜牛之浜撮雄九段……

1995 年，收到陈祖德先生赠我《超越自我》一书，才看到这张摄于 1956 年的照片。

在我们的棋史稿中，1930 年和 1956 年的两张照片在不同的章节里。

从棋史的角度看，两张照片及其前后的时间刻度，有其必然的逻辑。围棋即使是小道，其成长发展，也和社会相应的生态环境同步。

如果从文学的角度看就不一样了。棋手的一生不免始于输棋，终于输棋。两张照片上的每一个中国棋手，不管他在何种围棋生态中生活，永远在跃跃欲试中度过，也必然用十倍的输棋，换来一盘赢棋。

大师级别的棋手，无一不是在输棋后转过身去，用寻常手帕抹去辛酸泪水，转过身来重新开始。棋盘上无子处写满了悲壮，民国棋手尤其如此。

2022 年 8 月 14 日，40℃高温第 N 天

附：

《东瀛围棋精华》张澹如序言

天下之至变者莫如易，继易而与通其变而神明乎易者，莫如弈。是故方罫甫陈，拈子未下，无极而太极之相也。迨乎白黑间投，灿若星列，则两仪四象八卦三百八十四爻，错糅现前矣。古之圣人明乎易象者，然后智周万物，道济天下，盛德大业由是出焉。弈之为数，亦复如是。远直行师对陈通易之变，而运筹帷幄决胜千里外也。大而一日万几百世因革，小而至于身价日用涉世作业，云为动止，亦唯善弈者为能。因应咸宜，有条而不紊。

弈道之晦塞也久矣，得弈之传，变动不居。光大而日新者，今唯扶桑群手。过剞子而问官，盍乐取人以为善乎。当世弈友秀其外而慧其中，洞达事理，通中东之方而善变者得二人焉：王子晏、陶审安。平居敞明窗，安净几，参三才而两之，相与手谈，口叠叠讲焉，欣奇折变而未始有倦也。不图陶子物化而去，鼎折一足。恫乎巨变之遽来也，环顾世变极幻，莫可臆测，庶几有善弈者知化达变以应无穷之变乎？于弁陶子之《东瀛围棋精华》，略书穷变通久之旨以谈弈云。

戊辰仲夏下澣

澹如张鉴序

幽窗下与古人语

近读日本大棋士的书法作品，见本因坊秀哉一幅，上书"幽窗下与古人语"。忽然有大感动。

半年来，和上海棋牌院诸同仁一起讨论棋史，便经常去棋谱库。这里存有数百古谱。检读那些古谱，如有缘见古人一面。虽然此库并无"幽窗"，入室也不过是查检资料，未必可说"与古人语"。

古谱自然有文物的气场。书籍接触空气的部分，纸张渐渐由本白而转为黄色，年代越久，颜色愈深。那些有数百年历史的书籍，和空气长久接触的书脊都变成浓咖啡一样。修缮古谱的师傅，将陈旧的书页泡在清水里，不一会儿，水就变成了乌龙茶汤。书库中最古老的典籍是元朝的《玄玄棋经》。若是初版，或成书于至正九年（1349），距今当有六百七十多年。纸张已经吹弹欲破，书鱼不知在何时，在白子和黑子间营造丑陋的花纹。朝代越老，出书便越不易。所谓"刊印"者，是工匠用刀在木板上细心雕刻出来，然后方可印刷。细细辨认《玄玄棋经》的棋谱字迹，几乎看不出刀痕，为所见古谱中极精美者。

我的棋力，尚不能读懂那一着着古人深思熟虑下出来的棋，我大多数是读文字。古人习惯用一篇或者数篇序言放在棋谱的卷首，将编撰历史写得明明白白。和《玄玄棋经》精美雕版工艺堪有一比的是文学家虞集和棋人晏天章所撰的序言。此两文历来被看作是元代围棋文化的重要资料。

虞集是元朝名臣，儒家学者、诗人，南宋左丞相虞允文五世孙。晚年他"待罪"老于临川。至正七年（1347），为《玄玄棋经》作序。

夫棋之制也，有天地方圆之象，有阴阳动静之理，有星辰分布之序，有风雷变化之机，有春秋生杀之权，有山河表里之势，此道之升降，人事

之要其為譜訣註詳且備矣。蓋其學
大成手錄以傳命曰言玄集蓋其學
之過玄可以儗諸老子裂妙
椎大易之准且其為文也
不可測惟世仙博之者鮮
之所為故其妙悟博之者鮮
班固嘗融融善賦而事居之
碁經之說獨多碁經之妙獨少今晏
善論其理庖而可也近代以來
之書其於古者聖人制作之初意必
嚴二君子延會譜家之要成一代
老人虞集京
玄手河圖洛書正在案許龍辭之作
之林者共發山陸先生之於題堯之
知道者也余故辭而明之然則動靜
宣徒然哉或以為縱橫之術者非
方圓之妙因是而精義入神則又
存乎觀者是書之傳訛記無補
乎正正七平歲社丁亥秋九月潤卿

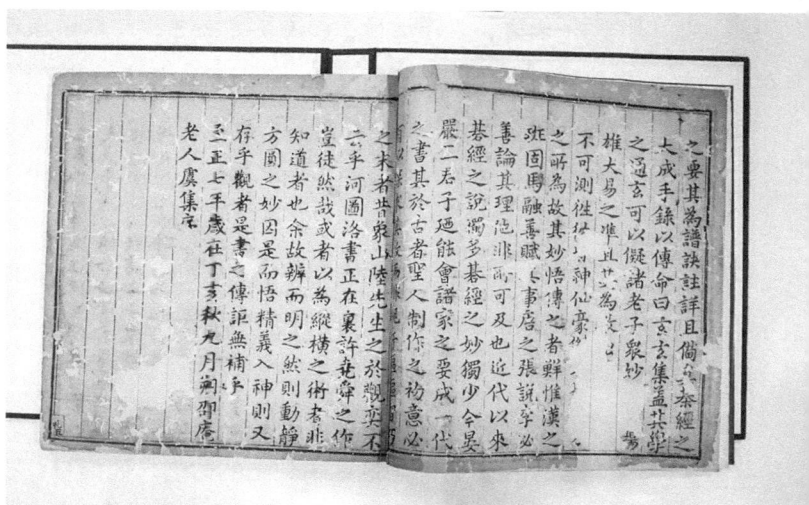

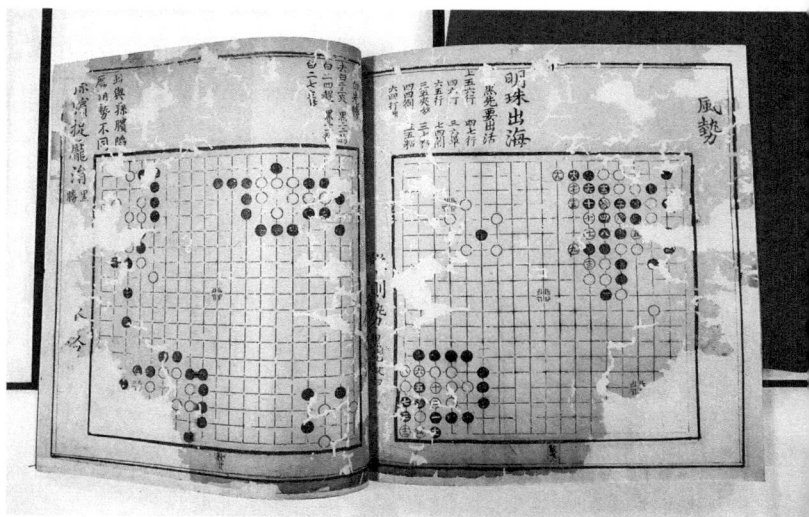

《玄玄棋经》之虞集序和棋
图，上海棋牌博物馆藏

之盛衰，莫不寓是。惟达者为能守之以仁，行之以义，秩之以礼，明之以
智，夫乌可以寻常他艺忽之哉。

晏天章是书的编撰者，是宋宰相、词人晏殊之后。读他的序言，往往会想起
"无可奈何花落去，似曾相识燕归来"。晏殊的词已如花落去，后人晏天章以其棋
才如燕归来。其序曰：

69

古者，君子之学，必有游息之艺，故不学操缦，不能安弦；不学博依，不能安诗；不学杂服，不能安礼；不兴其艺，不能乐学。弈之为数，即六艺之数也。……然则弈之为艺，虽曰小数，亦至理所寓，而日用不可阙者。朝夕游焉，以博其义理之趣，则应务有余，而心亦无所放弃。

两篇序文，最早从民国初年的《弈人传》中见到。如今雕版印刷出来的古谱就在眼前，读到"至理所寓，而日用不可阙者"，心有一动。今天棋坛学棋的年轻人，不可不知古人早就有如此见识。

老姜和小赵经常陪我去棋谱库。

老姜现在正整理着这些书架上的古谱。他指着《玄玄棋经》上的印章让我看，便可知此书经历了不少藏家之手。不显目处盖有一枚，上有白文"近楼"二字。围棋史家徐润周即号近楼，他正是此珍本的最后私人藏家。1961年，他把这本《玄玄棋经》捐赠给成立不久的上海棋社。同时捐赠的还有他数十年苦心搜罗的三百多本古谱。

小赵给我看一本手抄的棋谱，在空白页上有记录：

此是清末名手镇江丁礼民原稿，其孙渠清捐献。
公元一九六六年五月。衡园记。

这是徐润周的笔迹，衡园是他的又一名号。为那手抄本鉴定存库时，他已67岁，在上海棋社作围棋研究。徐润周于特殊年代，见到棋友交来的棋谱，内心自然百感交集。知此棋谱的文献价值，怕后人轻忽，他便留下墨迹，郑重钤印。

我们无从知道丁礼民的相貌，也不知道他的性格。只知道他是江苏镇江人，任江宁府学教授。与叔叔丁剑侯活跃于同治光绪年间棋坛，编有《慕虔斋弈谱》。

丁礼民20岁时，太平军事起，他随叔叔避居东台。逃难时，没有忘记邀请大名鼎鼎的国手周小松同行。盐城东台的围棋爱好者因之"闻风麇集"。在那手抄本中，有好几盘周小松对丁礼民的让子棋，这是青年丁礼民的学习笔记吧。

徐润周为丁礼民写过一首诗：

时乏国工无敌手，慕虔叔侄树旌旗；

镇东盛会传家法，初值新军独并追。

清朝一共有九位超一流国手，最后一位，便是周小松。周小松独霸棋坛，经历嘉庆至光绪五朝，天下棋手见之，无不甘心情愿在棋盘上先放上数子，然后拱手请教。如此，周小松越发感到孤独，他读了前辈的棋谱，便叹息，这辈子必不可能超越。环视华夏，国事已经难以收拾，他痛心疾首地呼喊："弈虽小道，恒视国运为盛衰。"

周小松去世之后，轮到丁礼民感受中国围棋没落的孤独了。这是中国棋史的至暗时代，他偏偏在这个时代成为名手。他的棋艺逊于周小松，却也有"棋无敌手"的感慨。

徐润周记述：

清末日本高部道平五段来华，当时健者陈子俊、张乐山等受二子，多负局。时礼民年且八十，退隐已久。咏怀诗有"酒有别肠容我醉，棋无敌手向谁敲"之句。同人筹议，为对外着想，敦促礼民出应，二子两局，

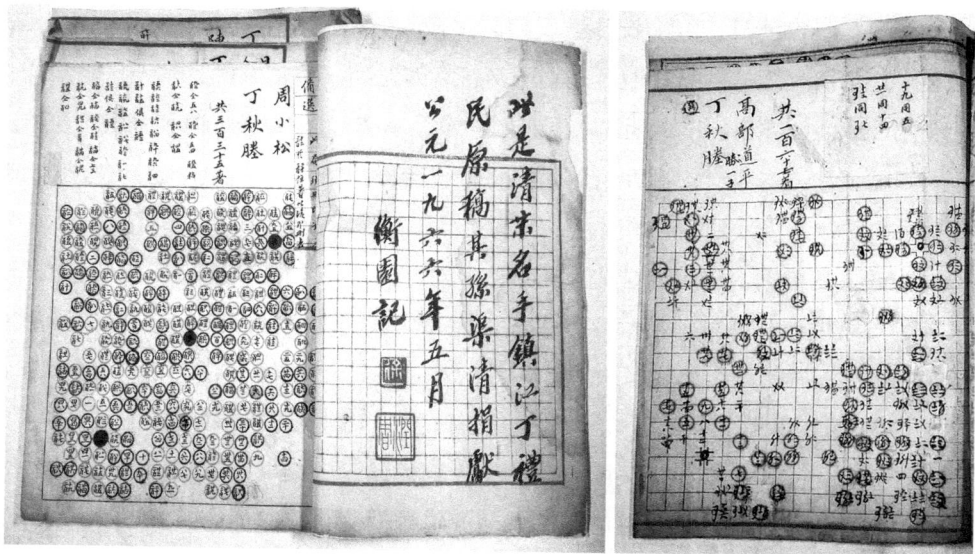

丁礼民手记自战谱，左为与周小松对局谱，右为与高部道平对局谱。上海棋牌博物馆藏

胜负各一，为当时成绩最佳者。

老将出征，在棋坛是时无英雄的悲哀，却勾起棋手的壮怀激烈。丁礼民受让两子，先输一局，负二子。他或许知道自己可以胜高部道平，便再下一局，果然赢了，胜一子。回家复盘，丁礼民将棋局工工整整誊录于专门的记录纸上。一丝不苟的蝇头小楷，着手的数字，细如蚁足。

向国手周小松请教过，又和打遍中国的日本棋手高部道平下过棋，且存有可靠记录者，仅有丁礼民一人。故研究晚清中国围棋技术史的学者，都特别青睐这一本薄薄的棋谱。稍稍读过几页，便会唏嘘不已。

如果当代围棋文史研究也有辈分，那么毕生痴迷于棋的徐润周先生应该是我们的大前辈，徐先生出入上海围棋界七十年，是近现代围棋文化研究的拓荒者。

徐先生 1984 年去世。八年之后，其女人靖找到父亲写在 64 开笔记本中的数百首诗稿，请赵之云等先生鉴别。赵之云是将徐润周先生写入《围棋词典》的人，知道徐先生曾经在报纸刊物上发表过一些短诗，不过与新发现的诗稿相比，仅为十分之一。这些旧体诗的写作，绵延数十年，有一些写于徐先生晚年。涉及大量围棋史料、文献、掌故、轶闻。每一首诗大多有注文，有场景的再现，亦有史实的考据。

诗稿初步誊清后，经李毓珍教授和赵之云六段两位先生推敲，按照内容大体理顺，为围棋起源与围棋知识、先秦至两晋、南北朝、隋唐五代、宋元、明、清、近现代、综合、神话、日本朝鲜韩国等十一章。李毓珍是《辞海》语词分册的主编。徐润周和赵之云二人，先后为《辞海》编写了近百围棋条目。这是李赵两位和徐润周并未相约，却极为默契的跨时空"合作"。

不料未及编辑，李赵两位先生都已在病榻上。赵之云便将编书出版使命交予年轻编辑杨柏伟，并嘱他续写序言。杨柏伟写完，匆匆赶到医院。赵之云听杨柏伟读完全文，颔首微笑。我想这微笑是对晚辈的嘱托，不唯是书的出版。

1996 年 8 月，李赵两位先生竟于同一日去世。他们去世时，我正在亚特兰大奥运会采访。回来重新采访围棋不久，收到柏伟兄的赠书。知书稿写作出版的一番坎坷，便不知不觉读了三四遍。确信此书称得上是以旧体诗写就的中国近代围棋的百科全书。又知柏伟兄曾说研究棋史者为"稀有动物"，便更觉得这本书的珍贵。

我们和古谱典籍相隔浩淼的时空大河。学识浅陋，常常踯躅于河边，不敢深涉。多亏徐润周先生早就准备了渡河之舟楫。我们熟悉了他论述考证的历史记载，也亲近了他留下的那些珍贵的古谱。仅仅在点点滴滴的文稿边角，读到他的生活。他为古今棋手喟叹，我们为他喟叹。

有否"幽窗下和古人语"？没有。我们在这一间没有窗户的库房里，见字如面的是"近楼"与"衡园"。如有疑问想要请教，偶有心得想要分享，首先想到的还是徐先生。

2020 年 8 月

指尖之舞

1

那天，被聂卫平的手指迷住了。

那一场惊心动魄对局开始的时候，中方主帅聂卫平一个人坐在赛场对门的研究室里，面对棋盘沉思。

1988年2月9日，我第一次作为围棋记者，在北京体育馆现场采访第三届中日围棋擂台赛。那天是日本副帅超一流棋手武宫正树本因坊和中国副帅马晓春九段较量。

对局室设在三楼的会客厅里，上百或者更多的记者，方方面面的嘉宾，熙熙攘攘挤满赛场。24岁的马晓春九段坐在椅子上，闭目静思，他在想什么呢？记者允许进入对局室的时间有限，跪着和蹲着的摄影记者未免有一些焦急，眼睛又不敢离开取景框。

4分钟之后，周围安静下来，马晓春才从草编的棋罐中，取出一枚云子，放在右上的星位。

二三十个闪光灯几乎同步，马晓春和武宫正树瞬间被强烈的光线照亮。武宫正树不由惊讶，抬起头，以天真无邪的眼睛环视一周。

我从人堆中抽身出来。快步走到研究室，站在老聂的背后。那时，聂卫平因为在擂台赛的危崖边上连胜，结束了两届擂台赛，成为国民英雄。无论在什么地方，老聂身边，很快就会聚集起一群人。唯独此刻，他有了短暂的独自思考的时间。

他的左手静止，夹着一支骆驼烟，一脉细细的孤烟袅袅升起，银白的烟灰掉在桌子上。他的右手忙碌，不住地在棋盘上摆棋，似乎在猜想两位他都熟悉的棋手未来的对局的头几步棋。

这时候看他的右手，脑际便闪过些古人揩写下棋的诗句，有一句是"鹭落寒江鸦点汀"，将下棋的手，比喻成舞蹈一样降落的鸟儿。

聂卫平的手恰似鸟儿一样的舞蹈，高档的云子是最好的舞伴，白子如羊脂，黑子如墨玉，都做成哑光。聂卫平食指和中指夹出一枚云子，大拇指张开，无名指垂下，小指翘起，像是一只鹤侧身飞临棋盘。手腕微微抬起，在空中稍稍停留，就像是鸟儿放平两翅。然后将棋子点在格子上，发出一声脆响。

他的手该是一只灰鹤吧，这一局，马晓春执黑。

10分钟一到，对局室的门打开。记者们被礼貌地请出赛场。跨过走廊，记者和中日双方的官员棋手，蜂拥而至研究室，聂卫平周围立刻挤满了人。

研究室有八个棋盘，边上围着八堆人，都有一个核心人物在摆棋。

鸟儿继续在飞翔。华以刚走出对局室，顺便带出棋谱。他也摆棋，他的食指和中指夹着棋子，无名指护卫，三个手指衔着棋子，手腕极为灵活，每一步棋，都好像是啄木鸟的长喙击打着树干。曹大元思考时，手经常在棋盘上转圈，好似海鸥在盘旋，那是面对复杂形状的全面盘算，转上几圈，看准了才一个猛子扎入水中。陈祖德有一双骨骼粗大的手，他谋划棋形的时候手中没有棋子。想定了，随手抓起一颗子，棋子落到棋盘上，然后推到了交叉点上。像是天鹅降落湖面，还要漂移几米……

陈祖德曾经说过：

> 我国棋手称下棋为"手谈"，即通过手来交流思想、加深感情，这当然要心平气和，表现在落子上是拿起棋子轻轻地放在棋盘上，显得优雅且有艺术修养。

我在研究室中见到那些摆弄棋子的手指，正是如此优雅。

曾经读过出土于吐鲁番阿斯塔那古墓唐代墓葬的绢画"弈棋仕女图"。画面中弈棋贵妇，是一位级别不低的官员之妻，她端坐于榻上，凝神沉思，其右手食指和中指夹着一枚棋子。有人甚至评论，这一下棋的纤纤玉手，把手腕上的珍贵玉镯，"比得暗淡无光"。

1972 年出土于吐鲁番阿斯塔那 187 号墓的屏风绢画"弈棋仕女图"。新疆维吾尔自治区博物馆藏

这贵妇虽然称不上高手，却也可见，围棋在当年官员和文人中，是如何流行。远离故土，她的穿戴衣着，下棋的一招一式，便都像是怀念长安的诗。

那种诗意如一脉溪流，悠长而不绝，流传至今。聂卫平师从前辈棋手过惕生，过惕生和他的兄长过旭初学棋于他们的父亲铭轩先生。明末清初一代名手过百龄，正是过家的棋界前贤……

下午 4 时半。聂卫平拿到传来的棋谱，忽然说，谁知道现在北京哪里有西瓜卖？

这是一句聂氏棋语。往往在决定命运的比赛中，他用氧气罐保持在千钧一发间敏锐的思维，又用西瓜配香烟，松弛绷得不可再紧的神经。

谁都听懂了，马晓春形势不妙，他将要出场了。

坐在聂卫平身边看棋的是国务院副总理方毅，他在赛场的身份是中国围棋协会的名誉主席。他到此，总是在传达殷殷的关切。他说过，那时"中南海里有一半人下围棋，带懂不懂的，都是擂台赛的热心人"。

方毅喝了一口茶，对聂卫平说："最好是你不出场。"

中方团长郝克强听到了他们的对话。老郝是一个有趣的人，自称最佳观棋者。他看棋，也在观察下棋者和研究室里身份不同的棋友。他后来说，当时方毅神情淡定，可是每分钟 124 次的脉搏透露了真心情。作为擂台赛中方发起人，郝克强自己当然不能排除在紧张的人群之外，他的脉搏跳得更快，有 136 次。

马晓春突围了！他先以 65 手向左方一小尖，然后 67 靠，71 长渐渐地将黑棋轻灵地向中腹发展。至 83 手尖，马晓春中腹已舒舒服服留出了眼位，第 97 手，彻底做活了这块棋。而白棋应对有误，反而丧失了中腹的大片领土。至下午 5 时，对局基本已定型。陷入读秒窘境的武宫不得不苦战了。

有人一点目，黑棋领先了 10 目，研究室一时轻松起来。芮乃伟不由微微笑了，杨晖直说："太棒了。"聂卫平也乐出声来："或许今晚可以喝酒了。"

这是我现场采访国际棋赛的处女作，文字的背后隐隐可见专业棋手的影子。

一个半小时后，棋赛结束。大厅中 2000 名听王汝南讲棋的群众，鼓掌如雷鸣，满心欢喜回家了。

手在对局室的棋盘上继续飞动。

局后，武宫正树和马晓春检讨棋局达两个半小时，聂卫平和华以刚等相伴。这时候，他们的手几乎是一种模式：棋盘上摆满了棋，然后通通抹去，必有一只手出来"码棋"，握着一大把棋子，拇指和食指拈着棋子，几乎不容思索地在棋盘上摆出各种图形。他们讨论，大多数情况下，不用中文和日语，仅用"手语"。手心一般向上，四指蜷起，食指便在指点江山。手掌翻转，另一个人发表意见，用中指移去几子，又移入几子，便成了一个新的形状。或者点头，或者摇头，便又拂去，另外一人，另外一手，再摆一个图形。

后来，在南汇嘴，见到一群野鸭在苇丛中出没，鸭子们扁扁的喙，啄着芦根，很像是那个难忘的晚上，棋士们的手。

马晓春的手指细长，白皙。这一双手，并不单单因棋而生就。

有一次，比赛之前，在一家宾馆大堂，他在钢琴旁边坐下，手指敲击琴键，便有一阵悠扬的乐声传来。陆续进门的棋友环绕着钢琴，他回头一笑。

马晓春是中国第一个围棋世界冠军。他的棋，轻灵飘逸，捉摸不定，有人称他为"妖"。大棋士是在胜负悬崖上书写诗意的艺术家，欣赏"妖之舞"多难啊，那就听他弹琴吧。

2

很多日子，睁眼闭眼都是黄兴，那位革命党人中的英勇将领。

研究近代棋史的徐润周前辈，为我们留下了一段轶事：

> 1915 年，在沪中日围棋界创办上海围棋社。订立章程二十二条，有指导、集会、竞赛、分级等规划条目。发起者日方长滨彻斋、山田纯一郎等，华方黄兴、张人杰（静江）、徐谦、许崇智等。
>
> 黄张诸人皆同盟会要人，志在革命，奔走国事，虽挂名社籍，无暇参与常会，棋社不久便无形解体。

正和棋友在编撰上海围棋史。这短短的几行，便改变了我们以往的认知。如无新的史料出现，那么，这就是中国第一个希望将下棋的散兵游勇集聚起来的团体。黄兴显然是棋社一面飘扬的旗帜。

近代围棋史研究者赵之云，为我们记下两段黄兴下棋的文字。

> 辛亥革命前驱黄兴常在日本友人宫崎滔天宅对局。准确的记载，见宋教仁《日记》所述。1907 年 3 月间，黄兴与一位名古河的日本友人对局，双方热战多时，而宋教仁则在一旁看得入了迷。
>
> 第二次革命失败后，黄兴再次避难日本。此时，他奔走日本、美洲之间，在日本时间短暂，但还忘不了学围棋。据日本濑越宪作回忆，约日本大正四五年间（1915—1916），黄兴曾向濑越（当时四段）学围棋，被授七子。同时前来的围棋爱好者还有胡汉民、张静江、戴季陶等著名中华革命党人。

虽然黄兴早就学会了围棋，不过在世界围棋史上留下赫赫英名的濑越宪作，是极为顶真的教育家。他的每一课，都不可能马虎。

情景再现：

他们互相鞠躬致礼。面对已届不惑的黄兴，这位身材敦实赫赫有名的中国革命党人，26 岁穿着和服的青年老师濑越，伸手示意放上七颗黑棋。

濑越宪作手边的白棋，是海边的蚌壳琢就。黄兴手边的黑棋，是山间的黑色石料磨成。

他们盘腿坐着，中间是一个厚厚的棋墩。整块榧木，经历数十年干燥，方能付诸最有名的工匠。不上漆，本色，年轮清晰，一眼就能看出来历。一道道黑线，是人工画就，稍稍凸起。

如此，你可想象……

濑越宪作的第一手棋，右手高高举起，齐眉，然后将全身之力集中在手指上，啪一声打在棋盘上。棋墩被一击，表面稍有凹陷，很快复原。留在空间的，如珠玉之声，余音悠长。棋墩底部刻有一个四方的凹陷，那作用类似音箱。

这一手，是年轻的老师的当然一课："气合"。棋手一开局就不能想到输棋啊，必须要有决不屈服的玉碎之志。

如果，黄兴还是用右手下棋，那么他只能用食指和拇指，把棋子很平凡地放到格子上。

濑越宪作一定会惊讶于黄兴的手。黄兴的右手只有三个手指是完整的。食指和拇指捏住棋子，能翘起的只是小指，如一只冠冕已残的孔雀。

历史记载了他的右手。

1911 年，4 月 27 日下午 5 时 30 分，广州起义爆发，黄兴率林觉民、方声洞等敢死队百余人攻打总督衙门，其余三路未见行动。攻入后，发现总督已逃跑。起义军撤出时，遭到堵击。

黄兴中弹，右手二指被击断。受伤后曾剧痛昏死过去，后被战友救出。但他忍痛，用右手扳枪机继续射击。

清军渐渐合围，黄兴遂下令分三路突围。他自己带领一路奋勇冲杀，情急之中，队伍散乱，只剩下黄兴一人……收殓殉难者，得尸体七十二具，合葬在黄花岗。

从此，黄兴下棋，他残缺的手，就是大写的"气合"。他用右手下棋，必令人一震。大海渺渺，高山巍巍，落子轻微的声响，即是黄钟大吕的噌嗒之音。

黄兴没有留下棋谱，他不是专业的棋士。不过他堪称书法家。

台北市的纪念馆里，有他的一份绝命书：

本日驰赴阵地，誓身先士卒，努力杀贼，书此以当绝笔。

这是一封书信，作于 1911 年 3 月 25 日。正是广州起义前一月余，是黄兴用完整的右手写就，壮志和书法两相激荡。

在上海历史博物馆中，也有他的一幅字。

冯夷击鼓走夷门，铜马西来风雨昏。
此地信陵曾养士，只今谁解救王孙。

前人的诗，黄兴的书法。写于民国元年，亦即辛亥革命之后的 1912 年。此时黄兴伤口已经痊愈，右手两指却永远失去了。

常人若失去两指，便不知道如何运笔，如何行墨，如何令笔自由地飞舞于宣纸之上。有书家论及，黄兴的书艺，因为断了两指，已经有所变化，然醇厚与磅礴依旧。

曾经去过香山路孙中山纪念馆。那里有一副日制围棋，珍贵的文物。

刚刚提起黄兴，女讲解员便说，黄兴去世于 1916 年 10 月最末一日。孙中山先生和宋庆龄女士，搬到此地已在 1918 年。

又问这一副已经一百多岁的老棋子的来历。回答说，没有特别的记载。

想看一眼二楼阳台上的棋子。她说，这是复制的展品，原件是珍贵文物，在库里。

获一张清晰的照片。棋子的造型两面凸起，这是中国古棋，日本现代棋的制式。猜想，中山先生的棋子，很可能是日本友人所赠。而且，将一副围棋放在面对花园的二楼阳台上，唯一的提示是，有人在这里下过棋。

中山先生是一位懂棋之人啊，他的革命党战友中，爱棋之人不少，黄兴、宋教仁、张静江、胡汉民、许崇智、李济深、戴季陶、陈立夫……

投入最深的，黄兴无论如何算一个。

又看了不少黄兴的照片。穿着军服的他，很多是与人合影。一眼看去粗狂严峻，为赳赳英雄。冲锋杀敌是他的使命，将军是他的世间形象。他的个人肖像，则面容神态都令人感到坦诚和善，他的眼睛更有着古文人式的秀美。书法和围棋才倾诉了他的内心，他是一颗诗的种子。他的生命里，到处都有诗情。

黄兴的书法中有一幅"醉云醒月"。落款写下了"甲寅初夏"，即

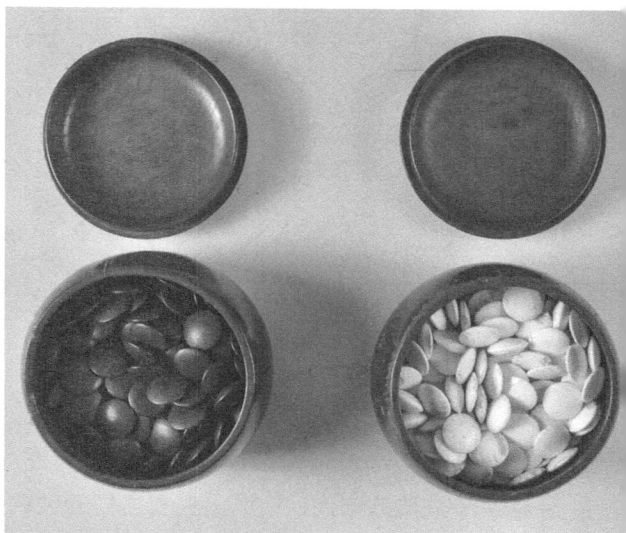

孙中山所用棋子，上海孙中山纪念馆提供

1914年。那么，这一幅字，也是黄兴用残缺的右手所书。不久，他便去濑越宪作那里学棋。

可不可以将这四字看作书艺和棋艺相通的象征？

棋道之深邃如墨黑的天穹，唯濑越这样的大棋士方可如月亮那样分辉与人。一朵云从远处飘来，月之光华照亮了云，云便陶醉，随风起舞。

3

上海刘长胜故居陈列室里，有一副围棋。

这是一副属于平民的围棋。没有研磨过的光滑玻璃棋子，不会比感冒药片更大。棋罐直径小于细瓷饭碗。棋盘是折叠的，收起时比一本书略大。

这是一副旅行围棋，装在一个箱子里。它的主人是地下党员张困斋，"永不消逝的电波"的直接领导者，革命烈士。收藏者张文英，也是一位地下党员。

棋子太普通了。这仅是一副日常生活的围棋，用来游戏的围棋。更何况，棋子太小，呈馒头状，不管如何下棋，成人粗大的手指，捏住棋子，都会如小鸡啄米一样，失去了风流和雅致。棋子距今70多年，那时候，正是中国最好的棋子云

子失传的年代，市场上只有这样的玻璃子。"文革"之后，云子配方浮出水面，中国棋子才重现风采。

张文英的后人将这一副围棋送来展览馆，是因为那时，张困斋经常住在张文英那里，曾经一起在家中下棋。

张困斋和张文英或许在 1946 年前后，有过工作交叉。张文英的女儿张梅霞说：

> 父亲的掩护职务是金陵东路的上海太古报关行经理。当时报关行有很多客户，进进出出办理报关，可以说是个很嘈杂的地方。
>
> 张困斋每次一来就待在一个小房间里不出来。这个小房间直通后门楼梯，下面可达金陵东路上的旁门，上面又可到达屋顶阳台，可以攀爬到隔壁的约克大楼，通到现在的四川南路。

他们在一起工作不久，张困斋离开了。没有长亭古道，芳草碧连天。或许他们间最后一盘棋便是告别，下完棋张困斋便悄然离去。张困斋知道即将分手，张文英还不知道。一个不说，一个不问。面对面，四目传情，却紧紧闭住嘴唇。这种缄默，对常人来说，是一种不堪忍受的折磨，对他们来说，却是常事。

他们都在上海，可能近在咫尺，却远如天涯。

清乾嘉年间的诗人袁枚送别棋友时，曾经吟过："残棋再着知何时，怕听秋藤落子声。"对面手谈是一首诗，张困斋留下的那副棋子，传递着他们下棋时，极为单纯的深情。怀念别后的棋友更是另一首诗，棋子又寄托着那种永远传递不到的思念。

直到上世纪 50 年代，张文英带着女儿去参观一个革命历史展览，才知道，张困斋已于上海解放前夕的最后时刻牺牲了。

从此，每年清明张文英总要带着子女去烈士陵园看望张困斋。

少年时，曾经听过韩慧如老师的讲话，她正是张困斋的战友、上海地下电台报务员秦鸿钧的妻子。那时候，她经常到各校为孩子们做报告。那时的教室，黑板右上方有一个小方盒子。韩老师在教导处，对着话筒说话，带有北方口音的描述，通过一个个小方盒子，传遍每一个教室，不知不觉孩子们眼圈都红了。

如今因棋再读韩老师的报告，读到一些狱中细节：

> 敌人对张困斋、秦鸿钧施尽酷刑，老虎凳、辣椒水、拔指甲……无所不用其极，但都撬不开两人之口。

鲜血淋漓，没有手指甲的手啊，还能有下棋的情致吗？

在张困斋生命的最后日子里，他已经将棋子放置一边。他对待战友的深情依旧。

韩老师回忆：

> 张困斋同志不停地咳嗽，我知道他的肺部已经被辣椒水灌伤了……
> 当我端着热水放在张困斋同志身边的时候，他小声地对我说："你给老秦弄吧，不要照顾我了，在敌人面前你要表现出极端恨我的样子才行。"

张困斋提醒秦鸿钧夫妇要扮演被"胁迫"的角色。他准备承担所有的责任，独自走向刑场。

可是，秦鸿钧也是大时代的儿子。他早就准备和张困斋同生共死。新四军老战士、画家富华，那时也被关押在四川北路淞沪警备司令部军法处看守所。他描写了狱中的见闻：

　　那天下午放风之后，准确地说是吃晚饭前，只见一个高个子背着个人进了1号牢房。后来才知道，高个子是秦鸿钧，他背的人叫张困斋，双腿被打断了，血肉模糊。

在豺狼面前，秦鸿钧毫不掩饰自己和张文斋本是亲密无间的战友。
富华还回忆，他每天在牢房里唱歌，从早唱到晚。秦鸿钧让他抄一份歌词。
几天后，5月7日中午吃饭的时候，李白、秦鸿钧、张困斋……都不在了。

　　当天傍晚，我被转移进了1号牢房，我睡的正是秦鸿钧原来睡的位置。第二天，我整理秦鸿钧留下的铺盖时，在木板墙根发现他用铅笔写的几行字："你是灯塔，照耀着黎明前的海洋；你是舵手，掌握着航行的方向……"这正是我抄给他的歌词。
　　因为没有灯光，字迹歪歪扭扭，有的大有的小，而且没有抄完。

富华没有告诉我们，秦鸿钧为什么要在墙根抄写歌词，富华抄给秦鸿钧的原稿哪里去了。
他没有说，我们能够意会。

很多次去过陈列室，目不转睛地面对棋子。
并不是想要从这副围棋中找到更深刻的理论，更瑰丽的故事。而是想要拂去岁月的尘土，还围棋本色。古朴的，一眼可以明了的棋子棋盘，可以沟通不可用自然语言传达的情感，可以与同伴一起快乐地游戏。
张困斋和张文英下棋，并不在乎很多讲究。谁说如此简朴的棋子，"小鸡啄米"一样的手势，就没有诗意呢？
所有在棋盘上的指尖之舞，本就是心灵之舞。心灵之舞的最高境界，便是生命之舞。

4

20 多年前，一个下午，一位善棋的画家邀请一些棋友，到他家里做客。

我在棋盘上码下六颗黑子，20 岁的常昊七段坐在我的对面。

那时常昊在第十一届中日围棋擂台赛上，连胜六场。最后一场击败了中日棋手都尊敬的大竹英雄前辈。中方以七比四领先于日本，从此世上再也没有"中日围棋擂台赛"。

下了半小时。他拿起一枚白子，伸了伸手，又收回，久久不下。他那带有长长眼梢的眼睛看着我，满是笑意。

我忽然觉得这样的眼神有一些陌生。只要是下棋，少年的脸上从来都有成人的严峻。

见我迟迟不悟，常昊便说："胡老师，我要吃棋了……"

他的手轻轻举起，棋子轻轻落下，在我想不到的地方。

就像是喜鹊在高高的白杨树上，衔来最后一根做窝的树枝。

他的鸟巢，我的罗网……我和高段棋手的唯一对局就这样在大笑中告终。

自然知道，这是他片刻的放松。很快常昊又走向赛场，下一个目标是世界冠军。

那个年代，正是韩国围棋称霸世界的时候。

他是中国新一代棋手中走在最前面的一个。一年又一年，他连续六次进入决赛，每一次都在最接近桂冠的时候失利。能够听到的声音似乎净是埋怨。原谅那些棋迷吧，他们离开竞技围棋太远，天下有多少人能够领略象牙塔最高一层指尖之舞或喜或悲的诗意呢？

常昊是棋手，不可能原谅自己。当他"以最奇怪的方式失败"，第六次获得世界亚军时，他陷入人生中最漫长最痛苦的阶段，整整一个星期，睡眠加起来还不到二十个小时。几番刚刚入眠，眼前就出现丰田杯第三盘棋的棋谱，刺激、惶恐……于是他惊醒，失眠。

2005 年 3 月初，他第七次进入了世界之巅的决赛，已经是结束最后一届中日擂台赛之后第九年。他的对手是韩国的崔哲瀚，比他年轻 9 岁的韩国棋手。常昊已经 29 岁，这个年龄如没有第二次爆发，很可能潜伏着巨大的悲剧：或者是光荣的世界冠军，或者垮掉，沦为"千年老二"。常昊还有别的选择吗？

我放下了签完的报样，对年轻的编辑说："明天去北京。等着我，我会写稿。"

昆仑饭店赛场，见到了堪称常昊叔叔伯伯的一大群记者。我们大多是从擂台赛那时就在采访围棋，都不是常昊的陌生人。我们不能不来。

如我，便是想起了他曾经吃掉过我的一块棋。

91 岁高龄的吴清源大师，被助手搀扶着，拄着拐杖过来，坐上裁判长的席位。

无论黑棋还是白棋，常昊总是果断地拍下自己的第一手棋。我们都听到了云子击打在棋盘上响亮的声音，同时注意到他的手势不像鸟儿那般轻灵，却像农夫的锄头一样笨重。

他后来说：

比赛那天早上，我认真地洗了个澡，还特地把自己的手用香皂擦洗了两遍，洗得特别干净 —— 我想到了剑客决战之前的感觉。

相信他已经披上无形但坚硬的铠甲，护住自己因为柔软而容易受伤的心脏。他会小心地收敛自己的手势、自己的眼神，以看不见的面具阻断对手探寻自己心灵的蛛丝马迹。

赛场里棋手的指尖开始舞蹈，和对手共舞。他们的舞伴，仅仅是黑色或者白色的棋子，他们的舞蹈仅仅局限于棋盘……

研究室里很早就难以找到空座位了。他往昔和今天的教练、他的队友，指尖也在棋盘上舞蹈，虚无缥缈的围棋之音乐在四处飘荡。

那两盘棋常昊都胜了。

决胜局，双方类似贴身肉搏，打劫31次，花去325手。两人的时间都不够，落子如飞。争棋无名局，这是戴着大胜负镣铐的舞蹈啊！王汝南和华以刚为棋盘上深奥的语言，寻找最通俗的词汇和句子，将形势转告周围的记者，让所有人的心脏都加速跳动……

当常昊举起应氏杯的时候，他的教练聂卫平说："我觉得常昊几次要被击倒，

应昌期举办应氏杯的愿望就是希望中国棋手能够获得冠军。当年清明，应昌期之子应明皓至台北应昌期先生墓前烧化此战棋谱，以告慰父亲。棋谱上有常昊的签名。李英哲摄

87

但是他挺过来了。他好多次'逃过一劫',很男子汉。今后很多冠军他都可以过问一下……从这里开始狂奔吧。"

老聂的语言像是诗歌一样。

今日回想,那天赛场内外,每一个人脱口而出的都是诗。一吟双泪流。

2020 年 11 月

(本书《致胡耀宇·生命周期》有对这场比赛的详细解读。)

一生赢棋

陈祖德先生去世了。

"有的人死了，他还活着。"如果有一个有思考有创造有奋斗的生命逝去，那么形骸有尽而精神不灭，他当长留于人们的怀念之中。

20世纪80年代中，正是围棋于国内热火朝天的时候。我恰在此时任体育记者，写了一些围棋报道。不过，报纸上仅能发表一些短小的新闻，往往发完稿件，很多话似乎还没有说尽。听了报社同行的建议，我便雄心勃勃，准备就"围棋的哲学"写一本书。在编了若干甲乙丙丁、一二三四的提纲之后，终于明白，或许当年一个记者最应该做的，还是采访一批有代表性的人物，让他们谈谈围棋是什么，写一本《黑白之道》，借以留下这个年代中国人对于围棋的认识。

有一次去北京采访比赛，遇见围棋协会主席陈祖德先生，我便将这个构思告诉了他。他问我为什么要写这本书，我回答说是要记录下一些东西："如今全国围棋大热，不过仅仅只会下棋，还不能说是一个完整的棋迷。围棋应该是一种文化吧，没有在这种浓浓的文化中熏陶过，他对于棋，还未了解完整。而真正的大师，都对围棋在文化上有独到的理解。"

他表示支持这样写。或许，他也希望能够在全国围棋热之中，捉住一些有意思的东西。风云过去，这些东西可以作为一个时代的记忆。他说，希望快一点将书写出来，他会给予帮助。

他问我："你要访问哪些人？"我说："现时棋手中全部九段，有棋手背景的研究者。以及对围棋有心得的专家学者。"祖德先生便说："前面两种人，你将名单给我，我告诉大家接受访问。专家和学者，你心目中有确定的人选没有？"我那时还只有一个粗疏的提纲，对于熟悉围棋的专家学者，所知不多。他便说："有两个围棋迷，可都是大学者啊，我和他们交上了朋友，他们经常作为文化界的围棋爱好者的代表，你可以去访问他们。"

这样，名单上便有了数学家吴文俊和文学家严文井。祖德先生预先和他们打过电话，我登门访问。聆听他们的谈话，如沐春风，如逢甘霖。简直像上了两场一对一的人生和围棋文化课程。这一次密集式的采访，无异于让我敲开了围棋文化大学的门扉。书中其他受访者，和这两位学者，我都看成是一生学问上和围棋上的老师。至今，还非常感激祖德先生的引荐。

采访是艰苦的，很多受访者都在北京，每一次到北京出差，都要见缝插针，安排一两次采访。预先报告采访提纲，然后安排2个小时，用录音机记录下他们的谈话。回家利用工作之余整理成万字左右的文章。加上每人的短短的印象记。不夸张地说，我就像预先在围棋文化天地中遨游了一番，然后作一个导游，领着爱好者们一步步游览过去。

到北京采访比赛的时候，经常在赛场遇到祖德先生，有时候会谈起最近访问了谁，关于围棋说了什么。他很民主，说到人家的观点，从来不说有错或者值得商榷。后来，他在那本书的前言里说："由于是访谈，是畅所欲言，尤其还有圈外人的不拘一格的自由谈，自然有些见解不同，以至相互矛盾。这种'自说自话'更能引起读者的兴趣，启发读者的思考。"这些文字，表现了祖德先生性格的宽容一面。

然而，他又是一个很有原则的人，对于很多观点，他都有自己的想法。访谈中，遇到某些问题，他会中断下来，说对此持保留的态度。在访谈成书之际，他在序言中直言不讳地指出了本书的缺点。"遗憾的是，由于条件所限，作者未能采访海外人士、各国棋手。如果能听到吴清源、藤泽秀行、安永一、林海峰、金庸、沈君山和日本文化界人士江崎诚致等人的声音，那这本书将会更丰富、更充实。"当序言寄到上海，我读到这几句的时候，不知不觉中脸红了起来。本来这本书应该是"当代人如何看围棋"，我只做到了"当代中国人如何看围棋"。祖德先生的这一份名单便牢记在心，此后的工作中，有幸采访到了祖德先生名单中的吴清源、江崎诚致、林海峰、曹薰铉。后来，又有机会访问了著名学者金克木，泰国围棋活动家、企业家蔡绪锋等，作了部分弥补。

祖德先生本人也是《黑白之道》访问对象之一，而且是最有代表性的一位。初为职业棋手，正是中国现代围棋萌动的年代，也是他血气方刚的年代，担当了向日本棋手冲击的重任。"文革"中，他下放到了工厂，他们"七君子"在宿舍研究围棋，坚持不放弃。改革开放，病愈复出，他已经成为当仁不让的围棋领军人物。中国围棋崛起，走向社会，走向世界，风云际会，他功不可没。不过对他的访问，主题很久没有确定下来。依照他当时的工作位置，应该请他谈谈纵览全局的文化问题。不过，这样似乎就丧失了他的个性。他并不在乎官员的身份，除了官方活动，他一般都以棋手以及围棋研究者形象出现。最后，他欣然以一个"弈者"的身份接受采访。我希望他谈一谈围棋的胜负的问题。在中国古典艺术，琴棋书画四项中，唯有"棋"是要争个你死我活的。谈这个问题，可以将棋和其他项目分离开来。身经百战，又是中国第一个战胜日本九段的他，是最有资格谈胜负，特别是胜利意义的人。

如今我早已过了古稀之年，拿出差不多 20 年前的初版本。经自己的笔写出来的文字，今天依旧深深感动着我。

他叙说了和围棋难解难分的一生：

从我自己来说，对棋的感触非常深，这是我一辈子最大的精神寄托，没有东西可以替代的寄托。但说棋是生命还不好说，不过没有棋，日子就很难过了。

生病、工作，有时候没有办法去摸棋，一个棋手离开棋是极为痛苦的，很多人理解不了。这一点非得棋手才能理解，当然正在棋坛上的棋手也不一定能理解，只有离开棋坛之后的棋手才更有体会，心中才有一种失落感，老是觉得"我失去了什么东西"，特别是在精神上。

我现在下棋的机会太少，而我又特别喜欢下，到外地出差，到任何地方，都会找人下棋，即使是爱好者也好。这是一种最大的乐趣，最大的满足。即使我再累，下棋也有一种幸福感。

这一种对棋的痴迷，可能就是一个棋手安身立命的关键。祖德先生下棋的态度，他自己就有说明：

我下什么棋都想赢，不想赢就没有意思了。包括和业余棋手下，让你九子，我也想赢，我也不想随便下。要是我对你客气而输给你，一点意思也没有，说是"表示友好"其实并不友好而有点虚伪。

对业余棋手尚且如此，更不用说专业比赛的投入程度，特别是国际比赛。

1961年，陈祖德在中日对抗赛上输给安藤英雄，他走出悦心殿，只见山脚下有一大群人，正在看一个大棋盘。上面摆的正是那一局棋。在人群中看着自己战败的过程，听着人们议论，17岁的陈祖德感到"似乎被人鞭打着，又感到打得应该，打得痛快"。

在当年同一赛场，和蔼的日本老太太伊藤友惠五段，对中国老棋手八局全胜。在中国被称为围棋发源国的奇耻。

自此中国棋界更新换代，陈祖德、吴淞笙一代研究围棋越发投入，他在《超越自我》中这样回忆：

> 我每每半天半天地看着空荡荡的围棋盘或光秃秃的围棋记录纸，那空无一物的棋格上便出现了像万花筒那样变化无穷的布局。渐渐地，似乎不是我在设计布局，而是布局在设计我、控制我了——我的视像里老是摆脱不开这样那样的布局。不管我干什么，不管是刚走上大街或是刚钻进被窝，那视像的屏幕上早已给我映上了一个空棋盘，我就无法抑制地继续在我视像的棋盘上研究起各种布局。我累坏啦，支撑不了啦，我必须摆脱这只空棋盘！但是这只空棋盘是我的影子，是我的命根子！

陈祖德和队友当时研究的是对角星和"桥梁形"的布局。对角星是中国古代布局的推陈出新，"桥梁形"是对现代布局的升华发扬。

陈祖德1963年受先战胜日本九段杉内雅男半子，使用的是中国棋手习用的对角星布局。1965年，21岁的陈祖德执黑贴子情况下，以五子战胜了岩田达明九段。这是中国棋手第一次分先战胜日本九段棋手，陈祖德使用了"桥梁形"布局。这一布局后来成为中国年轻棋手的集体"法宝"。甚至在比赛中，出场年轻棋手都使用此布局，被日本棋手称为值得研究的"中国流"。

晚清以来近百年，认识到中国围棋落后的棋人，都在盼望学到日本围棋的真谛。只有陈祖德等少数棋手知道，赶上和超过，需要自出机杼的创造。

我曾经一遍又一遍阅读陈祖德上面这一段话，总觉得有一些特别的意味。在科学家解开棋手对弈时思维状态之谜时，才恍然大悟，原来这一段话，正是陈祖德在创造新型时，对于自己形象思维的描写。人人都知道围棋玄秘，只有少数人知道，围棋的"不可计算"在于形象思维。而只有极少数的棋手，能够意识到下棋时正在进行形象思维。只有像陈祖德这样有艺术感觉的棋手，才会无意识地、非常自然地将自己的即时情感和形象思维联系在一起。

"中国流"超越了古谱，也超越了民国前辈的围棋经验。这是他们从必然王国迈向自由王国的第一步，围棋美学史因此而翻开了当代中国的第一页。

我在中日围棋擂台赛开始后才遇见祖德先生，以为见到了一位白面书生。不过很多棋手都提醒我，你见到的不是原先的陈祖德，他过去壮硕高大。

陈祖德发现自己得了重病，是在赛场上。1980 年，在四川乐山全国比赛中，祖德先生连连便血，依旧想着要去赢下比赛。全国比赛完了，他获得第三名，便没有离开四川，等待下一场在成都的新体育杯比赛。

不料开赛不久，便大口大口吐血，被队友扶进医院，才不得不告别赛场。怅然长叹："这一天终于到来了。运动生命结束了。"

1980年，在乐山全国三棋比赛间隙，陈祖德和聂卫平对弈。观战者中有围棋教练邱鑫、象棋大师胡荣华、国际象棋大师戚惊萱，以及围棋女棋手孔祥明、杨晖和马亚兰，棋界官员孙连治和俞玉昌。数日后，陈祖德赴成都比赛，胃疾发作，入院治疗

　　他在病中一次次回想八年前，1972年1月9日。

　　那年1月6日，陈毅逝世。三天后，正在工厂挖防空洞的陈祖德接到国家体委的通知，飞跑在街上，跳上一辆公共汽车。他来不及换下沾满泥土灰沙的工作服，口袋中竟然没有买车票的几分钱。

　　他在301医院告别了陈老总的遗体，第二天又参加了追悼会。对于当年的棋手来说，陈毅的去世，犹如"世界冰凉了，天空黑暗了"。

　　追悼会回来，陈祖德坐的是80年代担任体委主任、围棋协会主席李梦华的车。陈祖德泣不成声，李梦华安慰他："以后好好干。"

　　竞技生命结束。围棋于他，还有文化的使命。陈祖德病愈后成为中国棋院的第一任掌门人。他的围棋生命，在文化一面延续。

　　他是最了解棋手的官员：

作为棋手，想赢是必要的素质，不想赢这棋手没意思。你在给我的采访提纲中，曾经说一些被誉为"美学派"的日本棋手，对胜负并不执着追求，这是一种片面的理解，是误会。只要是一个好棋手，他必然对胜利要执着追求。在比赛中，半目是赢，100目也是赢，不过通过不同的风格体现出来，只能这样说，只想追求艺术而不想赢棋的棋手，简直是没有的。

采访陈祖德时，天才棋手马晓春正在人生，也是棋艺的重要关口。因为多次输给日本棋手小林光一九段，在国内很被舆论批评。陈祖德那时的一些话，可能马晓春会一直记得：

马晓春这一次负于小林光一，是六连败了。但我看马晓春对待这次失败，显然比以往要成熟得多。我曾告诉马晓春，赵治勋和坂田荣男下棋，曾经连负坂田十几盘，那时赵的水平已不比坂田差，但连下连输，输到最后哭了，泪水滴在棋盘上。但等到赵治勋赢了一盘，坂田就再也赢不了赵治勋了。执着顽强的人谁也怕。

科学家试验一百次、二百次都失败了，最后一次成功了，失败全成为他的伟大业绩。我认为马晓春输棋，对他一辈子有好处。这是一种强烈的刺激……

这是一位不甘平庸的棋手，对另外一位处于围棋生命关键时刻棋手的提醒。后来马晓春奋起，在中国棋手中第一个获得世界冠军。

那时候，中国棋院刚刚建成。令我印象深刻的是，和新中国围棋一起走过来的陈祖德，曾经感慨万千：

棋院建成后，开了一次大会。我曾说，棋院这个地方，是我小时候的梦想，或者说是幻想，理想吧，希望将来下棋有好些的地方，那时我们是在茶馆里、公园里下棋。那时下棋没有这个职业。我1950年学棋时，下棋在中国还被人看不起。社会上人都说，下棋又不是职业。

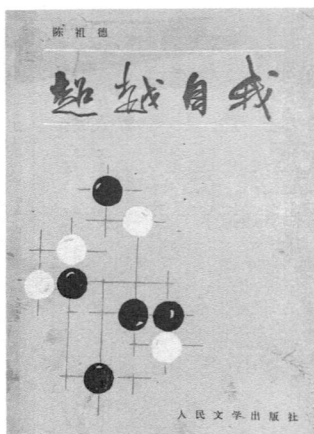

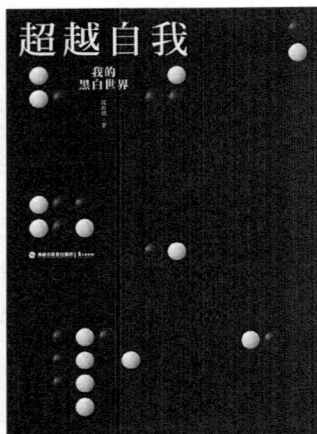

　　我小时候经常想，能有一个地方，让我们一起下棋，棋手在一起讨论，但那时还总觉得这是不太可能的。今天这幢楼，我说这是我梦想的实现。

　　或许，还有一段关于日本围棋的描述，也非常有价值。今天热爱围棋的中国人，也不可不知：

　　你能说将日本围棋的希望寄托于藤泽秀行和坂田荣男？不可能的吧？人到了高峰总要一点一点下去。现在超一流棋手正在高峰，总要一点点下去。

日本围棋爱好者一眼看去，白发苍苍的谢顶的居多。六十岁、七十岁都有。而中国下棋人，一看都是大学生等，都很年轻，二十岁左右下棋的人很多。我感到日本围棋好像中国的京剧，中国京剧看的人不多，大多数是老人。日本下围棋当然比中国到剧场听戏的多，但年轻人确实几乎没有。

　　日本社会娱乐的东西太多了，年轻人喜欢轻松、喜欢玩，下棋苦，又花功夫。中国没有那么多玩的东西，棋正处于兴旺发达的时候……

　　我庆幸曾经这样将他们的话语记录下来。多少年了，作为记者和作家，我做过，也读过很多访谈，类似他这样的祖露心怀而又思虑深远的，还真不多。或许，也只有围棋，或者那个时代的围棋，才会让这样一批有着敏锐思考和真知灼见的围棋官员浮出水面。

　　我从事围棋报道的时间，仅仅是 10 年零一些日子。其后，去北京看望祖德先生的机会渐少。不过，即使和围棋界有一些距离，我却依旧生活在围棋给予我的

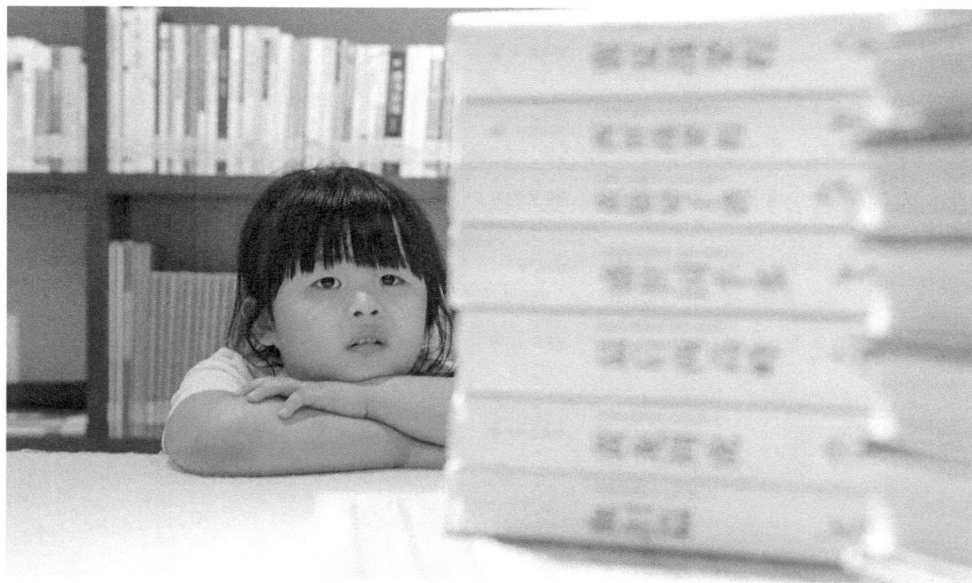

在中国棋院杭州分院图书阅览室，我将陈祖德遗作古谱精解大系搬上棋盘准备拍摄时，一个女孩过来，久久不愿离开

思想恩泽之中。访谈写书的那一年多，以及以后与祖德先生多次采访获得的益处，成为我用之不竭的财富。

前年，得到了祖德先生整理围棋古籍的新书《黄龙周虎》和《血泪篇》。看到他的亲笔题词和签名，眼前便浮现出那时他清癯苍白的脸，黑边眼镜，一边思考、一边叙说的神情。代祖德先生寄书的朋友说，祖德先生正在医院里，再一次和病魔作战。病床旁，还在口述对古籍的解读分析。

病魔战胜他了没有？没有。他一生最后的作品是八大本古籍精解。棋手也是斗士，与生命的搏斗中，一生都在争取赢棋。祖德先生赢了一局又一局，赢下了面前所有的棋。他把所有的事都做完，把所有的心得都告诉后人，这才绝无"出师未捷身先死"的遗憾。

围棋使命已达。他嘱家人将骨灰撒入黄浦江，随江流奔赴长江大海。

祖德先生 1959 年开始职业棋手的训练。跑马场已经改建成为人民广场，留下了靠近黄陂路的部分建筑，少年陈祖德曾经在旧时南边看台上的屋子里学棋。北边钟楼式建筑和裙房，建成了上海图书馆。每至午休，他便走到隔壁钟楼里，借书阅览。

他说：

"我最喜欢的作家是杰克·伦敦。他的《一块牛排》我读过许多遍。人生最艰难的时候，老拳手汤姆·金的形象就在我身边。"

2012 年，陈祖德先生逝世后杂志约稿；2023 年 12 月修改

仰望天空

临近年末，西伯利亚寒流袭来。我下乡的农场所在五大连池一带，茫茫飞雪。

晚上，气象预报说，那里的雪停了。手中正有上世纪 80 年代的《围棋天地》，我在读程晓流的回忆文章。聂卫平下乡时，曾经在冬日，去找程晓流下一局棋。

聂卫平在农场很少下棋，因为棋力相当的对手难寻。老聂带到北大荒的围棋子，也被人打架时随手拿起，掷向对方而撒落一地。

在下乡第三年冬天，聂卫平曾经横穿农场，找到少年时的棋友程晓流，被传为美谈。

山河农场是一个大农场，四分场偏于农场一隅，九分场在农场另外一角，聂卫平来回足有二百里。冰天雪地，零下三十多度，即使艳阳高照，不管是搭乘拖拉机还是走路，都得冻成冰棍。

据说那一局棋也普通得不能再普通。他们成名之后，两人都说，谁都想不起来这棋是怎样的。

在聂卫平全盛的时候，曾经和他有一场长谈。

他说过："我一到黑龙江，就有一种天高地阔的强烈感受。无垠的荒原，无遮无盖的蓝天，和瑰丽的日出日落景象，给我强烈的震动。当我重新坐在棋盘边上的时候，就会感到棋盘更广阔了。"

同为知青，我曾经为老聂这一番豪情感动。也曾经写过文章，赞美他的老知青情结。他抬头，是一片蓝天，四望是一片白雪。走在路上，似乎更会催生他的想象。他毕竟看到了城里人见不到的天空。

在北大荒，每个知青都会不止一次仰望北大荒的天空。我在水利队当测量员的那些日子，孤独时时袭来。一同下乡的同学远在四十里之外，周日去那里的草房里坐坐，聊一阵天，回家时，天黑得早，经常一路夜行，抬头可见星空。

北大荒无霜期不过三个月多点。漫长的冬天，天穹离开地面非常近，星空也比低纬度的南方更为璀璨。在月亮没有上来的时候，迢迢银河，悬在天空，星光多少光年才能传到这里？无数颗星缓慢而雄伟地在银河中移动。非常容易地辨别出北斗七星、牛郎织女，所有的故事，所有的绘画，都没有这庞然的星空美丽……雪反射着星光，洁白如水，漫过原野，茫茫一片。静立的行道树和行走的我，都没有影子。万籁无声。走到旷野，听到了远处阵阵狼嚎，并不惊惧。杨树和桦树的细枝，柞树叶子也在轻风中低语，棉胶鞋和雪的摩擦，也像鹁鸪在叫。

那几十里走完，口罩已经冻成硬壳，帽子和眉毛上凝着冰凌。望见夜色里，若有若无袅袅的白烟。人才慢慢活泛起来，知道帐篷里火炉燃着。

同样是走路，我知道走到终点的那些帐篷，并不是我的久留之地。我们看到了星空的美丽，却觉得宇宙的高冷。大多数知青最后萦回于脑海而不去的，还是悠远的天体时间中短促的个体人生，宇宙无穷大中的生命有限小，即使初中生没有高中生那样"深刻"，也会感叹，"人不过是一粒沙子"。

或许也会向往，向往开头很温暖，自己有一天会回到熙熙攘攘的上海，不过温暖之后便是迷茫，那个城市是不是还属于我？

知青对于下乡，有预设的使命，不管我们承受多少不必要的困苦和委屈。我们，特别是高中生，很久都不相信，青春属于我们自己。同为高中生的程晓流说过，绝望之中，他曾经放弃了下棋。

北大荒的冬天，是知青刨粪积肥、上山打柴的时候。刨粪非聂卫平所愿，下棋才是他的最爱。他在阳光照耀下，走向了自己最爱的围棋。

这可能是京城少年的高傲，我更愿意看作是自我的一种觉醒。

聂卫平心中有棋，可以置预设使命于不顾，对自己未来拼命追求。他还相信，如果可能，他一辈子都愿意和棋在一起。因为爱棋，聂卫平看到北大荒的天空和我们不一样。我看到了夜空，聂卫平看到了晴空。都是"天高地阔"，聂卫平还在天空中联想到了棋，他有一颗渴望在棋盘上飞翔的心。

对围棋有特别研究的学者沈君山说，聂卫平在北大荒是进行左右脑黑白对决，自然是一句趣话。不过，他说出了聂卫平在农场心无旁骛地沉浸在围棋中自由自在的状态。在北大荒，偶然对局，便会感到"有棋下"的幸福。程晓流说，聂卫平在农场经常读棋谱，自己和自己下棋，自问自答。这种蛮不讲理的学习，使他回到北京，棋力不退还长。

1972 年回到北京，那一年，聂卫平 20 岁。他有时间追求高质量的竞技生命。他到"三通用"，去找那些正在务工的国手"七君子"。他们是熟人，聂卫平少年时，曾经和他们在一起下棋。

聂卫平突然感到棋力在猛长……

今后有人写中国当代围棋史，一定会将自 60 年代至上世纪末的棋手划分为三个时代。陈祖德和吴淞笙时代、聂卫平时代、马晓春等擂台赛崛起的一代新人。

这是中国围棋团队生命周期关键的三代人，每一代人，又都有属于个人的竞技生命周期。回头再看对聂卫平的访谈，他说过，一流棋手在 23 岁之时棋力暴涨，"咕嘟咕嘟"冒泡。

陈吴、聂这两代棋手，虽然年龄差距不大，都经历了"文化大革命"。被下放到北京第三通用机床厂的"七君子"，陈祖德年纪最大，"文化大革命"开始 22 岁，年纪稍小的四人，曹志林、华以刚、邱鑫和黄德勋正好处于老三届的年龄段。

他们先后在 1964 年至 1965 年进入国家队。知道当年中国的棋开局容易落后，于是学习、创新和突破，都集注于布局。中日围棋对抗赛阶段，他们准备了两种布局，对角星和桥梁形，都可以快速进入中盘。陈祖德因此布局，战胜了日本九段棋手。日本高手将桥梁形布局称为"中国流"，中国流大获成功。

此中获得的经验还来不及深化，"文革"已经来临。他们强烈希望"抓革命促生产"，继续他们的研究，结果被大字报一阵围攻。下放时，围棋不过是工余自学，多是互相之间交流。他们失去和日本棋手对局学习的机会，也失去国家围棋队教练队员共同研究的氛围。

被称为"围棋种子"的这七个人，很大一部分时间，都在关注振兴中国围棋这个当年难以承受之重的使命。劳动占去了他们最多的时间，工余便给总理和陈毅元帅、给各省的老干部写信，希望他们振臂一呼，恢复围棋项目。

中日之间对局中断，全国比赛不再进行。国家队已经解散。在农村田野、工厂的车间里，他们错过了棋力可以暴涨的最佳时间窗口。

1973 年，围棋项目恢复时，陈祖德已经 29 岁，年龄最小的黄德勋也已经 23 岁。他们像饥饿的人扑在面包上一样扑到棋盘上，他们当然知道在完成快速布局的研究之后还应该继续探索，而且也知道棋局之大，有的是研究空间。可惜在这个年纪，他们的棋风已经接近定型。

尽管他们还有"第二春"，陈祖德30岁时第三次获得全国冠军，吴淞笙于1978年33岁时，在中日围棋赛的三番棋中战胜日本牛之浜撮雄九段。不过在他们的蹉跎岁月，日本围棋正在衔枚疾进。至70年代，日本出现一批超一流棋手，遥遥领先于世。

他们在前几年围棋最艰难时代的呼吁，已经被急骤变化的时代回应。复兴中国围棋的使命，已经高于棋手个人的盘上竞技。他们对于中国棋类活动新局面的开拓，便是他们退出一线后人生价值所在。

陈祖德、王汝南和华以刚先后出任中国棋院院长，建设了世界棋手都羡慕的生态环境。曹志林领衔编辑了《围棋》杂志，赵之云成为中国重要的围棋文化研究者，邱鑫担任上海队的教练，他们人人都有围棋技术书籍出版……

他们是新中国围棋最重要的一代棋士，陈毅元帅擘画的围棋蓝图，在他们手中初步完成。一代又一代的棋手，在他们开创的道路上前进。

甚至没有长久的等待和寻找，围棋竞技接班人聂卫平很快就出现在他们面前。

他是一个很有趣的人。

聂卫平不喜欢文学，不喜欢音乐，仅会应酬式歌唱《北国之春》。不喜欢篮球足球，他当守门员，会一把抱住进攻队员。不喜欢看电影，开会时还问邻座那时有名的演员李秀明，同志你在哪里工作。不喜欢去迪士尼这样的游乐场所，进了门走了几步就问出口在哪里……

他痴迷于游戏中的胜负，无比痴迷。

在授予聂卫平棋圣的仪式上，他挨了国务院副总理方毅的批评。他和黄德勋比赛吃饺子，聂卫平吃了94个还输，因为黄德勋多吃了1个。后来和黄德勋下棋，有一阵什么样的优势都输。方毅当年是围棋协会名誉主席，批评完了补上一句，我们有责任保护你们。

某日，在外地宾馆的走廊中，聂卫平一时无事，便想起可以拱猪，有牌在，他便出门找人，找到了两人，三缺一，正好我走过，他说，过来打一会牌。欣然落座，很惭愧，我还不知拱猪。老聂便三言两语说明白了。接着说："你和我一伙，输了我们钻桌子。赢了他们钻。"拱猪也需要技术，打了两副，眼见有人过来，便起身让贤。

后来老聂果然钻了桌子。周围人便闹哄哄说"等一等，等一等"，跑着去敲摄影记者的门，两个镜头对着桌子底下，闪光灯嚓嚓，他从桌子之下抬起头来，便说，再来再来……

少年队进了集体宿舍，都不喜欢洗衣服。一个小孩告诉我，聂卫平去了一家工厂，一对十多人，下车轮战好几个小时，聂老师为我们扛回来一台洗衣机。

也曾经想过，北大荒严酷的自然环境，克服艰苦的生活对棋手的成长如一幅杰作的底色，画作没有底色不行，但是底色不是完成稿。

聂卫平是知青中的棋手，又是棋手中的知青。

他不是某些人认为的大漠好汉，而是城市英雄。围棋是人群中的艺术，职业棋手的土地是高水平的对局和研究，他们的天空是围棋蕴含的棋道。他由北京下乡，又回到北京，生活在国家队里，受到全国的鼓舞，聂卫平的北大荒生活才体现了优势。

1974 年，关西猛将宫本直毅九段率领日本围棋代表团访华。聂出场四次，前两盘负于苑田勇一七段和业余棋手村上文祥，第三盘才胜了连战连败的久保胜昭二段。当时宫本直毅连胜六场，最后一场聂卫平终于战胜了宫本。这是他第一次参加国际比赛，也是第一次战胜日本九段。

1976 年，聂卫平战胜藤泽秀行、石田芳夫等当时日本超一流棋手后，曾一度成绩平平。聂在 1984 年访日比赛败于赵治勋、武宫正树和加藤正夫共 5 局后，曾反省道："我输给他们，并不是棋力有差距，而是心理状态有差距。知道棋没有差距，就是一个进步。相信战胜他们的日期不会远了。"

果然，在以后不到三年，聂通过擂台赛和其他国际比赛，将这些日本棋手全赢了。

在那时，他已经意识到自己的围棋使命就是赶上日本最前面的人。只有最高等级的比赛才能体现他的使命：以胜利体现古老的文化在新时代的弘扬。

聂卫平奇迹般地在中日围棋擂台赛上连胜 11 局，结束了三届擂台赛。成为全国人民的英雄。他那时 36 岁。从黑龙江回来 16 年。

孟子说过："充实之为美，充实而有光辉之谓大，大而化之之谓圣，圣而不可知之之谓神。"章祖安老师教我这一段时说，人格美是有层次的。我们不妨借用一下。

"充实之为美"，陈祖德一辈棋手，以突破性的战绩，告诉世人，我们已经有自己的现代围棋观念。中国棋手以"快"充实了围棋之美。

"充实而有光辉之为大"，中国棋手终究会发出光辉，进展至"大"的境界。时代决定了这位代表性的棋手是聂卫平。

天之大是人类共同无解的忧愁。吴清源说过，围棋来自天文，或者说观天的工具。便可视围棋天然浓缩了自然，观天所感慨的人生之道亦可由围棋来象征。天之大，朗朗高远，冷峻深邃，其蕴含之意，无比广阔。然观天之人，时时会感到自己正站在地上，所谓天道，亦是人道。棋道的内涵天然属于人间，自有生命的温暖。视觉可感其形，手指可触其温，忘我手谈可听到彼此心跳。只有高段棋手，才会相信棋之大，浓缩了天之大。

擂台赛时，聂卫平出场，我们多有中国队赢棋的盼望。老聂的棋好在哪里，我不知道。印象深刻的是在对局室里集体性的评论："浑厚""气势"。以及他赢棋经常是两目半。

我记得郝克强先生深入研究过聂卫平。

老郝是上海交通大学的地下党员，这位水利工程的理科生，在大学中"联系群众"的方式就是和同学下棋。到北京后，三进三出《新体育》杂志。1979年，他第三次回到《新体育》编辑部，去了国家围棋队。

聂卫平曾经向郝克强倾诉，职业棋手棋下得太少："日本棋手一年要下四十盘棋，而中国的好棋手，一年只能下十几盘棋，仅仅参加全国比赛，盘数太少了。"

郝克强想，日本棋手的比赛，多由报纸举办，被称为"新闻棋赛"。他出面，上下联络，办了"新体育杯"，这名字还是吴淞笙取的。后来，他密切观察中日对抗赛中，中国棋手的成长，令他想办一个具有"振兴"色彩的"决斗性"比赛，他于是和日本方面联系，举办了中日围棋擂台赛。

老郝自称是"最佳观棋者"。某场比赛，日本棋手依田纪基下完棋，特地向老郝致敬："郝先生，你在旁边看棋，比我坐的时间还长。"

老郝的"观棋"经常观出了一些道道。第二届擂台赛，聂卫平在箱根与强九段山城宏对垒。比赛前一天，棋手一起吃饭，山城宏吃到中途，便退席，说明天大赛，我得回去准备一下。老郝就想，明天山城得输了，因为他心理压力太大了。

聂卫平胃口不错，在吃生鱼片。真是满不在乎。老郝就想，聂卫平可以赢了。

郝克强对棋与人生有极为独特的认识：

> 一盘棋就是一个人生。我当然指那种拼命竞争的棋，那种棋的内容，真与人生有许多相似的地方。而且人只能死一次，而棋中的人生却能反复体味。

听到"人只能死一次"的话，心就怦怦剧跳。再看老郝，他神态自若。

在上海图书馆，在《围棋天地》和《明报月刊》发黄的纸页上，再一次阅读了老郝多篇专文。他果然说过，聂卫平的棋有三点好处：大局观强，透视度深，形势判断精确。

其中大局观这一优势，提纲挈领。唯胸有全局，才能把复杂的形势看清，深度透视双方变化的长度。如此，聂卫平已经将中国人对棋道之美的认识，推进了一大步，无论开局和中盘，以及收官，他的棋都在一种非常均衡的状态。他的棋理认识，最早来自他幼时的老师雷溥华、过惕生，在老一辈棋手中，他们受日本影响，偏于棋理。

大竹英雄曾经以新十诀更新古代的围棋十诀。其中"让棋盘更广阔"一诀极为精彩，"广阔"就是"大"。大竹说，棋手需要随时将整个棋盘尽收眼底，有出息的棋手，不要老是在过去的棋中寻找着法，而要在别人没有到过的地方发现棋。那样才有无穷的快乐。

超一流棋手都有过发现的快乐，唯有大竹英雄说了出来。大竹英雄是在谈自己的体会，我经常错觉，那就是老郝在说聂卫平。那时老聂的棋，常令人耳目一新。有一次曹志林将老聂的一着"嵌"说成是"飞来石"，讲棋时好一阵得意。

一度因为颈椎病，我便接受朋友的劝告，去南汇海边拍鸟。一行美丽的琵鹭拍着翅膀，越过头顶。长焦镜头中看得到大鸟的眼睛，鸟儿好像也在看着我。

忽然想到聂卫平。曹大元说："聂老不是普通人。"他的大局观，有飞鸟一样的自由度吗？

中国围棋的"光辉"在哪里？聂卫平是当年对棋道认识最深刻的一位。他说过，不要忘记棋的境界。有大境界才可有大视野。而大视野，往往就体现在细微的感觉。

　　境界这词儿，好像我们平时所说的"思想"，或者以前曾说的"世界观"之类，是比较抽象的。棋手与棋手的境界，我觉得有很大的差别。比方说，同样是六七段，或者七八段的棋手，境界就不一样。一个棋手，棋的水平已到了九段，但他和超一流棋手之间会有一些微妙的差距，有的差距很小一点儿，偶尔也能胜超一流棋手一两盘，在别人眼里看甚至差不多。……你看到这边大，那边小；他也判断这边大，那边小。但是在虚的地方，显得敏锐。人们认为是正常的应对时，他就发现这里有机会可以利用。……境界具体到棋局上，就是这样的微妙。境界，是对围棋的理解，是对围棋的认识。即使在棋局上表现出很细微的差距，从境界上看，却是大的方面，在思想上还不够。

　　一些年轻棋手之所以难于超越超一流的棋手，问题不一定在棋的技术上，而是在境界上，尽管境界未必看得见摸得着，但它存在。

　　我想，很重要的因素，还在于棋手本身的素质。要想成为一个出色的棋手，超一流，甚至比超一流更为出色一些的，他首先得有出类拔萃的思想，有高人一等的想法。如果要达到这个境界，不光是棋路上的思想，各方面的思想都要比人高。……棋如其人，人一定要到高境界，棋才能到高境界。现在年轻棋手，棋的技术是到了很高的地步，但人的素质跟不上，所以棋很难再往前进步。

　　中日围棋擂台赛前后绵延足有十二年之久，围棋成为世界性的竞技项目，中国棋手进步之快前所未有。

　　中年之后，聂卫平的身体已经不能承载棋战长时间高强度的负荷，不断因为缺氧而出现昏招。而他对自己前五十步体现的大局观，依旧非常自信。

　　聂卫平的竞技生命周期激发了多多少少后来人。他理所当然是那个时代所有棋手，或者说青年人的楷模。

　　马晓春等一辈人，正在崛起。聂卫平点拨了年轻棋手，又被年轻棋手赶上。

当年的年轻棋手大多数出生在上世纪 60 和 70 年代。学棋的时间，大致始于上世纪 60 年代末期和 70 年代初期，其中以 1973 年前后学棋为最集中，他们是"文化大革命"晚期中国恢复围棋活动的首批成果，活跃于中日围棋擂台赛的中后期。

"文革"后棋手的最大短板，仅仅是太年轻。超一流棋手的围棋生命周期极为严酷，如果过了一定的年龄，没有境界，没有名局，追赶者排着队出现，很快就会湮没于棋史。那一代棋手的幸运也在他们走上国际赛场时还年轻。他们还有足够时间丰富自己的人生，以过人的努力，及时提升境界。

更为幸运的是，那时中国的围棋氛围，便是世间绝无仅有。那是热血沸腾的时代，令棋手不进取也难。

聂卫平回忆：

> 在中日围棋擂台赛举行的时候，我还得益于中央领导同志的关心。尤其当年邓小平、胡耀邦同志，他们的话很有气魄，对我有很大启发，对我的境界的提高也是一种激发。
>
> 比如第二届擂台赛，中方只剩我一人，日方有五名棋手，一对五。在我还没上场比赛时，邓小平同志问清了当时的形势，只讲了两个字："哀兵。"一般人总讲"哀兵必胜"，但邓小平讲话一向简练，说到此为止。"哀兵"就是当时的情况，后来就不必说了。
>
> 我理解，他就是觉得你有赢的希望。当时我只感觉到一种伟人的气魄，给了我很大的鼓舞。记得胡耀邦同志当时还讲了一句："哀兵是哀兵，可惜太少了。"可能他觉得要赢得艰苦卓绝！在擂台赛关键几场，下完之后，邓小平同志让秘书打电话来祝贺，给以鼓励和支持，这都给我很大的帮助。你想，中国其他的体育项目，哪有这样的厚遇？这种鼓励给我增添了许多力量，第二届战胜武宫那次，打完电话，还约时间吃饭庆祝……

似乎是个人的经历，说的却是特殊时代中国围棋生态的巨大背景。国家围棋队共享了领导和全民的关心。视野自然会变得宽阔博大。

戏剧评论家徐城北当年的一篇文章，至今读来依然有启发：

第二届中日围棋擂台赛，作为主将的聂卫平力挽狂澜，连胜日本五员棋手，1987 年 4 月 30 日，在东京击败日本队主将大竹英雄九段。到北京机场欢迎聂卫平凯旋的有（左起）国家体委主任李梦华、人大常委会副委员长阿沛·阿旺晋美、国务院副总理方毅、国务院秘书长金明。程晓流摄

1988 年 1 月，聂卫平到山西大学参加围棋活动，大学的老师学生争睹聂卫平。程晓流摄

体育比赛有两种境界，第一种是单纯求胜，谁的分多谁就有了一切；第二是先求道，再用道去求胜。年轻人习惯第一种，中老年人和知识阶层喜欢第二种。许多报纸介绍过，夏衍、冰心喜欢从转播中看体育比赛，他们已不大关注输赢，而努力分辨谁的姿态更美，谁的技巧更得当。萧乾前些年还经常让年轻人陪着，到足球场去看比赛。但他从不关注谁和谁比赛，哪方用什么手段打败了另一方；他特别注意看台上的年轻人，他力求从年轻人的心态中，分辨哪些是浅显浮躁的，哪些是沉着刚毅的，然后从对比中领悟那最高级的东西——道。有了道，再去求胜，自然就一本万利，势不可挡。反之，单纯为了求胜而拼命，伤元气，蚀老本儿，即使暂时得胜也长久不了。

徐先生的文章没有特别说到围棋，再读一遍，便知句句与围棋有关。

马晓春这一代棋手也不容易。小小年纪，几乎都在全国人民的关注下，在严厉的国际比赛中输过棋，伤痕累累，又在喧嚣中忍受孤独的煎熬。谁不是在失败中领悟棋道之美、之大、之深刻？他们没有躲在角落哀伤，而是仰望天空，自觉地反省自己，任热泪流淌。

和陈祖德、聂卫平一样，他们把每一盘棋，都当作生命的一部分来对待。

中日围棋擂台赛上，中国棋手一共胜了七届。聂卫平终结了前面的三届，比聂卫平年轻的钱宇平、马晓春、曹大元和常昊终结了后面四届。马晓春、俞斌、常昊、罗洗河，获得了中国最早的围棋世界冠军。

他们精神世界的天空丰富多彩。23岁的马晓春写出了一本非常有人文价值的技术著作《三十六计与围棋》，由棋局，一步步解剖了中国式谋略。俞斌深知人工智能的原理，是北京邮电大学的学生，很早就在研究计算机围棋。罗洗河是中国围棋软件绝艺的技术顾问。而常昊竟然运用福尔摩斯探案的手法，阅读出对手棋中的蛛丝马迹……

这一代棋手的精神天空，已经开放。当他们的视野由天空转向棋盘，仰望便成为俯视。棋盘更大了，棋道已经溢出了棋盘，他们的"大"和外部世界有了更多的联络。

他们是一个群体。是"充实而有光辉"的一群。

还记得聂卫平告诉我的一个故事：

一位爱棋的解放军战士，读到报纸上中日擂台赛的消息。找来棋子棋盘在军营默默自修，某夜感到"修炼成功"，便从军营翻墙出来，摸黑坐上火车，来到北京。

他说他有很多独到的"发现"和对棋经的特别体会，他不愿让其他棋手分享他的秘密，哪怕是九段高手，只想亲口告诉中国最好的棋手聂卫平。于是他在老聂家门口等着，熬到傍晚。

他们聊到晚上 10 点。战士滔滔不绝，聂卫平听着长篇大论，默默无言。

最后，聂卫平与他下了一局棋。

老聂知道这棋根本下不成，可是这漫长的空谈只能以下棋来结束。战士兴奋莫名，跃跃欲试。

聂卫平在棋盘上摆了九颗黑子。战士惊愕："难道我是初学者吗？"

"先下着，你胜了我，再减子么。"

聂卫平落下最后一枚白子，说："你只活了一个角。"

——指点。看似黑乎乎一片，走下去是累累的死棋。

战士低垂着头，满脸愧色。他本以为和聂卫平下棋可以记录下来，流传四方。

"或许，在你们的部队里，你下得最好。"聂卫平说，"不过，下好棋确实是很难的事情。"

战士低着头，老聂接着说："你的战友，正在为找不到你着急。快回去吧。如果你的首长为难你，那你就给我写信，我会为你作证明。"

那位战士大概相信了高手在民间，围棋可以自我修炼。殊不知全世界优秀棋手不多，长棋全都围绕赛场进行，他们身经百战，被输棋教训，然后再一次奋发。而聂卫平只有一个。

很怀念那个稚气未脱的战士。他在北京的深夜里走向火车站，满心必是失落和委屈。

把这一盘棋当成一堂深刻的哲学课就好啦：棋道的无限大和个人认知的有限小。

等等，你慢些走……你要继续爱围棋，你还没有见识围棋的美丽呢。

重写于 2023 年 12 月，2024 年 4 月 14 日改定

孤独的心

棋手孤独吗？要看是谁，要看是什么时候。

那时候，国家围棋队还住在训练局，我和曹大元九段的交谈，在他和杨晖的宿舍里。他谈到了孤独，便和楼中其他运动员作比较。

围棋手和集体项目的选手是不同的，他的一切都是由个人在"承包"。他或许会得到队友的支持，但是，在桌子面前坐下下棋的毕竟是他自己。在他的胜利和失败时，能与他分享快乐和悲伤的人是不多的。你是在下棋的人，而你的感受和你的战友是不同的。你对胜利或失败的认识，和观棋的人是不同的层次的浅深。特别是在输棋之后，最深的遗憾总是在你自己的心中。这不像球赛，比赛结束后，所有上场的队员，你的教练，都会互相安慰，在球场，总是有一些人的命运和你一样。一场比赛的痛苦被一些人共同分享，这痛苦就会减少一些。

围棋比赛，从竞技的角度来看，就像欧洲当年决斗的勇士，永远是单打独斗的。

曹大元的话，说出了棋手心中特殊的孤独。当一场大比赛到来的时候，将要出场的棋手，无论是吃饭睡觉，都会想到这一盘未下的棋。棋手的生活都会被这一局棋打乱。他不由自主会离开群体，不光是他的身，还有他的魂。

一场世界比赛前，我曾在中国棋院见到第二天要出场的棋手：马晓春无所事事，在楼梯上走上走下；常昊躲在一个小屋中，一个人看一本不相干的棋谱；周鹤洋在训练室中，一会儿看这个的棋，一会儿看那个的棋……虽然没有什么反常，但总不如日常自在。他们预先进入了孤独状态。

大赛中，在对局室中下棋的棋手，既在和对手"手谈"，似也在和外界交流思想。只是，这种交流在赛时总是单向的。他下出的每一步棋，就像向浩淼的太空发出的声音，哪里敢期望得到战友和观众的回声。钱宇平说，他在比赛中，不会感到观众的存在，只有对手在回应他。胜负场上对手的回答，每一着棋都要猜想，都要解析，越发令人感到孤独。

不少棋手在赛后，总要找人倾诉。双方复盘，和对手或者伙伴讨论。或许能够解脱孤独。不过更多的棋手，喜欢在赛后独自一人在室内回味自己的棋。他们知道这将会增加自己的孤独感。特别是输棋的那一位。

在访问曹大元的时候，大元正处于棋艺生涯的嬗变期。在中日擂台赛上出场三次，三次败北。第三届，曹大元出场遇到四连胜的山城宏，黑棋以五目半大差落败。他后来说："输给山城宏那天，我在东京街头整整走了一个晚上。那时，正好是平安夜前夕，东京街头满是悬挂着彩灯的圣诞树。所以，一度圣诞树是我不能再见的一种存在……"

一个失利的棋手，在心中承受的是双重的痛苦，不仅是对自己在比赛中的失误深深的遗憾，还在于机会的消失，难以弥补。棋手不得不面对自己的技术和心理，进行反省。没有人能够代替他的自我解剖，他必须自己为自己包扎伤口，批判自己。然后再为自己鼓起勇气来。

棋手的孤独确实残酷。但是，谁又能逃得过呢？

1974 年，围棋重新开始全国比赛，赛场在四川成都。当时中国最好的棋手是陈祖德九段。当比赛进入到第二阶段的时候，后起之秀聂卫平连胜五局，而这时陈祖德四胜一负。接着，22 岁的聂卫平获得了向陈祖德挑战的机会。这一局聂卫平输了。他犯了一个十分简单的错误，这局棋仅 81 手就过早地结束了。

悲壮的一幕出现。围棋教练刘骆生当时在同一个赛场参赛，他后来这样回忆：

晚饭后，棋赛已过去了八九个小时，多数人难耐七月的成都傍晚时分又热又闷的天气，房间里的蚊子又猖狂，纷纷上街散步凉快去了。忽然有人发现，聂卫平正一个人呆呆地站在运动员住地，成都饭店背阴处一个人迹罕至，杂草丛生，蚊虫乱舞的墙根前默默地沉思着，全然不觉那乱舞的蚊子，持续有半个小时，好多棋手都目睹了聂卫平痛苦反思"面壁"的情景，没有人上前去劝他离开。

十二年后，聂卫平已经成了一个超一流棋手，他的《我的围棋之路》中选登了这一盘棋。题目是《刻骨铭心的惨败》。聂卫平经历了孤独，走出了孤独，战胜了孤独，习惯了孤独，超越了孤独，他就不再孤独。

经受孤独，或许是每一个少年天才的必然一课。

1972 年，年轻的棋手姜国震受命组建浙江围棋队。1974 年，招到年仅 10 岁的马晓春。马晓春是嵊县人，家乡在钱塘对岸，难免孤单。他年纪小，又老是赢棋，让一起学棋的孩子心中不平。冬晚，有大孩子将一件军大衣罩住马晓春，几个小朋友便轮番过来打他几拳。

姜国震闻讯赶来，自然虎着脸找这些孩子谈话，安慰了马晓春。

过了几天，姜国震查房，见到马晓春床头的棋书不见了，只是几本小人书。他以为马晓春受不了大孩子的挤兑，不再用功。他欲取走小人书，这才看到他给马晓春留的棋书还在。翻开棋书，看到这个细心的孩子没有间断读谱，且在书上留有记号。闹事之后，马晓春又看了不少页。姜国震这才放心。

马晓春课后在哪里读书。姜国震没有问。只是继续为马晓春找棋书读。

四年后，马晓春进入国家队。又五年，成为九段棋手。

在杭州采访的时候，偶遇姜国震教练。他说完，便用眼瞪着我，好像在问，你们记者知不知道，知不知道。

曹大元终究走出了孤独。1994 年举行的第九届中日围棋擂台赛，曹大元听说这可能是最后一届，立即报名参赛。轮到自己出场，面对的又是连胜刘小光、陈临新的山城宏。他的"苦手"，他难以越过的"山"。擂台赛中方团长郝克强说：愚公每天挖山不止，曹大元每天爬"山"不止。他失败了，不灰心，一个劲儿地往上攀登，总有成功之日。他到时候了，该赢了。

开局后，曹大元一反平常棋风，弈得积极主动，并毅然与山城宏进行了沧海桑田般的大转换，温和的曹大元招招玩命，拼得厉害。实际上山城宏的形势一直不错，但被曹大元气势镇住，缓手连发。最后，曹大元以一又四分之一子优势取胜。

1994年曹大元在第九届中日围棋
擂台赛上海锦江饭店的比赛中，
连胜山城宏九段和片冈聪九段，
喜上眉梢

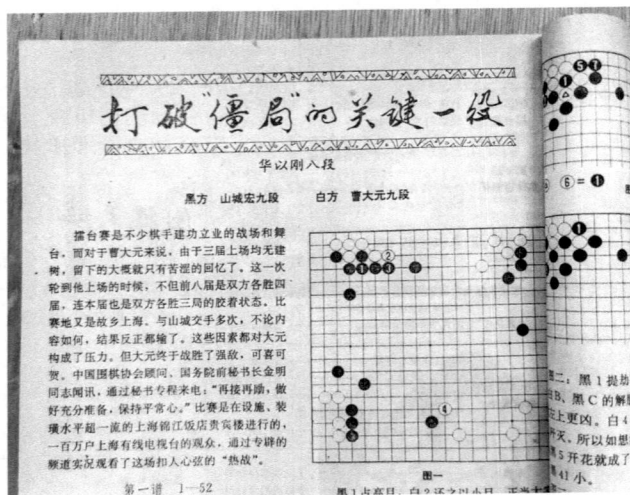

中国队领队华以刚八段在《围棋
天地》发表长篇棋评

　　围棋既然是艺术，就有创造在内。艺术的创造，有个性的特点，围棋棋手，
需要在共识之外，拥有自己的东西。另一种孤独，艺术创造的孤独就会进入到棋
手的生活之中。任何原创的东西，一开始总不会被别人理解，创造者会忍受失败，
并且很难与人交流。一直在追求围棋的艺术个性的棋手，出自内心世界的主动追
求，必然要度过一段又一段的心灵孤独的时候。

　　创造的孤独，在艺术个性中的孤独，对于棋手来说，会有审美的快感，常会
感到愉悦。有这样的愉悦在，创造者就不会感到自己孤独，而且在精神世界的无
边的空间中获得了解放，心灵便能够很自由地飞翔。他会有发现的惊喜，也会因

曹大元退出第一线之后，担任山东围棋队总教练。并在山东省体委的支持下，兼任西藏自治区围棋协会名誉主席、拉萨棋院名誉院长、名誉总教练。这是他在山东莱芜和西藏拉萨，和喜欢围棋的孩子在一起

思想的实现、个人能力自我承认而骄傲。

不过创造中的棋手，经历不短一段和外部世界脱离的时间。在常人的眼中，他们就会成为不修边幅的一族。

钱宇平在 1991 年，击败当时世界最强的棋手小林光一之前，就有一段很悲壮的日子。我到训练局大楼，走进钱宇平的宿舍，曾非常感慨。在他战胜了小林光一之后，我将他那时的孤独写了出来。

到北京，常去看钱宇平。三楼，转弯，钱宇平独居一屋。他小时头大，因而被唤作"钱大"。如今钱大，棋也大。时常在国际比赛中赢了"超一流"，让世人惊骇。他单人居住，这在棋队相当特别。"苦行僧"是最恰当的称呼。棋顺时，他兴致勃勃地折磨围棋，哗哗翻棋书，啪啪打棋谱，乐此不疲。若是久思不解或大赛将临，棋就来折磨他，即使在深夜梦中，也会被棋唤醒。

旁的棋手，尚有俗人凡性，怕钱大与棋作如此的"欢喜冤家"，纷纷避居他室。因此钱大屋中另一张床，仨人不会长久。那张空床上零散放着三个沾满灰尘的空酒瓶，这是与棋互相折磨得死去活来难以入眠的见证。独居也好，放下百叶窗，关门落闸，他就是棋，棋就是他。

去访他，进门差一点踢上一对哑铃，沉沉的。钱大说，脑子累了，练练手劲。看这哑铃放在当道，怕是为了忘却的提醒。而屋里确有被遗

115

忘的。右边脸盆里有一件委曲地揉着的衬衣，早已"开局"，泡湿很久了，星星点点撒了不少肥皂粉，至今尚不及"收官子"，不知到哪天才能洗净。又看床上，被单皱巴巴的，被子像是叠过了，堆在角上，好似一块煎歪了的油豆腐，被面和被里不知何时分了家，主人也无暇顾及。有个书架，棋书散散落落，主人无心清理。倘有人问及某某人与某某人某局某阶段如何激战，钱大必应对自如。

室中一桌，桌上两棋罐已近空的。黑白子皆混作一团，乱堆于棋盘之侧，钱大端坐，居小屋正中之"天元"，面前没有棋手，唯有棋盘。我问钱大是否寂寞，钱大说"搞不清楚"。我想也是，他的世界中唯有棋，还有什么寂寞不寂寞呢？

出门，回顾小屋，感到有一种奋斗的沉重，不凡的悲壮，像是老道大侠暗中修身的山间茅屋，又似制造秘密武器的实验室。他何以对棋钟情至此呢？古人所谓枕戈待旦，所谓卧薪尝胆，原也不过如此吧？

一早一晚，钱大例行散步里许。这时他与凡人无异：眼镜、洁净的衣服、光光的额头、厚厚的嘴唇和一头永如猬毛般直立的短发。他有谦和的或是没遮没拦的大笑，甚至过于拘谨地面见生人。但我知道，他的心还在那小屋里。

钱宇平是做事很发狠的人。他和小林光一一共有两次值得纪念的较量。

一次是在1985年，第一届中日擂台赛上，那时，钱宇平还不满20岁，与小林光一的比赛走得十分激烈，满盘吃与反吃，钱宇平在长时间中处于下风，到最后的时刻，他签字认输。场外的高手，却发现钱宇平有可能暗渡陈仓，柳暗花明。

钱宇平出门一看参考图，非常后悔，大喊一声，奋力拉开上衣，纽扣一粒粒地飞迸。后来剃了一个光头表示耻辱。

1991年，在富士通杯半决赛，又一次向小林光一挑战的机会到来的时候，钱宇平极为投入。常常夜不能眠，他眼望着天花板，在头顶上会出现一个棋盘。他就在幻想小林光一走什么，我走什么，一步步一直到终局。所有的可能都算计到，他常常到十分疲乏的时候才睡去。

后来钱宇平赢了小林光一。

当年小林光一战胜了不少中国棋手，唯聂卫平赢过他。钱宇平是第二个战胜小林光一的中国棋手。华以刚八段在《围棋天地》的评论中说及：当天下午3点，正在央视准备讲棋，他和在日本大阪现场的陈祖德九段通电话一致认为，面对行棋绵密的小林光一，没有发现钱宇平的黑棋有明显的失误

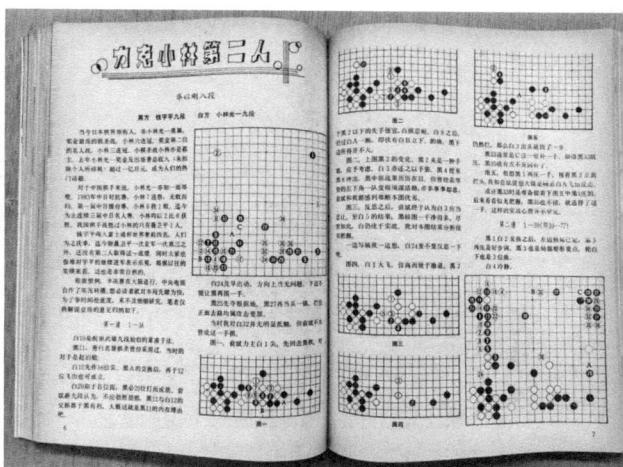

　　他对妈妈说："在比赛收官时，小林光一下出的棋，我全知道，我下的棋，小林光一就非常茫然，常要很仔细地算了又算。"钱宇平说，这时候他感到很快乐。

　　四个月后，小林光一来到中国，在胜了"中日天元赛"之后，又一次地提到了钱宇平的那一盘棋。平时极为自信的小林光一一再说，钱宇平的那一盘棋下得真好。

　　钱宇平的艺术创造被承认了，他胜小林光一的一局，已经成为当代名局之一。

　　处于创造的状态中，孤独是必须的。在生活上的孤独，又是棋手应该及时摆脱的。棋手如果在日常生活中一味因内向，而远远地离开群体，必然会伤害自己的心灵。钱宇平在日常生活和棋之间，过于绝对，以致失衡。这就是他经常头痛的由来。

　　有时候，身边有一位女性竟然是最好的。

　　常昊的妈妈，作为常昊的最好的"朋友"，经常将常昊从孤独中拉出来。常昊妈妈很注意儿子的情绪，在少年常昊输棋流泪的时候，妈妈经常陪伴在他的身边。他的妈妈在培养常昊的性格方面所做的努力，不会比教练在常昊的棋艺上所花的功夫要少。后来，扮演这个角色的还有他的妻子张璇。

　　家庭式的交流，能够使人获得创造以外的交流，并不能舒缓棋手创造中的孤独。

棋手会主动去寻找志同道合的朋友。常昊住在国家队宿舍时，曾经和大哥俞斌一起研讨棋局，两人以方便面为"赌注"，一共下了四百多局棋。常昊说自己长了棋，俞斌也说收获不浅。

或许这不是偶然。当一代大师出现的时候，常会有知音相伴。清朝的施襄夏和范西屏互为敌手，互相激励下出了《当湖十局》这样的传世名局。吴清源在日本苦苦追求棋道的时候，和木谷实几乎形影不离，开创了"新布局时代"。木谷实在日本乃至世界棋界的最大功绩，是以他的道场为基点，集聚了一个少年群体，他们长大，成一个由不同风格的超一流棋手组成的群体。棋手在个性的创作之时，可以走出孤独，更直接地获得艺术上的交流，在一种类似家庭那样更生活化的环境中获得对自己棋艺的肯定。

知音难求，如果对方没有相应的水平，就不能成为知音。1997 年 7 月，有一场比赛引起了很多人的关注，这就是常昊和李昌镐的中韩天元对抗赛。比赛的胜负是人们关注的一个方面，但是这场比赛更有意思的是文化的侧面。常昊在中韩天元三番棋的最后一局痛失好局而输给李昌镐，满城人都在为常昊而可惜，但是，行家却在赛后说，常昊的远大前程是可以预期的。这当然不是说，常昊的等级分在中国居第一；也不是说，在比赛中，胜了世界第一李昌镐一局；而是常昊的才能和素质，在这场中韩天元赛之后，会获得更高的评价。中国老资格的围棋评论家华以刚在评论常昊和李昌镐这几局棋的时候，用了一些不平凡的词，"代表当代世界最高水平"，他们两人是两国围棋的"少帅"，常昊"有一种对自己有信心的强烈的自我暗示"。他还说，像他这样的老将，还要"仔细地咀嚼，回味，理解"他们的棋。这是不是"华老"的故意谦虚呢？不像。记者在观战室中，不断听到聂卫平、王汝南等前辈对这几局棋的啧啧赞叹。

天元对抗赛期间的一个晚上，李昌镐和弟弟李英镐走进了常昊的房间，李昌镐对常昊说，明天，棋就要下完了，在闭幕式之后，是否能和你一起去玩一玩，谈谈心？常昊说，好啊。李英镐在北京读中文，常昊和李昌镐都会一点日文，大致能沟通。但是后来为了谈得畅快，还请了翻译。他们玩了保龄球，还喝了酒，直到凌晨 2 点才回旅馆。

常昊对李昌镐有吸引力不是在今天，李昌镐曾多次对常昊有这样的表露。在这两位棋手在棋盘上相遇之后，这种互相的吸引力就成为交往的现实。这不仅是小男孩之间意气相投的浪漫，更是李昌镐对常昊棋艺的承认。

李昌镐在当时世界棋坛上处于独孤求败的地位。战胜了世界上几乎所有的棋手之后，抬头四望，周围一时已没有高峰。他也需要和人交往，但是曲高和寡，他的水平太高了，和别人交流就有困难。李昌镐的棋很平淡，就像一幅清丽的水墨，在寥寥几笔中有很多的韵味。这就比欣赏浓笔重抹的油画要难。他一直没有同龄者能够与之唱和。现在中国有了常昊，常昊在比赛中能够懂李昌镐的棋。无论是在对局时的"手谈"，还是在比赛后双方复盘的讨论中，双方的观点相当接近。这是棋手高度悟性的表现，成为他们之间十分了不起的交友基础。

在观战室，画家阿仁在听到这件事后说："他们是在互相寻觅知音。"阿仁的感受，说出了两位少年艺术上的互相欣赏。围棋毕竟是竞技，要从胜负世界进入艺术境界，首先要有高度的胜负感，要在胜负上超越众多的棋手。否则，在残酷的胜负世界里，这艺术就有点虚空。常昊有了李昌镐，才会感到棋无止境，永远不敢松懈，不断会去追赶。李昌镐有了常昊，会时时提醒自己警惕，不会陶醉在领先的梦中。这也是胜负世界对于顶尖棋手的严格要求。

这是超越国度的新境界，在新闻记者长期以中国棋手的胜利为胜利的观棋思想之外。而这又正是几代棋手为国争光而使中国围棋在世界上重新崛起的必然结果。

不由想起几年前日本著名棋手武宫正树在一次大赛前接受采访时说的话，他说他是"世界主义"者。当时以为他怎么一点也没有为国家荣誉而战的思想。现在，有一点能够理解了，在追求围棋艺术的道路上，真正能够"心领神会"的伙伴是何其少啊！一位超一流棋手要将自己的境界提高，必须要将目光投向世界，和全世界的优秀棋手为友。知音难觅。武宫正树的"宇宙流"或者"自然流"的高手知音好像现在还没有出现。武宫先生还在"独步"。尽管早几年，藤泽秀行就说，

常昊和李昌镐在联谊活动中碰杯

能够流传下去的棋，在我们这个时代，可能就是武宫的棋吧。武宫正树在生活上有不少朋友，但在棋的深度研究上，他们多数是欣赏者而不是实践者。

李昌镐和常昊就幸运得多。他们的友谊可以不断有佳话产生。看他们下棋，有着不一样的兴奋。依然希望常昊会赢，但是如果李昌镐输了，也会有一点遗憾。我们是否也有一点"世界主义"了呢?

我被他们清纯的情怀感动了。如果可以，那么无论输赢，我都要拥抱他们两个，先拥抱输棋的那个，再拥抱赢棋的那个。为了他们曾经的孤独，也为了他们还要回到孤独中去。

写于 1999 年，2019 年初春、2024 年初夏修改

闰年·9月22日

闰年在老法上讲都是些特别的年份，大概总会有什么事要发生。是祸是福说不定。

有一个青年记住了闰年不是因为他迷信，而是在相隔四年的两个闰年中的9月22日，他都遇到了不平常的人生大事。

1992 年 9 月 22 日

刘钧从国家训练局的大楼里走出来，穿过体育馆路，走向41路车站的时候，正是这座大楼最安静的午休时。他是一个人离开大楼的，他不愿让更多的人来送他，一个少年围棋手，离开了国家队，毕竟不是什么令人高兴的事。

17岁的他，瘦瘦的，有着1.84米的身高，正午的太阳把他的身影缩成短短的一截。汽车来了，他向这栋大楼投去最后的一瞥。

他留恋这里，他是从全国的棋童中经过专门的比赛才进入国家少年队的，当时他还不满15岁。走到这一步，他努力了七年。在他短短的人生经历里，训练和比赛成了他生活中的最重要的部分，7岁，因为他在算术上老是得100分，被送到闸北金蕴中教练那里，两年之后，他成为上海体育俱乐部体校名教练邱百瑞和谢裕国的得意门生，他的棋艺潜力像喷泉一样爆发出来。三年时间，他从业余10级升到了5段，又过了两年，他升到了职业二段。

他有一些围棋的记录本，是他在一次小学的比赛中得来的奖品。当时，发奖的是棋评家曹志林。曹志林说，如果你们能够在记录本上记下5000盘棋，你们一定能成为九段棋手。孩子们都神往地笑着，以后别人可能忘了，刘钧一直记着这句话，那时起刘钧开始将自己的对局记下来，每当比赛结束，他会一个人想刚刚下过的棋，如果越想越有意思，他就用心地将对局默写出来。他在学棋的日子里，记下了 11 本棋谱，共有 550 盘棋。进了中学，到俱乐部下棋的时间少了，谢裕国教练常常借一些书给他，于是，刘钧就在做完功课之后，一个人静静地在棋盘上探寻那些大师们无拘无束的思想。这使他成为少年棋手中的领先者。

他还依稀记得，谢裕国教练在送他到北京时，对他说，国家少年队是个流动性很大的地方，每年都有选拔，每年都有人会回来，你可要努力啊。

他是在 1 月中知道自己在这个闰年会有事的。国家队体检，发现刘钧的心脏异常，他的心脏结构与常人有别，有校正型的大血管转位。刘钧在小时候就知道自己的心脏特别，但是他不会想到这会改变他的一生。国家队立刻用电话通知了上海棋院，上海棋院又通知了刘钧的父母。他做了心电图，做了超声心动图，但这些常规的检查搞不清病因，于是医生说要开刀做心脏导管检查。这是创伤性的检查，需要家长的签字。刘钧是父母的独子，这两位老实的工人就赶到北京，住在那个地下室的招待所里，陪着儿子到阜外医院。只是在大腿上切开了一个小小的口子，检查就完成了。不久报告出来了，为了将心脏问题彻底解决，医生建议动手术，但是床位紧张，如果有床位，就通知住院。

父母回到上海了。正是"少年不识愁滋味"的时候，下棋还是读棋谱，刘钧觉得什么也没有改变。

转眼就是 6 月底，1992 年的全国段位赛开始了，队里给棋手们买好了到哈尔滨的火车票。刘钧已是职业三段棋手，他在上一年就有可能升为四段，只是在最后两局没有下好，今年升段是不难的了。本来在下午就要上车，但就在这个上午，医院来了电话，说有了床位。接到电话的国家队副总教练罗建文找到刘钧说，还是去看病吧。刘钧说好。刘钧就没有去哈尔滨。

这一天，他一言不发，他是一个内向的人，这时更是沉默，吃了午饭，他一个人走开了，直到载着同伴的车走了后才回到宿舍。

两天之后，刘钧入院了。30 多岁的刘医生对刘钧说，手术将在下周进行，刘钧通知了家里，父母又一次来到了北京。

病房里有很多过去闻所未闻的事。同一病房的一位心脏病人，20 岁，正是血气方刚的时候，但在进手术室前，也会紧张得一夜没有睡着。刘钧想到了自己可能也站在生死的门槛上。这时的天气依然很热，医生让手术后的病人将刀口露出透气，刘钧看到了在他们胸口长长的粉红的像一条爬虫似的伤疤，令人触目惊心。他想自己可能也会有这样一条伤疤。

第二周，医院没有一点动静，刘钧有一点急了，就去问刘医生。刘医生说，医生们还要进行会诊，手术要缓一缓，从报告上的资料分析，你的心脏功能没有什么不好，是否要手术还要进行讨论。后来就是不断的查房，不断的检查。主任医生最后决定，刘钧无须开刀，在 7 月中旬可以出院。

刘钧出院的时候，国家队的棋手们正好从哈尔滨回来，他们个个都很高兴，王磊从三段升到了四段，常昊从四段升到了五段。而刘钧白白在医院中度过了两周。接下来是全国的个人赛，刘钧在心中总有一点事，下得不好，6 胜 5 败，名次在 30 名上下，而在上一年，他是第 13 名。

刘钧想，可能会有什么在围棋队等着他，果然是这样。在个人赛结束后的第二天，国家围棋队领队华以刚将刘钧喊去，办公室里，还有国家少年队的教练吴玉林。华以刚在说话之前，先沉默了片刻。他带着一点隐痛，作为一个棋手，作为一个上海老大哥，他都为刘钧可惜。刘钧在棋队有"活的火车时刻表"之称，列车到站时间只要读过一遍，就可以背到几点几分丝毫不差。棋队另一个"活的时刻表"是马晓春。刘钧很用功，心无旁骛，从来不在电子游戏机边消磨时光，他的手中，永远是一本棋谱。但是，华以刚又是棋队的一位官员，免不了要有一番公事公办。他说："医院告诉棋队，你今后不能参加激烈的活动，否则后果可能不堪设想。棋队研究了多次，很可惜，你要回地方了。"

刘钧是一直在准备接受这句话的。他是棋手，他知道，看起来下棋是如此文静，但在重大的国际比赛中，长达六七小时，棋手的心跳都在 110 次以上。在这里，失望是不用掩饰的，他低下了头。

华以刚和吴玉林还说，如果身体许可，棋可以继续下，在安排上有什么困难可以到北京来找我们。

刘钧走出办公室的时候，非常难过。这时，棋队在赛后放假，没有安排。同室的余平和杨士海都很关切地来问，刘钧不愿待屋里让人同情。在常昊、王磊等一帮好友的帮助下，托运走了行李之后，他就整天不在宿舍。他毫无目的地走到一个车站，就坐上公共汽车，从起点站坐到终点站，再原路坐回来。他要独自一个去想一想，他的今后将怎么办。他在车上，只是想事，目光散漫，很木然地扫着那些老北京都没去过的偏僻地方，现在还记得京城的东边，有"康家沟"这样陌生的地名。

当京沪特快在 9 月 22 日向上海飞驰的时候，这种"怎么办"的思考，越来越现实了。在上海，他念到初三，中断了两年半学业，再回去和弟弟妹妹们做同学？走上社会？学电脑？学外语？谋取一个饭碗？

不，他爱围棋，他还要下棋。但是……

这时，他才体会出，国家少年队的生活像天堂一样美好，在 21 世纪饭店，听聂卫平讲解马晓春对小林光一的棋，借来吴清源和坂田荣男的书，一个人静静地去找个角落津津有味地打谱……在这里的两年半，他用去了 5 本棋谱，记下了自己 300 盘棋。现在这些棋谱就放在他的行李里面，与他一同回上海了。

在离开棋队以后，每当他重翻这些棋谱，心中都有一种刺痛的感觉。

从一个闰年到另一个闰年，漫长的四年

回上海，刘钧走访一位位对自己的成长有过帮助的老师，尽管他可能不再下棋，但是老师不可不谢。他百感交集地走进了上海体育俱乐部，去看他当年的教练邱百瑞。在那里，他遇到了黄孟辰。这位上海邮电大厦的经理，正在受命建立一支青少年的围棋队。黄经理说，老总的意思，队员要在围棋上，有领先的水平，而更重要的是人品要好。

邱百瑞向黄孟辰推荐了刘钧，在少年棋手中，刘钧的人品和棋品都好。黄孟辰向大厦的汪总经理作了汇报。刘钧很快成为大厦的正式员工。大厦是一个十分

忙碌的单位，但是总经理交代，不安排刘钧的具体工作，刘钧出去比赛就是代表大厦，要保证刘钧自己看棋谱的时间，希望他能下好棋。

这么偶然，这么顺利，刘钧感到幸运又回到自己的身上。

在这四年中，刘钧的所有时间都花在棋上，他每天有 3 到 5 个小时在看棋谱，另有 3 到 5 个小时在下棋。刘钧在上海棋院借到了日本的围棋杂志《棋道》和《日本围棋年鉴》，如果有熟人去日本，他必然会求人家帮助买回日本最新的围棋书籍。后来又看韩国的棋谱。中国的棋谱更不在话下。他天天潜心在棋

刘钧退出一线队伍后，多次获得业余全国冠军。并获得了业余棋手最高的称号 7 段

中，几乎读到了世界上最高等级棋手的所有棋谱。

他听人说，赵治勋对围棋的热爱已到了痴迷的地步，三两天不摸棋，就像生了一场大病。现在刘钧也是这样。1995 年，刘钧因为关节炎而住院一个月，回到家里，拿起云子放到棋盘上，听到那清脆的声音，就像老友重逢，有一点熟悉的陌生。他狠命地打谱、下棋，一周后才回复到与棋生死不离的那种感觉。

他退掉了专业段位，以业余棋手的身份重又参加了棋战。他从"刘钧三段"成了"刘钧业余 7 段"。"7 段"，是业余棋手的最高段位了。

有时候，他会遇到那些过去的国家队的队友，如常昊、王磊、罗洗河等，不免有一点羡慕，也有一点自卑，总是感到自己在围棋上还没有做出什么。出去比赛，会有人对着他啧啧地惋惜，如果刘钧还在国家队，那么，聂卫平、马晓春收徒弟不会是六个，而是七个。但是命运有什么可以怨的呢？

刘钧想过了，难过了一阵子，也就过去了。他不会怪罪围棋，相反感谢围棋。如果不下围棋，人生就没有波折了么？

刘钧又增加了 4 本自战的棋谱，四年的历史就浓浓地缩写在这里了。

1996 年 9 月 22 日

这一天，是刘钧最难忘的一天。他住在韩国汉城最豪华的五星级饭店新罗饭店。上午 10 时，他走向金碧辉煌的对局室，在这一天，世界职业围棋赛"三星火灾杯"将在这里进行第一轮比赛。世界上最强的高手全在这里，32 人中，只有他一个人是业余棋手。他也是所有世界职业棋手赛唯一的业余棋手。

一颗不知名的小星和围棋的明星在世界比赛中照面。他的对手是韩国的徐奉洙九段，"多料"世界冠军。中国的惯例，专业九段要让业余冠军两颗子。

年初，刘钧在全国业余围棋赛上连胜 10 局，夺取冠军。3 月里，他看到一条消息：韩国有意要办一个新的最大世界围棋比赛，为了让更多的棋手参赛，将在本赛之前先举行预选赛，世界各国除了有正式名额外，还给 46 个预选名额。破天荒的，给世界业余锦标赛的冠军留下了一个名额。刘钧的心一动，这是千载难逢的良机。只有国家的业余冠军才能参加世界业余锦标赛，在中国，只有他刘钧有这个机会。

5 月里的世界业余锦标赛在日本的长野进行，在头几轮对手"业余"得可以。到第四轮，他遇上了韩国李庸万 6 段，中盘战胜。第五轮，是中国香港的简莹 7 段，中盘战胜。第六轮，上届的冠军日本平田哲 7 段，刘钧胜了 4 目半。刘钧以为已经杀败了最强的对手，不料在第七轮遇上了"海外兵团"，加拿大棋手于志琪 6 段，对手从开局一直领先，刘钧埋怨自己放松得太早了，立即抓紧反击，终于在官子阶段逆转，胜了 3 目半。他以 8 战全胜获得了世界冠军。

中国队领队华以刚证实了韩国方面将会向世界业余冠军刘钧发出预选赛的通知。果然在 7 月，通知寄到了中国棋院。8 月里，刘钧和其他 7 位中国棋手登机去韩国。一共三轮，刘钧拿的都是白棋，刘钧的对手十分强硬，李东奎七段、洪钟贤八段、李圣宰三段，刘钧把他们都赢了。其中李圣宰是韩国有名的新秀，他是赵治勋妹妹的儿子，棋风强悍。刘钧只胜了半目。精明的棋手在裁判点目之前就知道了输赢，与刘钧同龄的李圣宰一脸的凝重。刘钧想，可能开始他以为我是业余的，有一点看轻我吧？过了中盘，他就有点急了。但是，"英雄莫问出身"，棋盘上也一样。

预选赛结束了，本来刘钧的目标只是在比赛中多下几盘，没有料到，46人淘汰了32人，而他出线了。

韩国的记者十分勤奋，他们立即找到了刘钧。刘钧成了这一天的新闻人物，刘钧的名字，用汉字写的，出现在韩国的报纸上，但那些报道内容刘钧就读不懂了。晚上，在电视上，刘钧见到了自己的镜头。

终于，在9月刘钧又到了韩国，这一回是参加正式比赛。刘钧算了一下，要走进新罗饭店的赛场，从国内到国外，他一共下了21局棋，幸好他全部都胜了。

在昨晚的开幕式上，棋手的抽签是用电脑的，当抽签的棋手按键时，在屏幕上就出现一只手，用三个手指夹着一枚棋子"啪"的一声击打在棋盘上，在这时，屏幕上就会出现棋手的照片和简历，还有悠扬的音乐。他抽到了徐奉洙九段，遇到强手，这在他是必然的，在这个赛场中，不可能有弱的棋手。当所有的棋手抽签完毕一起站到台前时，刘钧感到一阵激动，也很自豪，他站到了"世界强手之林"中，他紧贴着中国棋手，身边，一位是聂卫平九段，一位是俞斌九段。

他从来没有参加过世界职业赛，也从来没有和世界超一流棋手在比赛中下过棋。刘钧在对局室里，轻摇着一把小林光一题字的扇子，他猜到了黑棋，他将第一手棋放到了右上角的星位上。随后走出了两连星，徐九段走的也是两连星。

可能是面对一位陌生的业余棋手，而双方的开局又是很平凡的，徐奉洙在40手和42手就走出问题手。刘钧察觉了，他的43手一镇，猛烈攻击徐奉洙右下的三颗白子。然后在中腹自然地形成了势力。在下边的53手和在右边的55手都是强手，黑棋虎虎有生气地紧紧逼向白棋，而白棋被断成了两截，生死未卜。

徐奉洙不由抬起头来，看一眼面前的对手。

到中午，徐奉洙用时1小时47分，刘钧只用了1小时11分。在观战室里的陈祖德九段对刘钧说，你的那盘，是中国棋手在8盘棋中最有希望的一盘。但是，当时的棋盘上，还是空荡荡的，胜利还很遥远。俞斌说，在上下两面，你要注意不能让对方围得太大了。

在这样大的比赛中，面对这样强的对手，要把握这样的局面，是很难的，刘钧一再提醒自己要小心。徐奉洙的62手，是长考了一个小时才落到盘上的。徐奉洙是在逆境中战斗的老手，惯于在防守中反击。在艰难时刻，他下出了72靠。刘钧犹豫了很久，73手往上长了一手。这一手棋，没有注意照顾自己的中腹，后来马晓春批评说，几乎损失了半手棋。徐奉洙的74手便在棋盘正中，向刘钧的"肋部"一击。本来只要防守得当，这样的一击仅仅是将局面引向复杂而已，但是刘钧的75手过于随手，出自不甘受欺负的本能，有一种愤怒还击的味道。对手的机会就来了。黑棋在中腹反而被攻了。在这里的交手告一段落，刘钧清点一下，损失了10多目。

这一局棋，最后刘钧输了5目半。"高者在腹"，这是多少年前的中国古人的教诲啊！在对局之后，世界职业冠军和世界业余冠军很平和地进行了讨论。刘钧合起扇子，指了指73手，徐奉洙点了点头。徐奉洙也将自己走错的棋一一指出，刘钧想，自己的眼力还不错，但是不知何时再能与他下一局棋。

"向高手学一盘棋"，这是刘钧本来的目标，所以，在输棋之后，他非常平静。况且在第一轮被淘汰的，还有马晓春、张文东呢。角色已经转换，他已经不再是棋手。第三天，刘钧走进第二轮的赛场，方才意识到自己已经是一个与比赛无缘的作壁上观的闲人，失落感陡生。他后悔自己在上一轮没有下好，身为棋手而在一旁看棋实在不是滋味。他下决心，在今后的每一盘棋中的每一个子，都不轻易落下。

尾　声

1997年春节过后，一年一度的新人王赛依然在上海邮电大厦举行，刘钧从楼上的办公室里走出来，走到二楼棋室里。这是青年职业棋手的比赛，但是主办单位邀请了刘钧，他是32名青年精英中唯一的业余棋手。

头两轮，刘钧以一又三分之一子战胜丁波五段，以四分之一子战胜当年的室友余平五段。在八强战时遇上了常昊七段，常昊可能在前两盘中胜得太轻易了，突然遇到了强手，有一点不适应，也可能在对局时有一段对自己"不能输"的告诫，心情有一点怪，结果是刘钧胜了这一盘。接下来是面对最近有特别表现的14岁小将邱峻二段。在十分紧张的时刻邱峻走错了棋，刘钧又胜了。决赛没有出现大的波折，他2比0战胜了王辉六段。

他获得了"新人王"。他慢慢地回到楼上，时候不早了，办公室里已空荡荡的。

刘钧对自己说，他，一个特邀的业余棋手获得了一个每个青年棋手都想获得的职业比赛头衔，一点也没有什么可奇怪的。自己的棋并不比别人好多少，只是在对局最紧张的时刻，比别人更有耐心，心情也要比别人平静。

他想对他们说：你们比我幸运，你们大多数依然在棋艺的天堂里，在闰年的9月22日，都没有什么刻骨铭心的波折。

他也想对自己说："我也比他们幸运，在我才21年的短短的人生中，生活的大书教给我的，要比别人多。"

棋如人生，人生难道不也像棋一样吗？

好好下棋吧！

写于1997年春。文章发表七年之后，2004年3月16日，在家中洗澡时突发心脏病昏迷的刘钧，被送到医院时已告不治。《围棋天地》重新发表了此文以纪念。

早行者的背影

还是两年前，AlphaGo 战胜李世石九段的时候，我忽然想，这些人，就是说谷歌 Deep Mind 团队那数十位博士，是不是全都热爱围棋？

他们都是科学家，他们热爱计算机科学，热爱将围棋当作平台进行的研究。不过他们之间只有极少数人非常热爱围棋。

一个老年中国人的面容在我的回忆中出现了。

我与他接触不多。不过在今天，即使挂一漏万，也得写一写他。

他是一位中国高级知识分子，对围棋极端痴迷的业余棋手。他叫陈志行。

他是狂热的围棋迷，不过，他注定不会成为出色的棋手。他有违于幼时学棋的规律，到 30 岁后才弃象棋而学围棋。

"文革"期间，下放农村，收工回来，他还摆弄围棋。

如果在一位文艺青年的笔下，会有着这样充满诗意的描写：在甘蔗田、芭蕉林里工作了一天，年轻的陈志行来不及洗干净脚上的淤泥，立刻在低矮逼仄的乡村小屋中，在简陋的板床上摆开一副棋子，找一位棋友，下起棋来……

真实的陈志行，并不将下棋当作消遣。他曾经这样描述自己的研究：

> 就像进行科学研究一样，把收集到的资料分门别类做成卡片。这种卡片是用小方格本或几何练习本裁成的，上面画了图、做了注解，其中很大一部分成为正面是问题图、背面是解答图的形式。这种工作一直做到 1977 年，带资料的卡片积累到七八千张之多。
>
> ……随着棋力的增长，我越来越感到围棋高深莫测，而自己智力不足，难以达到最高的境界以领会其无上的妙意。于是我独辟蹊径，结合自己所喜爱的"数字游戏"，研究外势相当于多少目、弱棋相当于负多少目

等问题，俨然形成了一种围棋定量理论。这种研究似乎没有使自己的棋力得到什么增益，却为后来研究电脑围棋伏下了重要的一笔。

下乡回来，他甚至要求去体委报到，哪怕做勤杂工，只要能够研究围棋就行。

无论是大学的人，还是体委的人，都很吃了一惊。简直是不食人间烟火啊！报告几番递上，又几番退回。陈志行重返中山大学讲台。他并不是只迷下棋不会教书研究的人。他是一个天生的教师，天生的研究者。他的学业是化学。量子化学、计算机化学都是他的强项，他发表过不少论文，还编写过大学教材，教学成果获得国家级优秀奖。

不过，他研究围棋之心不死。他说，以围棋为专业，即使60岁之前不行，"60岁之后就会是"。果然，这位在讲台上功成名就的大教授，1991年退休之后便谢绝一切研究和教学邀请，在家中开始研究计算机围棋。刚开始，陈教授买了一台xt电脑，花光了积蓄，第二年才有286。早期的计算机速度很慢，在键盘上点一下，陈志行便打一段太极拳，再看看机器下棋了没有。

一款名叫"手谈"即Handtalk的软件诞生，当年获得世界第六，第二年获得世界亚军，第三年，他开始夺取世界冠军，自此一发不可收，凡是他参加的世界电脑围棋比赛，大多数都是他获得冠军。

长期沉湎在机器和机器的对弈中，苦恼也因此而生。1995年，陈志行教授接受报纸采访，有这样的对话：

记者：假如你长生不老，你是否能够使你的程序提高到人类的最高水平？

陈志行：长生不老不现实。假如我还能像现在这样精力充沛地再干上20年，恐怕也难以使我的程序被我让九子能顶得住。

记者：计算机技术发展这么快，20年还不行吗？

陈志行：计算机的速度加快、存储量加大，这只提供了有利条件，还得有围棋程序方面的巨大工作，不断突破各种难题，程序的水平才能逐步提高。但在相对不太难的问题解决了之后，剩下的难题要突破就会十分

困难，那时程序的水平要再提高一步也就十分困难了。

这是一位诚实科学家的回答。我将此文从报纸剪下，贴在自己的资料本上，希望有机会见一见这位老先生。

1997年夏天，陈先生到复旦大学参加比赛。后来，我在长篇小说《名局》中再现了当时比赛的实况：

（夏之百）教练去大学是要看一场电脑围棋的世界比赛。他一直排斥电脑围棋，可能如他这样古代骑士一样风度的棋手在当代已经很少了。如果他去看这样一场比赛，那就不是欣赏，而是探听敌方阵营的虚实。

电脑围棋比赛是在最俭朴的场地上进行的，机器不需要浮华。那个教室最多的是插头和接线板，场地就像是一个巨大的蜘蛛网。每一个选手犹如一只趴在网上的昆虫，他们的面前是一个个电脑，这是大学提供的机器，内容死板，机械，外形千篇一律。不像人类的面部有着无数丰富多彩的表情。

赛场没有上好的龙井，没有巴西咖啡，没有中华烟和切成一片片的糯甜的哈密瓜。那些机器喝的是电源，吃的是软件。没有思想，只有行动。最后比赛结束，人们就能知道，真正的蜘蛛只有一只，而更多的都是那些被蜘蛛吃掉的最普通的飞虫，例如苍蝇蚊子和飞蛾之类。

在夏之百看来，电脑都是围棋的敌人，都是要探询围棋的秘密，继而将围棋的快乐杀灭的未来世界的探子。

这一段描写再现了当年计算机围棋比赛的场面。也有20世纪90年代棋界一些人对于计算机围棋的看法，当然也包括我这位旁观者的认识。在小说中还有一个游离于情节之外的人物赵子昂，就是比照陈志行先生的故事来写的。

那一天，当机器和对手机器连上电脑线，便自动下棋了。陈先生离开了"蜘蛛网"，和人聊天。在赛场，他说话简洁。我问他世界冠军为什么老是他。印象中他仅说了一句话："这些人中间，我的棋下得最好。"另外一个问题是，用什么单位来评估盘面，他回答了一个字"目"。这令人想到他做的七八千张"围棋研究"卡片，以及他想要将围棋盘面量化计算的努力。

谈话中断是因为某台计算机突然下出了"不可理喻"的一手。所有选手都聚拢去，他们又有一个问题可以探讨了。

陈志行教授这一次似乎没有拿到冠军，因为他正在修改程序。

2008年，从棋友处得知，陈先生得了重病，身体很不好。我打电话去问候，不免也问了陈先生一些电脑围棋研究的进展。陈先生因为生病，嗓音嘶哑，他的观点，与之前并没有什么两样，他说"手谈"的棋力，现在依然仅有18级……

就在这一年，他去世了。

造化从来不会期许研究者艰苦努力就可以成功。陈志行教授那一代研究者，观念和客观条件，都不成熟。他得到第一个世界冠军仅仅用了三年，而在此后十多年，却不能使他的程序再有大突破。

他站在当年计算机围棋的最高处，如在山巅，在内心肩负起领先者的重负。四顾茫茫，前面忽隐忽现，望得见更高的山头，因其遥远，便会感到身心俱疲。尽管在我印象中，陈志行先生永远睿智乐观，可是我忘不了最后那次电话中他嘶哑的嗓音。

他在研究中，已经猜想到围棋对弈中有形象思维存在。以后，中国与美国认知神经科学家做出了不起的实验，确认围棋对弈中存在形象思维。陈志行先生当然知道，当时机器和研究者的思路，都无法如人类形象思维这样认识棋形。

就在陈先生重病的日子里，使用新算法的法国计算机围棋程序MOGO诞生。法国的研究者发现，每一着棋都可以换一种方式数字化，不是占有多少空间，不是效率，而是某种形状取胜的概率大小。这就是说，计算机可以保留棋盘上的原始形状的模糊和不确定性。既然最好的棋手至今还找不出最佳一手，那么计算机也不必。他们将神奇而准确的"上帝一手"放在一边，只是考虑"这样下"有多少获胜的机会。只要选取可能的落子点，提取获胜的概率，一一比较即可。

现代社会不可能再有牛顿那样的孤胆科学英雄了。光靠个人热诚，夜以继日在作坊式的小空间内艰苦奋斗，必然不可能开拓创造的大风景。动用数亿资金才可能进行的实验开始了。AlphaGo 是一个由数十位博士组成的团队完成的。他们借助神经网络，在学习上获得突破，它学习了 3000 万样例棋谱，又经历了 3000 万样例的"自我学习"，终于积累了可击败一切职业棋手的围棋经验。甚至，其最新版本，还能够不借助棋手的经验，"自我学习"积累经验。AlphaGo 和李世石的对弈，使用的是 176 个中央处理器、40 个图像处理器，和 20 多年前陈教授的设备不可同日而语。在乌镇的比赛中 AlphaGo "柯洁版"所用资源仅为"李世石版"的十分之一，硬件质量又有明显的提高。

计算机围棋获得了飞速发展，从被棋手斜眼藐视，一直到战胜业余棋手，战胜专业低段……最终，围棋软件成为棋手心目中神一样的存在。

2016 年 AlphaGo 横空出世，人们往往将此看作是人工智能围棋的"元年"。其实，让机器下棋这一构想，是美国科学家香农在 1950 年提出的。至机器在棋盘上击败围棋世界冠军，已经有 66 年的历史。

新的研究思想，必然是对前一代研究者思路的更新。为了前进，必然需要抛弃。其间不知有多少研究者艰苦卓绝地探索，默默无闻地结束。这似乎是所有前驱者的必然命运。绝无意外，研究了又失败的，甚至还有诺贝尔奖的获得者。

第一代研究者便成为一群背影，渐去渐远。

在这些可尊敬的背影中，陈志行是中国人，围棋诞生国度的科学家。

有两年多，我一直和计算机专家刘知青教授在一起讨论人工智能和人的思维问题，陈志行和他的"手谈"，是我们的话题之一。刘教授这样说：

电影《美丽心灵》中下棋的场面。纳什由著名演员罗素饰演。

博弈论的著名学者纳什，诺贝尔奖的获得者，是一位围棋爱好者。这一下棋场面，是传记中真实记叙的艺术化表现。下一个电影场面是纳什因为用自己的思路下棋输了，掀翻了棋盘。

这一张图片是刘知青教授特地找出来给我的，他说："纳什证明了，对于围棋博弈双方，最佳的博弈策略是存在的。但是这只具有理论的指导意义，并不能直接帮助围棋对弈。换句话说，虽然我们都知道围棋的最佳博弈策略存在，但是没有人知道这个策略具体是怎样的，因此也就不能直接应用于对弈了。这可能就是他的遗憾与无奈吧。"

　　我也非常尊敬陈先生。陈先生是近代计算机围棋的真正创始者，做过两个版本的软件。我读过他写的书，2007 年初还曾经专程去他在中山大学的家拜访他，和他一起交流过计算机软件的问题，邀请他参加当年的全国计算机博弈锦标赛中的计算机围棋比赛。

　　他使用的主要的方法，是我们今天叫做专家系统的方法。所谓专家系统的方法，它就是把人类围棋高手的想法，试图转换成计算机的想法来下棋，也就是说他们研究的是计算机如何用人的方法来下棋。比如说识别一些形状呀，眼位呀，陈先生都有一些专门的论文，那些文章写得非常好，我受益良多……

　　将来的某一天，或许我们还会迎来新的专家系统时代。

很令人宽慰。至少陈志行的名字在科学界不会被遗忘了。他当然也不会被围棋界遗忘，因为他通过研究人工智能，意在研究棋道。

就像在天亮之后，我们还记得黎明前曾经照亮道路的街灯。甚至还记得曾经在子夜，在荒野，高举火把赶路的那一群早行者。

2016 年秋，2019 年初修改

昨晚出了新闻

昨晚出了新闻。

谷歌的计算机围棋程序 AlphaGo 与欧洲围棋冠军职业二段樊麾下了 5 盘 19 路分先对局，5 : 0 战胜樊麾。今年 3 月会与李世石来下。这个成绩加上棋谱分析，表明计算机围棋程序已完全接近职业棋手水平。计算机围棋程序主要使用了神经网络的方法，具体的细节还有待于阅读论文。

2016 年 1 月 28 日的早晨，人工智能专家刘知青教授发来这一条电邮。

消息已经在网络上引起了围棋爱好者的一些慌乱，因为大多数棋手和爱好者并不认为这个变化马上就会到来。在他们眼里，围棋代表了东方智慧，围棋是唯一不能够被机器打败的。打败了围棋，就是打败了人类……

我们，刘教授和我，讨论一年多的《对面千里 —— 人工智能和围棋文化》已经

樊麾二段

介绍 AlphaGo 的《自然杂志》

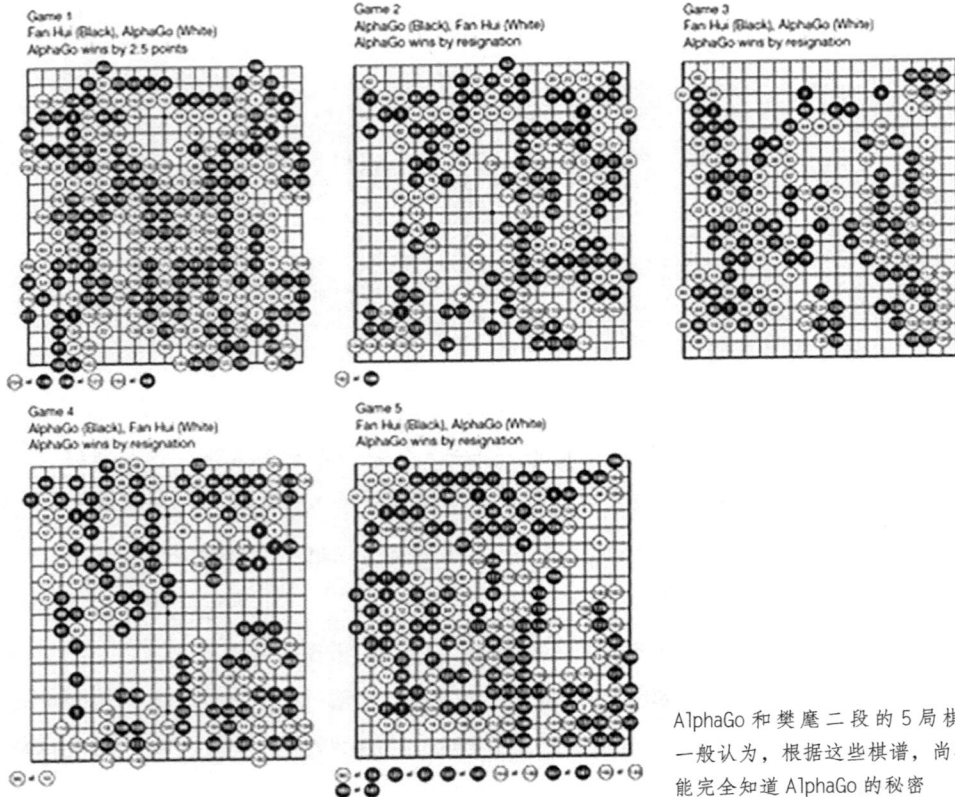

Game 1
Fan Hui (Black), AlphaGo (White)
AlphaGo wins by 2.5 points

Game 2
AlphaGo (Black), Fan Hui (White)
AlphaGo wins by resignation

Game 3
Fan Hui (Black), AlphaGo (White)
AlphaGo wins by resignation

Game 4
AlphaGo (Black), Fan Hui (White)
AlphaGo wins by resignation

Game 5
Fan Hui (Black), AlphaGo (White)
AlphaGo wins by resignation

AlphaGo 和 樊麾 二 段 的 5 局 棋。
一般认为，根据这些棋谱，尚不
能完全知道 AlphaGo 的秘密

在上海文化出版社进行三审。我们的书要想表达高科技时代人们对于围棋的认识，
似乎就是为这个新闻而写。书的最后一章《未来》，就是预想一旦计算机围棋战胜
了人类的最好棋手，人们会作何感想，围棋会如何生存。

我们曾讨论过是不是要对这本书做一些修改。刘知青教授再次发来电邮，他
确信：

我们书中的观点都是经得起推敲的，因为这些观点相对独立于某种
特定的技术。
唯一有疑问的是我们关于战胜人类的时间预测过于保守了。

在我们的书中，刘教授预计未来 5 至 15 年，计算机将会战胜人类最好的棋手，

可称作"围棋界的卡斯帕罗夫"。樊麾二段虽然还不能称为"最好的棋手",不过他既然迈过了"专业门槛",机器战胜了他,就是一个非常巨大的突破。刘教授相信,很快将会有接二连三的专业棋手被计算机战胜。

我们决定保留书稿全貌,这是我们在这个新闻到来之前的真实思考,而且必须在此时经受检验。

当然,我们必须重新写作一篇后记,作为谈话的尾声。

初识刘知青教授,便握手订约,共同探讨,几乎是片刻的决定。

和刘教授开始在网络可视电话中聊天的时候,有一种不可言说的兴奋,但并不知道最后会获得什么。在一个半月的时间中,经过5次,7个小时,有着充分准备的谈话,我们开始落实我们的研讨。

两人都知道了,我们跨入了以往围棋研究的空白地带,或许也走进了某些人文研究的空白地带。踽踽独行在旷野上,难免孤单,两个人就不一样了。

刘教授所从事的现代计算机围棋研究,给围棋文化研究吹来了一股清新的风,令人切实感受到:围棋的对弈和研究环境正在发生非常重要的变化。计算机围棋独特的思想和实践,是科学家对围棋真相步步深入的认识,虽然那时距计算机战胜最高棋手还有一些日子,但是走在最前面的人,已经可以遥望那个朦胧和神秘的方向了。

刘教授治学严谨,思想深邃,性格诚恳坦率。他是一位自然科学家,由于专业是人工智能,在哲学上也研究颇深。我们预设的主题是在围棋面前的比较人和计算机。这一探讨涉及范围非常广阔。围棋有没有"前身",如何理解"前身"和围棋"今世"之间的变迁。几千年来,棋手和学者解读围棋的种种尝试,以及如何历史地看待这样的尝试。人和机器是如何学习下棋的,教练和程序设计者的"教育思路"又有怎样的不同。围棋形状,如何通达语言,变成思想。机器的围棋思维和人的围棋思维……谈话过程中,经常有不同背景、不同视角、不同观点的碰撞。刘教授对未来充满着探索的激情,提出的不少超前观点,常常令我沉思良久。

刘教授在谈话中提到了中国科大和美国明尼苏达大学合作的一个研究。我们后来联系上了中国科大张达人教授,获得了研究报告文本。报告是神经认知科学家对于围棋和国际象棋思维的研究,明确提出在围棋对弈中的思维和图形有关联,并有形象思维在内。

生命科学已经一步走进了我们的谈话。两人谈话可称"对面千里"，在面对模糊、不可量化的围棋图形问题上，是"三面千里"：计算机围棋为一面，背景是人工智能科学；神经认知又为一面，背景是生命科学；最后一面，一条若明若暗的通路指向美学，其背景更加开阔，可以是心理学和哲学。

科学家已经为围棋思维作出非常重要的贡献，要将他们的认识让更多的人分享，需要有人与他们作"文化唱和"。这样的研究，并不是我所擅长。虽然在长达一年的写作过程中，有几十本书在我座位背后环状展开，不过在理论上百思不得其解时，还是不断去请教我可敬可爱的师友。

虽然棋手对弈时的形象思维非常特殊，不过，围棋是一门艺术无疑。围棋图形以二维空间出现，带有如绘画这样平面艺术的特点。同时，对弈中的棋局，还有时间维度，带有"情节"的过程，这非常类似小说、话剧这样的时间性艺术。形象思维在空间艺术或时间艺术的作品创作和欣赏中都存在。我们探讨的思维问题，敏感的棋手，在很多著作中都以自己的方式表达了看法。说明这一个问题，列出了马晓春、沈果孙和徐荣新、大竹英雄、石田芳夫、藤泽秀行这些棋手的思考，还用了藤泽秀行对加藤正夫的一局棋，以及钱宇平对小林光一的两盘棋作为围棋特殊思维的样本。

"三面"背景大不相同，最后却到了可以互相解读的地步。这是因为三方面都将围棋对弈当作人类思维活动的特殊的样本来看。围棋并不是三方研究者的终极目标，三方研究的真正对象，都是人。研究者又都无意或者有意将围棋当成中国文化的象征物，因此，研究围棋思维，也可以看作是研究中国或者东方文化某些特征的一条特别思路。

初稿仅有六万多字，说它是"丑小鸭"一点也不过分。

我们有幸遇到了上海文化出版社，一个恪守优秀出版传统的团队，于是一切都有了改变。

2015 年 8 月，上海书展，林斌总编辑在现场筹划此书。那一个中午，我们在书堆上促膝而坐，周围是书山书海，空气中弥漫着淡淡的油墨香，面前经过的是熙熙攘攘的爱书人流，非常浪漫，非常有象征性。

林总希望这本书能够体现历史的纵深，并希望大量使用图片。林总听说我上世纪八九十年代在采访围棋，便说，能不能多一些那个年代的照片？

我理解，林总希望突出探讨的社会意义。围棋的变革和发展，都是一定社会环境的产物，下棋人的思维和认识，必然带着时代和地域的印记。

于是搜集了 80 多份照片和棋谱，有了意外的收获。

林总最为感慨的上世纪八九十年代，确实也是中国围棋现代史上典型性时代中最典型的年代。我们在某本《围棋天地》的封底，找到围棋学者程晓流拍摄的一幅照片，中日围棋擂台赛在太原举行，当年的"小聂"，被人群包围，以致警察不得不为他开路"突围"。我们又在《围棋天地》另一期的封面上，找到当年的编辑，后来的中国棋院院长刘思明拍摄的一张照片，擂台赛在南京五台山举行，曹志林面对八千观众，站在篮球场用布条拦成的棋盘中间……

这是中国围棋的极盛时期，绝难重演。其影响，至今还在。

不少照片都是上世纪大棋士的。上世纪八九十年代，或者更早一些，国际上大师级别的棋士成批出现。日本二战后、中国"文革"后的围棋，都以出现超一流棋手为号召力和推动力。

很多照片，都留下了时间的侵蚀，带有沧桑感。面前走过一个个人影，很多今天已经垂垂老矣，有的已经过世。

将获得的图片和资料发给刘教授，引来了许多感慨。本书很多探讨，多以大棋士的观念和棋谱为样本。二战和"文革"令这些棋手有了一段蹉跎岁月，他们倍加珍惜在棋盘上的日子。于是生活，特别是人的精神生活，思想、情怀、向往和追求，很多都写在棋盘上。大棋士不仅有棋手本色，也是性格丰满和时代特征鲜明的人。正是在他们的身上，我们看到了文化的意味。

自然，大师说过的那些话，当时石破天惊，今天余音渐寂。在今天某些青年人看起来，那时候超一流的棋艺，也未必最佳。不过，这些依旧可以看成是人生的辉煌。即使计算机将专业棋手一个个击败，只要人们的生活还在进行，这些大棋士的技艺、纹枰生活和围棋观念，还会与时俱存，继续给人以启示。

当谷歌攻破专业棋手的时候，我又回想起这些故事。有追求和牺牲精神的，有人格魅力的大棋士，对于围棋生态环境可能变化的今天，更加重要。

刚刚过去 24 小时，刘教授深夜的电邮，对这一比赛作了技术上的分析：

AlphaGo 引入了深度神经网络（Deep Neural Networks）的新方法，来改善盘面评估和落子选择。

负责盘面评估的神经网络叫做价值网络；负责落子选择的神经网络叫做策略网络。这两种神经网络都是通过机器学习方法来训练获得的。

策略网络的训练是通过使用职业棋手的棋谱进行有监督的机器学习；价值网络的训练是通过自己与自己的对弈，根据胜负的结果进行无监督的增强性学习。

不加任何搜索，谷歌的深度神经网络已经能够达到现有蒙特卡罗树搜索方法所能达到的最高围棋对弈水平。在两种深度神经网络之上，谷歌又引入了一种新的搜索算法，把蒙特卡罗评估与价值网络和策略网络结合在一起。

可以看到，谷歌已把计算机围棋技术提升到了"专家系统"和"蒙特卡罗评估"之后的第三个阶段："基于深度神经网络的机器学习"。

这些机器学习的方法与人类的学习方法是完全一致的。在这个意义上，我们目前很难估计这些方法的瓶颈是什么。

刘知青教授再一次提到了神经认知科学家那个对围棋意义非凡的实验：

AlphaGo 的出现，在很大程度上验证了神经认知科学家的工作，因为 AlphaGo 所使用的深度神经网络的最大优势，就是处理图像识别，AlphaGo 也把围棋盘面作为图像进行处理，并取得了成功。

请注意刘知青教授这样分析："这些机器学习的方法与人类的学习方法是完全一致的。"而"很难估计""瓶颈"，说明 AlphaGo 的这些方法还有很大的空间。

在棋盘面前，机器和人在学习什么？我们在书中，引用神经认知科学家在报告中的一段话：

中美两国研究者另一引人注目的实验发现是：下国际象棋和围棋时，都没有用到之前科学家认为的与通用智力关系密切的脑区——前额叶。对于这一违反"常识"的发现，美国斯坦福大学的一位教授认为，这可能是因为多数被认为反映"聪明"的智能活动，其实主要是基于经验。

在书中，我们没有展开探讨。"经验"在哲学上有其特别的意义，没有深度领会哲学家的思考，不敢贸然说话。当谷歌在和专业棋手对弈中获得巨大突破时，使我们不得不仓促写下感想。

如果斯坦福大学那位科学家的推测成立，那么，他所说的经验，不会仅仅是棋手个人对局的体会。我们可以将围棋看成是一个非常有象征性的经验样本，数千年围棋史写满了经验，这才使围棋有了人类智慧的意义。我们书中探讨的很多问题，都可以从经验的角度分析。林总提示我们需要着力表现的那些年代，最能够看到棋手经验形成的过程，以及为棋坛积累经验的大棋士，是怎样的人。而且，这些经验已经越出了棋界，成为社会的精神财富。

曾经询问过参加工作的科学家，得知参加实验的，大多数都是业余棋手。因此，这一实验，可能没有包括创造力特别强大的棋手，不过，这一实验依旧具有典型意义。当围棋经验被计算机看作是一个巨大数据库的时候，任何大棋士的创造，只能是无边森林中的一棵树。在网络时代，棋谱已经迅速公开，几乎所有的对弈技术，一经在比赛中出现，都可以很快成为共同的经验。个人经验，即使是大棋士的创造，留下的更多的是精神和情怀，而在棋盘上发挥作用的时间越来越短促。

棋手和计算机都用围棋经验下棋，谁学得好，谁就能赢。如果说，人在对弈时必须要学习的是围棋技术那一部分的经验，那么机器学到的、处理的也是这些经验。而在学习的速度和质量上，AlphaGo具有非常大的优势。

刘教授的注意力，聚焦在AlphaGo的"学习能力"上，这是必然的。

这次突破可能最重要的影响，就是让我们更清晰地认知了基于机器学习的神经网络的能力，这种能力应该远远超出我们早期的预想。

这种能力将在不久的将来，应用在我们生活的方方面面，可以改变我们生活的方式和质量。

谷歌旗下 DeepMind 公司的 CEO 兼谷歌副总裁戴密斯·哈萨比斯（Demis Hassabis）和"深度学习"项目总监戴维德·西尔弗（David Silver）

那些聚在谷歌旗帜下的人工智能科学家，绝不是在搞一件网络游戏。他们并不将战胜专业棋手当作研究的终点。刘教授就说过，如果仅仅为了战胜专业棋手，那么全世界无须有那么多人，花费那么多的精力来研究围棋。

果然，有报道说，谷歌希望 AlphaGo 能够运用这些技术解决现实社会最严峻、最紧迫的问题，从气候建模到复杂的灾难分析。

AlphaGo 研究者哈萨比斯说："尽管游戏是快速和高效率开发和检验人工智能算法的完美平台，但最终我们希望把这些方法应用于现实世界的重要问题上。"

正因为科学家的目的不在击败棋手，而是从围棋经验获得借鉴，因此，面对围棋经验，计算机仅仅取其所需。人机对弈是科学家验证人工智能算法的平台，樊麾二段和李世石九段，是计算机能力的标尺。即使计算机击败了所有九段棋手，那只证明了"单个的人"赶不上计算机学习和掌握经验的能力。

在讨论计算机能不能"道法自然"的时候，刘教授说：

由于数学模型的客观性，它没有人的感情，棋手对于棋子的感情。它只有计算机的理性，所以它在某种程度上面更接近胜负师，它还是把胜负看得最重要，胜负之外它没有任何"感情的牵挂"。

计算机能够解读的围棋经验，虽然数量极大，但是都在胜负范围之内。和胜负无关的，计算机目前还不会学习和处理。可以说，机器不过是在比较局部有限地使用围棋的经验而已。

围棋经验存在于人类围绕围棋的活动之中，人创造和积累了围棋经验，全面并深入理解围棋经验的，也只有人。机器对于围棋经验的整体，不可能取否认的态度。围棋依旧在那里，表达人类智慧高度的围棋经验依旧在那里。围棋继续可以担任人类智慧的试金石，在很多棋手心目中存在的无所不知的"围棋上帝"，可以看作是围棋经验的总和，仍旧可以令无数人，包括计算机科学家顶礼膜拜。很可能会有另外的算法，也会将围棋当作平台。

AlphaGo 不可能封杀围棋巨大的空间。或许棋手今后会将注意力更加集注于对弈中发现的崭新形状，获得崭新的体验和经验，一面丰富自己的人生，一面丰富围棋的精神宝库。当然，研究也包括计算机对弈中"一不留神"下出的妙手。计算机的学习，在一定程度上跳过了棋理，只有专业棋手才知道这棋妙在何处。

围棋经验应该是全方位的经验。陈祖德先生早就说过，胜负对于棋手非常重要，可是围棋并不仅仅是胜负，胜负以外的东西更多。我们将下棋当作生活，从生命或者生活的意义上去理解棋手，理解对局，那么经验的天地更大。例如围棋经验的棋理部分，虽然大多数离不开棋盘，不过经过了棋手和文人的语言化，便具有中国学问的特点，它在生活中产生，形成的过程，不是依靠概念推演，而是离不开具体形象和具体对局。棋理最后成为思想，在社会上传播。在哲学上或者生活上，都有重要的意义。

人的一生，都在读一部叫做生活的大书。学会围棋，知道有围棋经验的存在，就等于找到了一本生活辞典，遇上疑难，在棋盘上或许可以找到注解。

我们想要对每一个爱好者或者棋手说，安心继续下围棋吧，计算机和顶尖棋手的较量无论谁赢，都不会改变你在棋盘边上获得的快乐和感悟，围棋依旧值得成为你终生的爱好。

李昂和黄慧鸣两位编辑，在本书修改的时候，早早介入了工作。李昂已经从编辑岗位退休，她的另外一个身份是资深国际象棋的教练，棋界真正的行家。她的明察秋毫，不仅在咬文嚼字。她用温婉语气提出的每一个"小小"的"疑问"，经常需要改写或者删去一大段论述。任何一点缺陷，哪怕棋图上一枚子记错了次序，都被她们看出来。

美术编辑汤靖精心构思，数易其稿，才有了今天别致的封面。

出版社还邀请棋评家曹志林先生审读书稿，体现了对于细节一丝不苟的严谨态度。

修改花去了4个月，有一些段落还推倒重来。到此书最后完成，如同经历了一场跨越千山万水奇异的思想旅行。我和刘教授互通电子邮件超过了200次，作者和编辑，编辑之间互通邮件或许也已经上百次了吧?

由衷感谢上海文化出版社的编辑团队，这绝对不是客套，他们陪伴着我们走过漫长的路。原本只为关心围棋的人阅读的文稿，如今成为一本十多万字的美丽新书了。

在本书即将付印之时，刘知青教授作为嘉宾在视屏出镜，和柯洁一起，解读AlphaGo和李世石之战。我回到《新闻晨报》，和以往的同事一起上班。

年轻的同事问我一个问题，至今我不知如何回答。

"如果你是一个围棋启蒙教练，以往经常说，围棋是世界上唯一没有被计算机打败的智慧游戏，现在面对不知道围棋为何物的孩子，你将如何说第一句话?"

我想起棋史上著名的"木谷道场"。大棋士木谷实奔走于日本列岛各地，说服家长，将有天分的孩子，送到道场。

那时候还没有计算机下棋这一回事。他面对家长孩子，是如何说的呢?

为《对面千里》的第二份后记

写于2016年1月29日，匆匆修改补写完成于3月13日

致胡耀宇·三鼻顶

耀宇小友：

你好！

在微信中，你告诉我，评论"三鼻顶之局"要想表达的是常昊的大局观。这一篇棋评，我的阅读格外努力，除了第一遍的阅读，是纯粹的欣赏，后面的阅读，全部集注于你和常昊这样的高段棋手是如何用大局观来判断形势和进行实战的。

你在这一长篇的棋评中，超常规地使用了 34 张棋图，而且连一幅局部变化图都没有。后来，你说，"用全图是因为这盘棋每一个局部都涉及全局"。

这令我想起了旅美学者戴耘写在《围棋心理学》中的一句话：

> 当你看到棋枰上的黑白交错的石子时，你的大脑是怎样将这些视觉刺激转化为有意义的样式或符号的？这是一个最基本的围棋认知心理学问题。

我理解，你在连续不断提供一个特殊的视觉环境，调动读者本人的经验，将你所提供的棋图，转化为"有意义的样式或符号"。

"视觉刺激"，经常表现为视觉直觉。面对一盘棋，高手"一眼看去"的直觉，或许会让人感到有一些神秘。

我传给你大竹英雄先生书中的一张棋图。大竹先生说，这一张图，来自业余棋手。他以为，白棋一定能够取胜。

几分钟后，你的反馈过来了：

> 哈哈，这个的确白棋非常非常好，但还没到胜定的地步。大竹老师

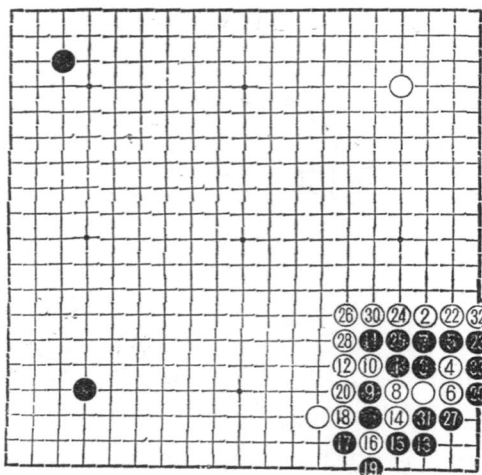

图1　大竹英雄提供的业余棋手对局图

验。知觉已经悄悄和感觉并行。

这样说，说明他对白厚势的未来非常看好。也是一种心情表达。

这个形势职业棋手来下，胜算应该在八成以上。

以往，神秘的大局"观"经常被称为是大局"感"。似乎这是一个感觉问题。你的回答告诉我们，职业棋手的直觉中不仅有敏锐的感觉，而且还有处理类似局面的经

直觉很早就为人工智能科学家所注意，在向人工智能学者刘知青教授请教机器的"思维"时，他说：

> 直觉，英语是 intuition，来自拉丁语 intueri，意思就是"往里看""默观"，是不经过思考过程，很快就能出现的直接想法、感觉、信念或者偏好。

> 机器同时……将棋盘上的棋子图形化，进行数学处理，进行价值和策略判断，这一过程非常快，也就是所谓"直感"。

> AlphaGo 在人工智能技术上的核心技术突破是实现了机器直觉，并充分利用机器直觉的帮助，有效缩小了围棋对弈的搜索决策空间，构建了判断围棋盘面优劣的评价函数，从而从根本上解决了困扰人工智能围棋的难题。

人工智能科学家经常将机器的这些能力和人类相对应的大脑皮层的认知功能相比较。机器和棋手一样的是，机器扫描整个棋盘，类似于人的视觉。不过，它将扫描获得的形象很快转换为数学符号，几乎同时高效处理数据的能力，使"直觉"很快就以"胜率"的面目出现。

棋手的视觉直觉中虽有知觉的成分，但是更多的还是感性。也就是说，"一眼看去"有时候仅仅是"视觉效果"，直觉往往还有模糊的、不确定的成分。棋手要下棋，必然需要进一步理解直觉获得的印象。

写到这里，快递小哥送来了你的新作《心战》。常昊的序言说到了福尔摩斯：

> 我最喜欢的小说之一是《福尔摩斯探案集》……小说中的人物，总会在不经意间流露出自己的思维习惯和行为痕迹……再厉害的顶尖高手也是人，是人就一定有其逻辑脉络……

我想起了中日擂台赛时候的小林光一，他经常会在中盘要过记录纸，一看就是二三十分钟。我相信他也如福尔摩斯一样，希望在次序中寻找对手的"思维习惯和行为痕迹"。

在你表现常昊像福尔摩斯一样认识对手崔哲瀚的逻辑脉络时，你也像福尔摩斯一样，在探索常昊这一局棋背后的大局观逻辑脉络。

在你的棋评中，棋手的思维过程接近于福尔摩斯的两个思考特点：细致观察，以及概念、判断和推理。观察到的，并不一定就是真相。只有经过"去粗取精，去伪存真"的过程，方才可以获得对局面靠谱的判断。然而，判断是为了决策，棋手还需要"由此及彼，由表及里"的推理分析，方才能够抓住形状构建的关键。

如此，你们为读者提供了认识大局观的第二个维度，理性的逻辑思考。

大局观既是一种视觉的直觉，也是有逻辑过程的科学判断。视觉直觉为特征的心理维度和理性思考的逻辑维度，缺一不可。棋手在判断和决策过程中，两者已经交缠在一起，频繁交替出现在棋手的对局过程中。

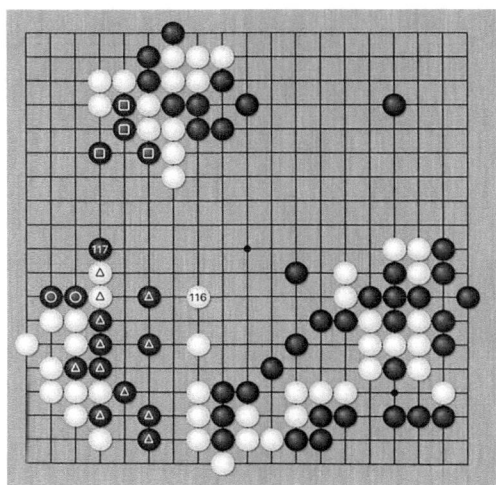

图2　117手，第一鼻顶

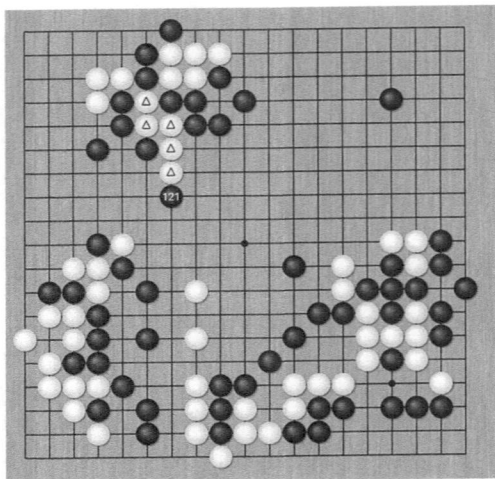

图3　121手，第二鼻顶

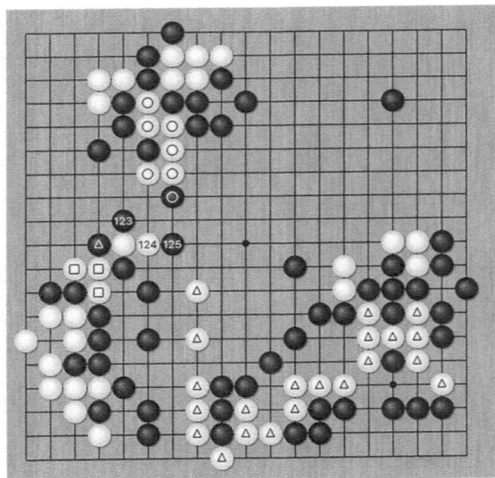

图4　125手，第三鼻顶

这三个鼻顶的棋图，要比大竹英雄先生的那张图复杂得多。不过，棋手的直感，依旧是从视觉获得。

"鼻顶"在本局三处使用，顶的方向不同，周围的棋子分布也不相同。在棋手感觉这些繁复图像的同时，知觉已经开始判断，并且经过简化和编辑，找到其形状趋同的一面，归纳为"三鼻顶"。

很显然，这样的"一目了然"，仅仅看到了形状的外部特征和一般性的功能，还非常肤浅，未必具有大局观的实践意义。不过，以"三鼻顶"这样可以看见的形状为钥匙来解析大局观，本身就说明了棋手的思维一直没有脱离视觉环境。

然后，你开始逻辑推理。专家学者的推理，是用繁复的公式和符号来表示的。《耀宇围棋》的逻辑推理，最基础的材料是视觉直觉感知的形状。

我问你，大局观是什么？你的回答却非常干脆：

我认为大局观分成两个部分：

1. 对局部的精确认识

2. 对几个局部综合利益的考量

这是带有概念的回答，表达要比模糊的感觉更为深刻，体现了局部和整体的辩证逻辑：每一局部都有其价值，亦即具备不同的效率。大局是局部价值的综合，而且不应该被简单地解释为各部分目数的简单相加。棋手眼中的大局观，是各局部之间形成综合利益。如此的大局观，方有科学意义，可以用来实战。

后来，你又告诉我，这一局棋从常昊的视角来看大局，可以用两句话来概括：

> 眼睛瞄着右边是第 2 点，但常昊在左边精准的计算，是第 1 点。两者缺一不可。

你在评论中具体分析第 2 点：

> 当下局面，看着只是左下至左边在战斗，其实与右下白三角大龙以及右上白方块五子所处的黑方块虚阵——这两个与全局战略有关的因素是密不可分的，若忽略了这两个关键因素，就很可能会沉迷于局部的纠缠中而迷失了全局。（可参考图 7 分析）

至于第 1 点，亦即对于带有战略意义大局观，必须在具有战术意义的局部来实际落实：

> 作为常昊来说，此时要解决的是如何将局部的战术操作好，从而让这个局部的战术与全局的战略有机联系在一起。不然再好的战略构思，若没有精准的局部战术作为后盾，都将成为空中楼阁。

大局观依旧是可以"看到"的。不过正如棋手积累的经验不一样，常昊或者你眼中此局的大局观，是感性的，更是理性的。我们从中可以看到你们的个人风格。

棋局上看似抽象的逻辑过程，在你的笔下，非常具体。

你以为，在常昊的逻辑思维中，前后三个鼻顶是一个必然的过程，也就是说具有因果关系。几乎是一步不漏，你论证了不少细部的必然性，最后得出了相关

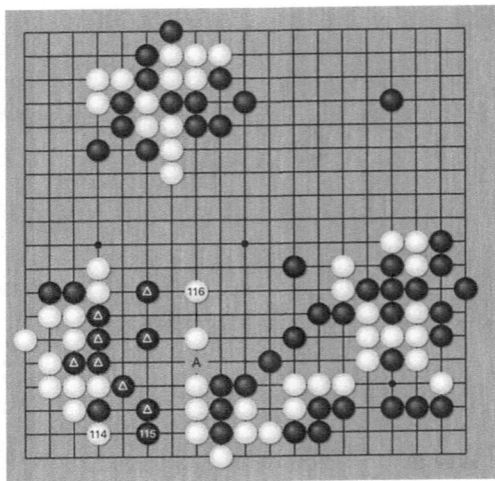

图 5　实战 115 手

大局的必然性：

> 至此，在左上短短几个回合内，常昊连续使出了黑 117、黑 121 和黑 125 三招鼻顶手段。这三招之间是环环相扣，前两个鼻顶都是为黑 125 这第三个鼻顶做准备的。黑 125 才是最后的杀招。

你正是用严密的逻辑，体现了"三鼻顶"大局观之科学和理性的一面。

因为围棋不确定性太多，棋手的直觉和逻辑都有可能出现偏差。此时，有些非常规的逻辑过程，也可能左右棋手的决策。

115 手是常昊极为后悔的一着，直到十多年后他还念念不忘（见图 5）：

> 当时黑 115 出现了错觉，这个错觉使得之前的优势烟消云散。

实战这一手，"单纯的分断白棋，其价值将大大缩水"。你用了 7 幅全图，在视觉环境中进行的各种推演，证明实战失误。

然后，你解说：石破天惊的三鼻顶，正是始于 115 这一问题手。115 手逼出了三鼻顶。

这里的逻辑推理是非常规的：如果棋局没有失误，则不可能有妙手出现。

> 黑 115 虽然是一步大问题手，可要是没有这步大问题手，也就没有后面更为精彩的故事了。

对此我们并不陌生，类似的逻辑存在于棋手的经验之中。虽然在实战中，尤其是争夺世界冠军的比赛中，没有谁会放弃即将到手的胜利而故作失误去追求"妙手"。临阵决计，正是超级棋手的绝技之一。面对势均力敌的对手，在走出问题手之后，循规蹈矩的本手已经不足以挽救局势，唯有效率极高的妙手才可能令棋局重新按照自己希望的方向前行。

局后检点，实际上常昊的大局已有基本轮廓。如果走对 115 手，那么这一局棋将会是常昊大局观的另外一种诠释。当然未必如三鼻顶那样动人心魄。

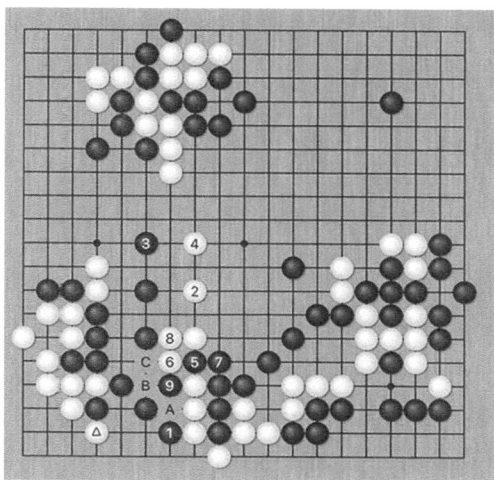

图 6　黑 1 小尖，才是让崔哲瀚感到头疼的一着，白棋的反击没有效果。可惜常昊没有作这样的选择。

你用棋图激发了读者的视觉直觉，又用文字探索棋图背后双方的逻辑过程。每下一步，对局双方视觉直觉和逻辑推理都要间隔进行一次。棋手一次又一次循环于形象和抽象之间，不由自主地在感觉和认知之间来回。

棋手的直觉和逻辑是否正确，棋手只能用大局形势的变动和终局的胜负来作一模糊的判断，很少有即时验证的机会。

刘知青教授告诉我们，机器即使实现了"直觉"，也还需要有验证的过程。

验证是指为直觉建立真实性、准确性和可靠性的过程。

它是核实直觉不存在偏差的一个充分条件。由于廉价并行计算和大数据的支持，直觉可以通过搜索计算来验证，从而确保准确性。

机器每下一步棋，都会扫描一下整个棋盘，它的落子并无连续性，这一着和下一着，是两个不同的"即时回应"，实际没有必然联系。因此，大局观的问题，对于科学家和机器来说，似乎并不存在。不过，科学家通过机器算法获得的胜率，实际上已经将某一手棋和终局胜负清晰地联系在一起了，因此可以用来校核棋手的招数是否科学。

> 黑121鼻顶，非常漂亮的一手。……这步棋也得到了"绝艺"的推荐。
> 黑125也是"绝艺"的首选。

你用感性的拟人化的语言来表达棋手和机器的认识"一致"，真是"非常漂亮"。其间更深的一层是这几手棋本身在常昊的大局观逻辑之中，机器论证了着手的合理，也在客观上验证了大局观并不是天马行空无迹可求的虚幻想象，而是具有对局意义的实际存在。

人的思维脉络，和冷冰冰的杜绝一切情感的机器算法脉络完全不同。你很多次说过，围棋是人的游戏，是两个有血有肉的人在下棋。棋手虽是自控能力非常强大的一族，不过即使是李昌镐这样的"石佛"，在和他对弈时，你也能感受到他刹那间的情绪流露。

对手当然有带有个性化的思维惯性。在对局时，如果这一思维惯性不变，那么它必然是在一定的脉络中的延伸，他的棋就是可以察知的。而大多数的棋谱都记录到，棋手的惯性经常会偏离原有经验的轨道。在许多关键的决策中，科学和理性不自觉地后退，让位于情绪。

你为我们准备了一个不可多得的范例：

在三鼻顶之后的左边激战中，最理性、最简捷的是弃子。黑若按图7进行，将是一个非常精彩的构思。你分析：

> 此时就局部而言，左上白将黑三角六子鲸吞，实地收获巨大。
> 但若放眼全局。我们就会发现，由于黑3以下通过弃子在中央形成了一层圆圈厚势。在这层厚势的作用影响下，白右下三角大龙突然发现自己已经深陷黑棋的包围圈中。
> 而就算三角大龙可以苦苦做活，我们再把目光看向右上，就会发现，右上黑棋方块虚阵，已经悄然间形成了一个大的口袋阵，而当初还可以跑

的白方块五子，很可能将处于
后手死的状态。

　　此图黑棋的弃子手法，也
得到了绝艺的推荐。

常昊看到了，可是没有具体实
施。你引用了常昊的原话：

　　也许从正解的角度来说，
我应该选择此图。但是从当时
对局的气氛和对弈双方的心情
来看，由于我和崔哲瀚从一开
始右下角就杀得热火朝天，随
后战火一直蔓延到了左上，因
此当下我们俩都处于热血的状
态，眼里只有刺刀见红，所以
我当时就选择了更为直接了当
的手法。

常昊选择了黑131打吃的下法，
将棋局"直接了当"引向天下大劫。

　　白棋最后消掉了此劫，在左上
获得了巨大的利益，却在右下付出

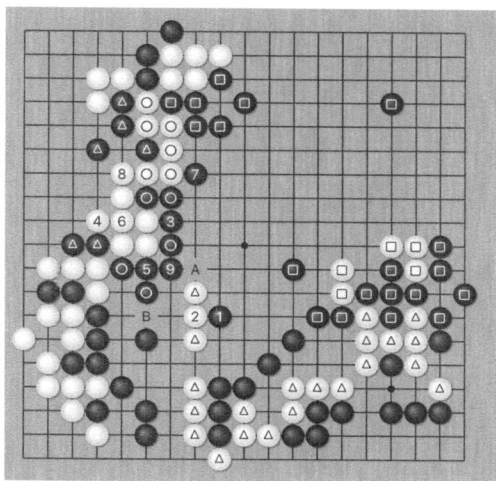

图7　分析图

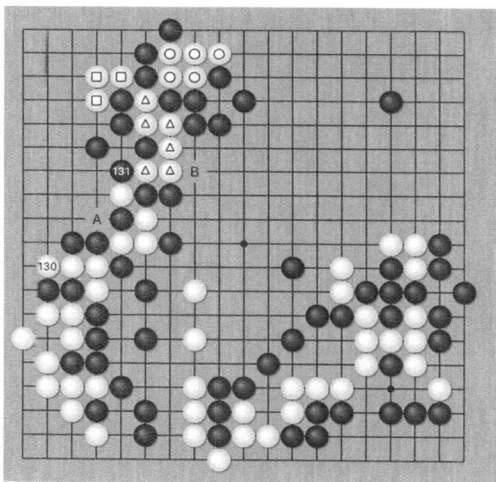

图8　实战图，左上形成了劫争

了惨重的代价。即使单用视觉直觉，也能判断黑棋已经获胜。

　　在一般人看来，常昊偏离了自己那种平和理性的思维惯性。不过从实战的过
程来看，常昊在情绪如此热血的境况下，依旧遵循着他的行棋逻辑。情绪仅仅改
变了某些局部战术层面的构想，并没有偏离他的既有战略。他依旧目视右边，在
左边动手，他的大局观依旧一以贯之地存在。

　　大局观究竟是什么？在三鼻顶之局中，我们看到了大局观在一个具体博弈空

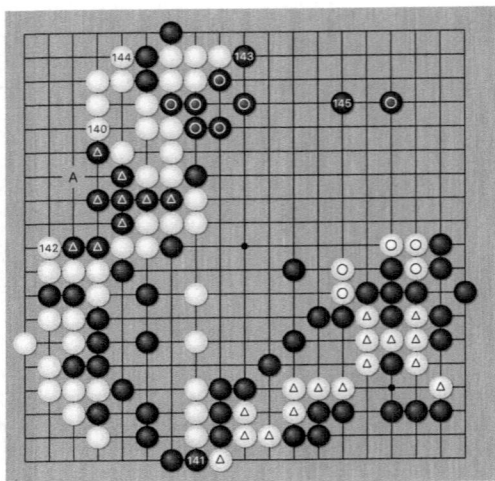

图 9　实战图，右下白子已无生路

间的存在，又从你从容不迫的叙述中理解了认识大局观的视觉、逻辑和情绪等三个维度。

这里有对传统棋理的新认识吗？至少之前的研究者，很少像你这样，通过解析一局棋来演绎大局观。

也是在 2005 年，我在伦敦考察英国报业时，曾经在伦敦贝克街 221B 门口留影，想象从这里开始的福尔摩斯故事。这一虚构的人物，总是通过许多琐碎的细节，编织一个庞大复杂的逻辑结构，然后得出一个最简捷的结论：凶手是谁。

柯南道尔并不知道，在百多年后，福尔摩斯破案思路，会被一位中国顶尖棋手借鉴……

老朽胡廷楣
2021 年 4 月 5 日晨

致胡耀宇·生命周期

耀宇小友：

你好！

你不止一次说过，应氏杯决赛的第三局棋，是常昊一生中非常重要的一局棋。

这一篇棋评少有地表现了你对文字的钟情。那样多的文字，那样少的棋图，这还是棋评吗？回答应该是肯定的。你的宗旨是通过评论棋局来写人，文字和棋图，都为写人所用。

很多关键棋局，是棋手人生周期的标尺。

常昊这一局，令我想起当年写作《黑白之道》时，聂卫平的一席话。

> 23 岁是一个成功的棋手刚开始出名，最有冲击力的时候。后辈棋手向前辈棋手发起冲击，都在 23 岁。林海峰得名人 23 岁，桥本昌二得九段是 23 岁，日本另一些超一流棋手，像小林光一、赵治勋等成名也在此前后。

聂卫平在 1975、1976、1977 这三年对日本优秀棋手成绩超群，也就是说聂卫平认为自己 23 至 25 岁，是青春焕发的"第一高度"。

> 当初我下的棋很奔放，而且谁也不怕，比现在（九十年代初期）的棋有朝气，但算度可能浅一点。现在回过头去看那时的棋谱，有些棋我不一定敢那么下，而当初就是这么下了，也能赢。青春焕发，青春的朝气弥补了许多水平上的问题。掩盖了与日本超一流棋手的差距。

他在 1978 至 1979 年约两年多的时间是一个过渡期。

> 1980 至 1984 年，我才可以说达到了境界最高的时候。从那时起，日本的一流九段已经赢不到我了……

聂卫平自己认为"境界最高"的时候，年龄在 28 至 32 岁。堪称"第二高度"，也就是超一流的高度。如果继续我们的观察，那么这一阶段可以绵延至 1988 年底，他在擂台赛上 11 连胜。也就是说延续到 36 岁。

聂卫平是当年中国最优秀的棋手，他对棋手生命周期的认识，应该看作那个年代棋手的生命意识的范例。当然，棋手中的绝大部分，并没有走到第二高度，因此他们的生命体验，并不完整。

一直希望还有顶尖棋手用自己的实践来验证聂卫平生命周期说的科学性。读到你的这篇棋评，我感到内心盼望很久的文字终于到来了。

常昊的棋手生命周期，和聂卫平相比，第一高度要早很多，这要归功于"文革"后上海围棋的生态迅速复苏，他在每一层次都遇见了最好的教练。在中日围棋擂台赛上，常昊三次代表中国队出战擂台赛，获得了 11 胜 2 负的战绩。终结擂台赛时，年仅 20 岁。

下这盘棋的时候，常昊已经 29 岁，六次冲击世界冠军未果。

你的这篇棋评每一句话、每一幅图，都在集中叙述常昊的一个过程，2005 年 1 月 6 日丰田杯输给李世石，痛失夺冠良机，掉入职业生涯最低谷，到 3 月 5 日站在职业生涯巅峰。这一过程，应该在常昊生命周期中过渡期的末端和第二高度初始。这两个月，这一盘棋，浓缩了常昊人生的精华。

以这样大的篇幅来直面一位棋手的低潮和走出低潮，这是以往棋评所没有的。这样的手法，令人想起小说和电影。

我也知道，你的读者或许跟着你的解释，读懂了棋谱，可是他们并不一定能够理解你在文字背后的那一份寄托，因为今天的人们，未必了解常昊完整的棋艺生涯。

我把回忆录《我是常昊》从书架上抽出，放在键盘边上。

你深入展现了常昊孤独中的沉思。

这样的沉思，是 2005 年初输给李世石的一局激发的。堪称悲壮。之前，常昊对李世石保持着相当高的胜率，棋坛都看好常昊在丰田杯以"克星"姿态战胜李世石夺冠。双方战成 1 比 1，第三盘决胜战，常昊上半局占据绝对优势，午餐封盘时连持重的老前辈王汝南都忍不住举杯示意可以提前庆祝。但最后时刻常昊错失良机，被顽强的李世石翻盘成功。

更要命的是社会舆论，人们往往忘记常昊六次一路过关斩将，坐到决赛席上，是多么的不容易，却对他六次丢了金牌非常不满。不能责怪那些不知棋的人，多数人的生命周期和棋手并不相交。因为围棋的独特的思维，一流和超一流棋手的精神空间尽管不设防，绝大多数人，依旧不会去拜访。在偏重胜负的舆论氛围中，中国高段棋手注定是无法自辩的一群。

敏感的常昊从中看到了人们的失望：

> 大家虽然都还在鼓励我，但我能感觉到，大家对我多年来寄予的厚望，已经慢慢消失。当然，还有更极端的还觉得我已经是扶不起的阿斗。

尽管聂卫平已经明明白白说明了超一流棋手生命周期的规律性，但是对于每一个棋手来说，他们的第一高度，往往懵懵懂懂深陷于棋中，他们追求出色战绩，还来不及思考人生。而从过渡期走向第二高度，必然有一场刻骨铭心的反思。那时候，关心常昊的人，的确都担心他扛不住倒下来。但是，谁又能够帮得了他？虽有前辈的安慰，队友和家人的陪伴，毕竟自我救赎的每一步都要亲自走过，常昊必然陷入孤独。

> 之后的一个星期，是我人生中最漫长最痛苦的阶段，整整一个星期，睡眠加起来可能还不到二十小时！尽管一直处于极度疲劳之中，但实在睡不踏实，几番刚刚入眠，眼前就蓦地出现丰田杯第三盘棋的棋谱，就好像一下子打开的电视机或者电脑屏幕，让我刺激、惶恐……于是我惊醒，再也睡不着了。那阶段不论网络还是报纸、电视，外界的新闻我都不看，不是刻意回避，只是人完全处于一种恍惚状态。

沉沦还是崛起，痛定思痛之后，才可能有大彻大悟。如果按照超一流棋手的生命周期来看，在过渡期出现一些败局，本不是意外。也只有在痛苦的反省中，常昊才能理解在登上第二高度前的低潮是不可避免的。

你告诉读者，常昊的反省，首先考虑的是放下。可是你又提醒，"当你想着放下的时候，很可能你已经失去平常心了"，这就是说，放下也是一门艺术。棋手的放下，目的不是佛门的"空"。棋手放下的是思想和技术上的累赘，而且放下的过程，必然是深刻反思之后的水到渠成。

常昊的心中，有一种"龙的传说"：

> 我觉得，自从我10岁进国家少年队开始，大家就一直对我寄予厚望。当年属龙的聂老开疆辟土，年轻他12岁也属龙的马老首夺世界冠军，而我则年轻马老12岁也属龙，中国人的文化很讲究传承轮回，所以无论是从我的成绩还是一种命运的暗示上看，大家都觉得常昊不仅仅是要拿世界冠军，更是要超越他的前辈，拿更多的世界冠军。这些厚望是对我的肯定，但是，可能是我生来就是很有责任心的人，所以这些正面的厚望到了我这里，反而变成了我的思想包袱。这种包袱，甚至已经变成了我的潜意识，一直伴随我成长，连我自己都没有察觉到。

中国属"龙"的棋手不少。清朝"棋圣"黄龙士，考证下来当属龙。近代大国手周小松生于龙年。现当代著名棋手顾水如、王子晏、王幼宸、金亚贤、崔云趾，都生于1892年，亦即龙年。然后才是聂卫平和马晓春两位都属龙。这一传说流行的时候，常昊还是少年，人们已经注意到常昊生于1976年，龙年。

棋界前辈的厚望，作为鼓励应该不错。如果将"龙的传说"中的"时间元素"看作是一种带有周期性的轮回，那是对棋手生命周期的一种误读。少年常昊和青年常昊，将棋手的责任心和"命运的暗示"放在一起，未免变成了不堪重负的思想包袱。

而且棋手的"放下"，并不意味着他精神世界出现了空白。"责任心"依旧是常昊棋手生命中最重要的支撑。聂卫平和马晓春在中国棋坛的功业，仍旧是常昊的榜样。常昊放下的，仅仅是"命运的暗示"——他也属龙，但是在棋上并不需要苛求自己。

于是常昊认识的飞跃，就在棋界内外的一片喧嚣声浪之中灵光闪现。

　　既然已经没有比这次输得更惨的了，那我在心理上还有啥可准备的了，就那样吧，爱谁谁。但有意思的是，抱着这样无所谓的想法，我意外地发现自己比以往任何一次的备战更专注于围棋技术本身！而且吃得下睡得好，体力的储存非常好！以前老想着怎么学会放下，结果老放不下，这次连放下这个念头都懒得去想了，反而全放下了。

　　内心自由后，我反而更加纯粹地沉浸入围棋本身，导致了我无论是备战还是比赛中都很纯粹地下棋。

放下了！

你是与常昊走得很近的棋手，因此，你分析说当时常昊缺的就是很纯粹的开开心心下棋的自由心态。一旦大家对他期望值降低，反而让常昊可以专注于围棋本身。

你是不是在写一个带有代表性的过程？中国当代棋手中，聂卫平、马晓春、曹大元、钱宇平……都曾经直面重要的失败之局，在孤独中反思，然后重新崛起。

你在告诉我们，心态的自由，带来了棋的自由。这一自由意味着，在棋的认知上有了更多的弹性，不再墨守成规，以更宽容的态度对待自己的技术，可在不断补充的经验空间中，自由来去。用你的话来说，就是"任督二脉因此被打通"。

你告诉我，过渡期的常昊，大局观仍是他的优势，但在对李世石之局，表现出他缺少直线攻杀的意识以及敢于承担决战背后所蕴含风险的勇气和决心。他在反思中一旦解决了这个关键问题，那么他就可有两种思路：居高临下的大局观，和寻觅战机的直线攻击。

之前，他对自己认可的是儒雅的手谈棋士，现在，如有必要，他也可以是一位棋坛斗士了。

29岁的常昊站在第二高度的门槛上，以过来人的身份审视处于第一高度的崔哲瀚。他20岁，青春焕发，斗志旺盛，见谁灭谁。可是，"青春的朝气弥补了许多水平上的问题"，小崔只有直线进攻一种武器，他的思维逻辑，优点和缺点，都有惯性，都有迹可循。他的棋往往用力过猛，缺乏必要的弹性。

2005 年 3 月 3 日，"天王山"之局进行时，你是最热心的现场分析者之一。我曾经坐在研究室那几张桌子边上，听着你们的讲解。

我从书架上找出个人新闻集，我特别注意到，当年的报道，始终围绕着第 78 手"挖"来写。这一手是改变局面的一手，极具技术韵味。记得聂卫平、华以刚，还有你，都对这一手称赞不已。

可是，在你现在的棋评中，似乎有些轻描淡写：

> 常昊白 78 挖，妙手。
>
> 黑中央四子被吃，局势不利。

处于逆境中的崔哲瀚开始犀利地攻击。你分析：

> 崔哲瀚也意识到了这一点，不顾右边黑大块在白包围圈中未安定的因素，直接在左上角二路点试白应手！他希望白棋跟着应一下，将来留下吃白两子的手段，然后再补厚中央。白若是不走，黑下一手在三角位一并，左上价值 40 目的白角全部阵亡。

常昊却用"剑客"之手，下出了令人震撼的一着：

> 当时有一种"既然你敢不补，我就要让你付出代价！"的心情，所以也不顾左上角近 40 目价值的未活之棋，决定针锋相对地在白 92 位先攻黑棋右边大块！

你曾经用"绝艺"校核过局面，铁面无私的机器表示，白棋胜率有

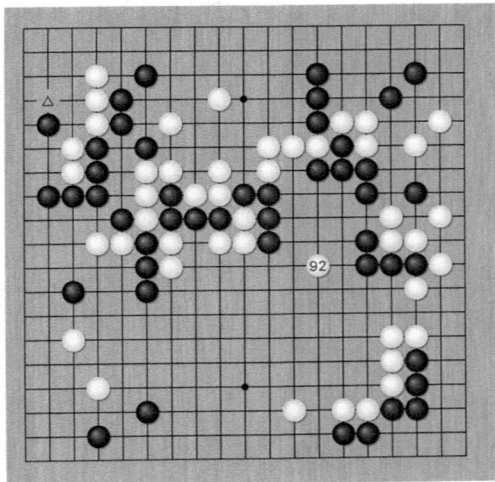

第 92 手在左上角脱先，攻击右边黑棋

所下降。

在左上角跟着应一下，是理智的忍耐。而常昊攻击右上，是人性的一手。两条路都可能通向胜利。以往的常昊可能会走理智的那一条路，可是这时，常昊不再犹豫，不再优柔寡断，以直线式的反击，回应了崔哲瀚的直线进攻。

仅仅从技术或者风格的层面认识这一手棋是不够的。你的哲学老师杨立华教授感慨："心战"指向的首先是心的自战。第92手是理性常昊和热血常昊"自战"的结果，是"刺刀见红"占了上风。

因此，你为你的读者传达这样的信息：

常昊的棋弈生命周期的关键时刻在两个月的反思。赢下这一局棋可以看作常昊思想上蜕变获得现实的成果，也是登上第二高度的标志。而这些变化，都可以从具体的技术上来体现。鼓荡着生命元气的第92手，浓缩了一位棋手的人生态度。

棋战经历了八个小时之后，观战者几乎屏住呼吸。你告诉我们，围棋最高等级的较量，和学棋儿童下的棋一样，也是比错。你在自战棋评中曾经这样说过：

> 下到最后大家筋疲力尽的时候，比赛已经不是比谁出拳出得重，而是在比谁先倒下了。

幸好在备战期间，常昊一直坚持游泳，储备了体力，以解决因为年长9岁而在体力上的差距。他所积累的经验源源不断出现在脑海中，他在局势迷茫时心明眼亮，在并非强项的"大型死活题"面前，保持清晰的逻辑轨迹。

崔哲瀚应该有很多的反击手段。但第一高度棋手，并没有充分的经验储备来应付常昊的变化。或许也可以理解为体力透支情况下，思路板滞，可使用的场合经验非常有限。

崔哲瀚在45分钟的长考之后，走向"最差的一条路"，还漏算了常昊的必然一着。当常昊下出150手时，耗时九个小时、四个马拉松的棋局已告结束。

我曾经担心很多有认识价值的名局，在棋手和机器为伴的日子里，日渐被人淡忘。于是问你，如常昊这样的触及人生的思考，在当今的顶尖棋手中是否普遍存在。

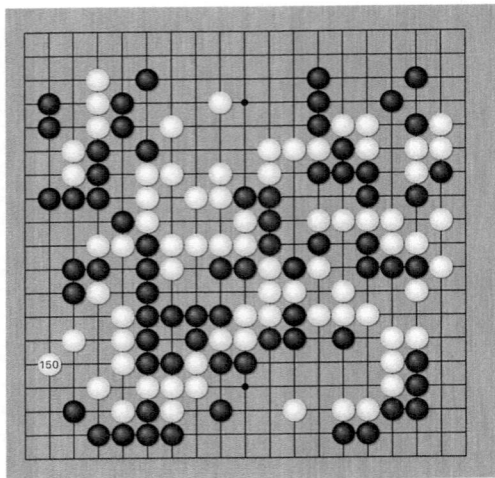

第 150 手是左下白棋做活的必然一手

你犹豫了一阵子，回答：

普遍存在是指若真能像常昊那样在心态上放下，改变自己的观念，激发技术上的潜能，一个棋手是完全可以超越自我的。

不普遍存在是指，能像常昊这样深刻自省，既认识到问题，还能付之于行动，敢于实践，并且最后还真把问题解决，不是谁都能做到的。

你在提醒，常昊的经历有可学的一面，也有难学的一面。换谁面临这样的境地，都不敢说自己能走出来，还能走成功。超越自我的境界是可能达到的，不过真要实现，还需要好好修炼，把"不普遍存在"的那几个条件都做到才行。

你甚至还提示，常昊的应氏杯冠军，是中国棋手战绩的转折标志。之前 10 年，中国仅获 3 项世界冠军，之后 15 年，中国队获得了 40 个世界冠军。

常昊、罗洗河、古力、孔杰和陈耀烨等"70 后"和"80 后"，夺得 18 个世界冠军，他们是大致相近围棋生态中成长起来的，棋手的生命周期也有相近之处。令人迷惑的是"90 后"夺得的 22 个冠军，好像那是另外一种生态中的人物。那些年轻棋手在赛场圆了世界冠军之梦时，最小的只有 16 岁，他们的日常生活单纯得像一根直线。

他们的生命周期我们是否看得清楚呢？

你告诉我，当下韩日棋手的生命周期的规律性比较明显。而近在身旁的中国棋手，还需要再观察。你说：

感觉"90 后"竞争更为激烈了，最明显的标志就是，仅拿一个世界冠军的年轻棋手明显增多了。

你说得很平淡，平淡往往潜伏着值得深入考察的现实。

人工智能科学家在研究机器，也在研究人。他们很明白，机器的存在周期，如果也可称作"生命"的过程，但它和人的繁衍成长的生命周期完全不可同日而语。人工智能时代的围棋竞技和文化，依旧属于人。相信"90后"棋手，会有认识人生周期的时候。尽管悟道是一个独自修行的过程，不过他们依旧需要前辈的经验。因而你评论的那些"前人工智能时代"棋谱，在当下有其特别的价值。

相信会有一天，某一位得过一次世界冠军的青年高手，感慨于第二个冠军遥遥无期，看到你的这一篇评论，忽然抬起头来，双眼发亮：这就是超一流的人生啊……

老朽胡廷楣

2021 年 4 月 27 日

致胡耀宇 · 一片树林

耀宇小友：

你好！

今年二月里，收到《光明日报》老记者罗京生的微信：

> 有一个《耀宇围棋》公众号，胡耀宇的棋评别树一帜，可看。

回复他："有感想吗？望告我三言两语。"

他又说：

> 我觉得 AI 将围棋水平提升到一个新的境界，胡耀宇是将讲棋艺术提
> 升到一个新的境界。
>
> 《耀宇围棋》我经常看，在看了胡耀宇对 LG 杯决赛第三局的分析后，
> 曾忍不住留言"好过瘾"。

罗京生是几乎采访过全部中日围棋擂台赛的高级记者，退休后近作是《当代北
京围棋史话》。如此和围棋深交的老新闻工作者，毕竟阅尽天下棋评。他说你"将
讲棋艺术提升到一个新的境界"，当不是虚言。

我曾经听到不少人在称赞你的《耀宇围棋》，之所以把罗京生的微信传给你看，
是因为他和我一样，是一位媒体记者。而你也清醒地认识到，公众号可属于自媒
体（We Media），你把自己也看作是一位媒体人。

那么，不妨重温一下马克思当年关于媒体的一段语录：

要使报刊完成自己的使命，首先必须不从外部为它规定任何使命，必须承认它具有连植物也具有的那种为人们所承认的东西，即承认它具有自己的内在规律，这些规律是它所不应该也不可能任意摆脱的。

你不是今天唯一的棋评者，《耀宇围棋》也不是今天唯一的媒体。马克思提醒我们，媒体有自己的生长规律。《耀宇围棋》在科学急剧改变传播环境的时代生存下来，并且进行着有你特点的研究，获得足够的读者，本身就具备存在的合理性。

不如将《耀宇围棋》就看作是植物，比如树，郁郁葱葱生长着的树。

你的内心是种子，树能长成什么模样，都在于种子的基因。

这些种子，具有健康旺盛的生长欲望，原因是播种人胡耀宇的生活态度。

我曾经在纸上画了一条折线，放在我4岁多的外孙面前。他毫不犹豫地连接了两个端点，完成了一个三角形。我和外孙在一起重复了一个视觉思维的心理实验。人们看到图形的某些缺陷，总是试图将它变得圆满。

没有补上缺口的图形可以千姿百态，可是将它完整，马上类型化了。连我不到2岁的外孙女也会脱口而出："三角形！"

引申一下，几乎所有有上进心的棋手，离开人生标准化的圆满都还有一些空白。是草草将这个缺口封上完形，还是保留这个缺口？

当你依旧在第一线，和比你年轻许多的队友和棋手一起对弈的时候，你这样回答人们的质疑：

我之所以一直坚持在第一线，也是因为自己不甘心，不是不甘心成绩，而是对于自己作为人的发展还有不满意的地方，我也想寻求对自我和世界的探索。希望借助于围棋，让自己有所突破。

"不甘心"和"不满意"使你对自己的棋手生涯，永远保留了一个缺口，保留自己的想象力。人生"棋到中盘"，你深思熟虑之后，再一次勇敢挑战自己，这是一位高段棋手在其围棋生命周期关键时刻的及时感悟。你确认自己还在"一盘没有下完的棋"的路途上，安心地坐在棋盘边上，俯视棋谱，仰望星空，在《耀宇围棋》

中思考人生。

我非常欣赏你把写作当作是自我表达的一种方式，生活依旧多彩多姿，"人的发展"依旧可以有很多想象。

2017 年，《耀宇围棋》开张，人们质疑你，当机器已经可以明白地告诉人们胜率的时候，你写棋评还有什么意义？

你的回应是"围棋依旧是两个有血有肉的人在进行博弈"。你也明白，机器使一部分人离开了棋。

> 我创建公众号的初衷，就是想将自己理解的围棋展现给大家，很高兴能和大家分享自己的想法。希望大家能从中感受到围棋的魅力和乐趣。

在我们这些传统媒体人的眼中，你是一位幸运儿。作为新颖的媒体，《耀宇围棋》无须对已经转入低潮的传统媒体有太多的留恋和嗟叹。作为思想者，你的起跑线已经划在机器时代，你没有传统棋理的包袱，可以轻松地与时俱进。当你开始写棋评的时候，AlphaGo 已经相继以李世石版和柯洁版的形象面世。智能机器的能力和魅力，以及棋手们的表现，客观上给了你观察棋界的新视角。

在某些棋手眼中，机器是神一样的存在。不过，无论是自然科学还是人文科学，专家们的共识是，再强大的计算机也不可能是完美的。

鲁道夫·阿恩海姆在《视觉思维》中说：

> 在现代计算机与一个有理智能力的生物之间究竟有哪些本质的不同呢？这就是，一个计算机可以"观看"，但决不能"感知"，这之间的区别并不在于机器没有"意识"，而是它迄今为止还不能对某种式样作出本能的或自动的领悟——而这恰恰是知觉和理智的一种基本特性。

似乎是和心理学家的远隔时空的呼应，你问自己：

> 我们该如何与 AI 相处？

因此你才会说：

> 学习人工智能，必须区分什么是能学的，什么是不能学的，要诀在于，你还是必须建立在自己体系的基础上。
>
> 有数据了，我们可以立足于数据去解释、去印证人工智能与人不一样的地方。我一直相信，人工智能就是帮助人更好认知自身的，不限于围棋。

这样的想法，是将机器看作是一种不可或缺的工具。人需要工具，其实工具更需要人的使用才能体现其价值。

具体到棋评，你不断在提醒自己：

> 棋是人下的，所以看棋时，需把人性的因素考虑进去，我想表达的是"人"这个因素。

这样的思考本身就代表了人工智能时代棋手应有的认识。面对棋盘，人是真正的思考者，对局竞技时，人的思维规律依旧存在，认知主体还是人。

承认棋手离开了机器，不可能在个体生命周期中获得尽量多的变化，在机器提供的数据中，获得足够有效的经验，可以提升棋力。这是棋手认识上的一次进步。

同时必须认识到，如果没有棋手，人工智能围棋就没有用武之地。你以自己的棋评告诉更年轻的棋手，在技术上，机器给人的震撼再大，棋手也应该把机器的棋，消化为人的棋，以站立而不是跪着的姿态，和机器构成如刘知青教授所提倡的积极"共生关系"。这必然是棋手认识中意义更深刻的第二次进步。

这两次进步，并不是我们这个时代人和机器相处的终点。有了围棋机器，围棋本身的无穷变化已经有迹可循。然而最精彩的棋评，必须进入超一流棋手筚路蓝缕建起的独立精神空间。如你所言，"心胸格局、性格、风险偏好、阅读比赛的能力以及对手带给他的压力等等"，都可能决定一位棋手的未来。"高超的棋手除了需要高超的技艺之外，还需要洞察人性，拥有面对未知的勇气和坦然。"

如果棋评可以看作是一种创作，那么单纯依照机器的提示讲棋，我们知道了对错。只有在棋评中感受到棋手的体温，能够听到剧烈的心跳，这样的文字才有美感可言。

这方面，人和机器合作还可以做些什么，值得研究。

我曾经惶惑过，机器已经这样强大，不知道未来还有没有堪称超一流的棋手。

你用棋评告诉我们，如果今天还有超一流，那么他会意识到自己不是下棋的机器，是一个人，是那种愿意为围棋的未来付出几乎全部生活的人。

大师永远以清醒而带有痛苦的思考鹤立鸡群。然而，以往的超一流，都是比较纯粹的棋手，那时候，机器太弱，根本构不成对人的威胁。他们的思考在人与人之间展开。如今不一样了，棋手手中都有人工智能机器。人、围棋、网络和机器，构成了今天的"对弈图"。未来大师的棋弈人生中，不可能完全没有机器的位置；他们中最敏锐的一群，又会如常昊一样，将种种孤独的反思，归结于生命的意义。他们是以机器为参照物，或者和机器合作，创造新境界的人。他们取胜的棋谱里仍旧有不断更新的技术，有感觉和艺术，更有人工智能时代特有的人生感悟。

从外部世界的视角看，那么未来超一流所代表的"棋人"，具有围棋以外的普遍意义。如果他们的弈棋行为，恰恰和外部世界前行的步履契合，那么他们的精神空间，将会对更多不懂棋的人开放。他们在围棋中体现的精神力量，就有可能和前辈大师一样，影响他人。他们人生的高度，也有可能成为时代的某种象征。

如果《耀宇围棋》是一棵树，那么顶尖职业棋手是《耀宇围棋》的肥沃的土壤、空气、水分和阳光。

高段棋手的知音应该也是高段棋手。看懂超一流棋谱的慧眼，只有你们才有。

你坚持生活在第一线棋手中间，是《耀宇围棋》存在的先决条件。顶尖棋手是围棋艺术探索前行的先头部队，你从这些对局中看到了很多崭新的技术和棋理的突破，便可体现当下真正的围棋风貌。你也明白几乎所有高段棋手，都有自己一套技术和美学语言。那是实践者的心血，并不在书本上。只有和他们相处，和他们比赛，方能够体悟，也方能够写出来。

优秀的评论家并不需要作居高临下状。难得的是，你对他人的妙手总有赞赏之心，你便多了一份坦诚。你总是开掘着他人之美。你是技术细腻的棋手，对于棋谱上每一手闪耀着天才光芒的棋，都有特殊的敏感度。精美之处，都成为你不可多得的写作素材。你的笔下，妙手创作者没有国籍之别，没有年龄界限，更没有棋风的归属。正因为你的兼收并蓄，《耀宇围棋》有可能体现职业棋手们所代表的人工智能时代技术走向和围棋文化的前行踪迹。

展读你的棋评，处处能够感受到细部的生动。

如果你不和李昌镐面对面下过棋，很难见到石佛在对局中神色一动，"凡心"顿现。也不会注意到对局前夜，李昌镐独自在旅社门口的灯光下看书。在和年轻棋手李轩豪打劫打得昏天黑地，大龙于悬崖边上复活。你才能非常仔细地拆分每一个关节点的技术思考，最后感慨"小小棋盘，就是世界的缩影"。

棋手们多是青年，而且调皮。三言两语的笑谈调侃，顺口而出的幽他一默，这些语言进入你的棋评，便很出挑。难处理的棋被称为"绝对被告"，后半局关键时刻看错了棋是"缺氧"。某种场合的追击就是"就算杀不了它，也得想办法扒它一层皮"。"半残废状态""呼吸困难"都是对棋形的描述。常昊和崔哲瀚的对局，你用武学来形容，常昊是"太极"，崔哲瀚是"硬气功"，真是入木三分。

做过媒体的人都知道，文章是否优秀很重要，文章是不是能够有效到达读者那里，能不能被读者接受更为重要。办报纸的时候，我经常会到报摊上，看看谁来买我们的报纸，也曾经坐在黑暗的背景中，旁观咨询公司调查我们的读者，想象如何与这些读者建立读报的默契。

曾经在黄山的松林中流连。黄山

在书店，胡耀宇和围棋爱好者在一起

上的迎客松用根系抱住危崖，吸取石缝中的水分养料，又将枝条尽量伸向悬空的一面，以获取更多的阳光和空气。树和环境长期相处的默契，方才体现了风景的和谐之美。这种美又可以形成游客和风景的默契，没有什么意外，上黄山必到迎客松。

《耀宇围棋》和顶尖棋手的默契自不待言，我更欣赏的是你和基本读者建立的默契。你讲棋，经常采取比基本读者"高出一点点"的技术姿态，循循善诱，细致入微，绝无一语定乾坤的凌厉。你的棋评是有深度的，可是一般潜伏在字里行间。用细致周到的棋谱解析，用大白话表达并不肤浅的理论，远较使用坚硬概念的学院讲章更能为人接受。在你的行文中，在读者们的留言中，让人感到你们共处于同一个精神空间。我参加过一次你和棋迷的活动，感觉你的读者，都有不短的下棋经历，对于围棋又非常投入，技术上大多有认真的追求，提的问题也很有水平。你为他们写棋评，他们读你的棋评，便令人感到有一种难得的气息相通。恐怕这也是你努力追求的最好报偿。

在"人的发展"上，我，或者我们，希望你是一位超级长途跋涉者，沿路铺开一篇篇棋谱，一路行走，一路栽树。在你自由自在的写作中，《耀宇围棋》日渐成长为围棋之路上独特的行道树。

到了这个年纪，我和罗京生这一代喜爱围棋的媒体老家伙，再也走不了长路，便会半途停下，坐在树荫里，抬头欣赏茂密的树冠、盛开的鲜花和累累的果实。

有风，树叶哗啦啦地响。

我问"有感想吗"，他说"好过瘾"……

老朽胡廷楣

2021 年 4 月 22 日

在天堂"遛狗"的求道派棋士

给曹志林兄打电话，是因为在写围棋国手顾水如的散文。

曹兄近些年来深居简出。他说，他将从棋手的角度来分析人工智能围棋机器。他已经76岁了，有此雄心，令人佩服。

他是顾水如的学生，他知道很多顾水如的事情。按照他的指点，我去了上海图书馆。

从图书馆出来，我打了第一个电话："曹兄，借书的那个柜台，人都阳了。唯有老报纸的胶片版可以查到，查过了，1909年的《时报》，未见顾水如的文章，可能是副刊没有做胶片吧？"

曹兄说："你怎么啦，好像在喘气，阳了吗？"

我说："阳康了。正在走路回家呢，还戴着口罩。"

"多多保重，我也阳啦，哪天好一些，我把自家的那本书带给你。"

我正好走到上海新村门口。1934年，那里还是一个很宽敞的院子，段祺瑞住在那里。顾水如从霞飞路的那一头过来，陪老段下棋。

过了一个多星期，又去了图书馆。人不多，阅览室里，咳嗽声此起彼落。工作人员满面笑容，"你好，老先生，今天你要的书能够阅读了，请去对面登记"。

书车从书库出来，缓缓将书送到柜台上。那是曹志林作序的《围棋国手顾水如》，有家属的回忆，还有顾老的年表。

以前所未有的速度，浏览全书。出门便想和曹兄聊聊细节。

这是第二个电话。铃声响了很久，方才有人应答："我是曹志林的儿子，我爸爸现在住在医院里。"

"多久了，能去看他吗？"

"一周了，ICU……"

1984 年 11 月 14 日，曹志林在桂林讲解第六届新体育杯马晓春与聂卫平的决赛。张家圣摄

1990 年，曹志林在南京五台山体育馆讲解第五届中日围棋擂台赛钱宇平战胜武官正树一局。刘思明摄

不能再问了……

恍惚中，回到了上海老图书馆旁的体育宫，跑马厅旧址。看到顾老瘦小的身影在孩子们之间走动，好像听到他对少年曹志林说，只要用功，你会有出息的。304 棋室里，便多了一个中午啃着大饼下棋的大眼睛孩子。

过了两天，又打了第三个电话，传来的是一个女孩的声音。有一点喑哑："我爷爷已经回不来了……"

2023 年 1 月 12 日，打了好多电话，好久好久没有人接听。

再打电话，接通了。便知道，曹兄已在弥留之际……

19 时 03 分曹志林先生去世。

那时或者今天的人们，为曹志林充满激情的讲棋全场鼓掌，或者因他那些幽默的"段子"开怀大笑。那个侃侃而谈亦庄亦谐的他，是多么让人喜欢。

他是一位忠实的求道派棋手。我遇见他多在台下。

他是闻名棋界的"七君子"之一。陈祖德、吴淞笙、王汝南、曹志林、邱鑫、华以刚和黄德勋这七个人，都是民国老棋手的学生，又接受了正值高峰期日本围棋的磨炼。

他们生逢其时。围棋划归了体育界，本是猛将贺龙麾下，但又可称儒将陈毅的兵。

可惜他们又生不逢时，在最好的年华，遭遇了"文革"。去了山西务农，又回到北京务工。

于1974年，再上赛场，那时候，陈祖德30岁，曹志林也已经27岁。幸得手中的围棋未曾扔掉，他们的人生和棋艺，都重新开始。当年最好的棋手，走出北京，分成两路，到全国推广围棋。曹志林这才开始讲棋生涯。

七人中有五人，指点过我。他们从来没有师道尊严，这使得我这初级围棋水平者，竟然可以和他们一一长谈。幸运的是，他们大多是求道派，于是我的围棋记忆缤纷多彩。与曹兄的长谈始于我初次采访围棋的日子，在杭州山里的一座宾馆，在客房，床对床，两人窝在被窝里。他说棋界故事，我听，一直到深夜。

曹志林告诉我一件往事，或许能够看到当时的"求道少年"是如何死究棋理的。

他幼时在上海棋社，与象棋国手胡荣华相交甚契。19岁的胡荣华正在学习围棋，有一天去找曹志林，问的是"大斜定式"的一种走法："黑挡下去不是很好吗？"17岁的曹志林，思索再三，将棋子一枚枚倒推，重新解剖，然后说："黑棋挡了下去，白棋用打吃的方法，可以将黑棋已经下的几枚子变成效率不高的坏棋……"胡沉思良久，忽然以手击额，大悟。回屋推开围棋，在象棋盘上摆起子来。此后，在全国大赛中，见对方一子占咽路要津，胡即迂回调兵，你来我往三五招后，棋盘子数未减，唯对方妙棋已经成为"臭着"。自此，胡荣华象棋棋艺更是出神入化，遂成"十连霸"。

问过胡荣华有否此事，他大笑："阿宝又在编故事了。"然后又说，"从围棋中借鉴，是该有过的事吧。"

采访他们是在1992年，距今三十年了。此事，记在《黑白之道》胡荣华那篇里，题目是《黑白子与车马炮同中有异》。少年曹志林，能够详细用日本式的"手割"方法启发棋友，非常不容易。而胡荣华未满二十就知道用围棋之道来研究象棋之道，他的象棋之路，必然要比别人宽广。

在当年中日擂台赛的观战室里，见到曹志林不断和各高段棋手讨论，甚至还询问一旁观棋的青葱少年对某些形状的认识。便不会怀疑坐在下面听他演讲可以悟到棋理，也听出了他赞美的棋手多是求道派。

不久前，曹志林还在说，现在他经常"遛狗"，那"狗"便是人工智能围棋机器也。他不会是追着"狗"去寻找赢棋之法的稚童，他是"遛狗"的老棋手，牵着"狗"，是为了理解"狗"，更是为了理解人的棋。

"外星人发明了围棋，并将此送给地球人作为礼物。"将这种观点的雏型从法国"引进"的，是中日围棋擂台赛的创始人之一郝克强。这话说给别人听，会是淡淡地过去了。但是，一旦有什么奇异的说法，被曹志林听到，就会有很多的联想。曹志林的想象力是无边无际的。他首先演绎了"烂柯"，他认为，这是真实的话，那就是爱因斯坦的"相对论"。所谓天上一日，世上千年吧。联想到世间的神话传说中，当仙人悠闲自在的时候，必定下棋，仙人可能就是外星人吧？而尧舜，可能是在某种情况下，成为围棋推广者。

曹志林的另一个想法是围棋的发明所依据的逻辑，是"植物之间的斗争"。植物之间的斗争是不移动的，但是靠叶子去争取养料，靠根蔓去争夺地盘，而且两个眼很像是植物所需的水源。一旦被剥夺了养料和生存空间，植物就枯死，一如围棋死子被提取。

这种想象能自圆其说，十分不容易。

曹志林说，对于他的"两大观点"，他更倾向于"外星人"。这或许是他的性格决定的，虽然两者都是浪漫的，但是，"外星人"要比"植物说"更浪漫一些。

曹志林审阅过《对面千里》的原稿，他或许相信吴清源所说围棋原是天文工具，对于易弈同源很感兴趣。刘知青教授在十七道棋盘的基础上，说明围棋的前身"意不在胜负，而在阴阳"。曹志林便"猜想"，围棋由十七道发展为十九道，可以从"历法"的角度开拓思考。他认为，这一转变，应该始于西汉"太初历"的颁布。太初历摒弃了阴阳五行的概念，规定一年等于 365.2502 日，一月等于 29.53086 日；以"加差法"替代之前的"减差法"以调整时差。将原来以十月为岁首改为以正月为岁首；开始采用有利于农时的二十四节气。

如果十七道棋盘可以看作是旧历，那么将十九道围棋棋盘上的 361 个交叉点，加上 4 枚"座子"，正好为 365。4 枚座子能不能表示"四季"呢？围棋的"气"是不是可以理解为"节气"之"气"呢？刘知青和我关心了他的说法，并且添加在了我们的书里。

今夜我又重读了这几行字。曹兄仿佛是一位老画师，在阅朋友的画时，于一般人不注意的地方，补上寥寥几笔，神采毕现。

我长叹。如围棋起源这样的话题，纯粹的胜负师不屑一顾。唯求道派，只要和围棋有关，便都会想象一番，探究一番。

上世纪90年代，曾经随着曹志林到过提篮桥监狱，监狱正在举行运动会。当运动员进行曲响起，听到一女子，酷似播音员的声音，进行团体操比赛的旁白。又听到了球员出身的某评委，高声报曰："去掉一个最高分，去掉一个最低分，实际得分9点5分……"忽然感到我们会面对一群非常有才华，但是走错了路的人。

曹兄是监狱方面特约的嘉宾，当然不是观摩运动会，而是为犯人下指导棋。邀请者是警官中的围棋爱好者，他们知道曹志林。

曹志林的大眼扫过了那些坐在棋盘后面的穿着囚服的人。他开始最特别的演讲：

> 一局棋，有开局、中盘和收官。
>
> 诸位不如将此看作人生。人生如棋，人生也有开局、中盘和收官。
>
> 诸位现在入狱，恕我直言，开局已经下坏了。如果有的人刑期长些，那么中盘也有一段走得不怎么样。
>
> 但是，你们还有资本。因为棋还没有下完，你们还有时间。看似不可收拾的棋局，也会有变化，甚至也可能最终"翻盘"，成为好局。
>
> 或许以前有几着棋，下得不错；或许你有一些潜在的下棋的才能；或许你已经发现了这局棋挽救的途径。那么，你就有重新起来，重新站到社会上做一个好公民的财富。
>
> 人生的棋局，只有到死亡才算下完，若是生命还存在，就有挽回棋局的可能……

呵呵，这是曹志林在说话吗？揉揉眼睛，正是他。求道派最高的"道"，就是棋与人生。

2022 年 12 月 8 日，曹志林在抖音为围棋爱好者讲解老棋手钱宇平九段和赵栋五段的番棋对局。这是他最后的讲棋。张晓露摄

听到这样神采飞扬、唤动灵魂的话，便使劲鼓掌。不仅是犯人，还有狱警和同去的我们。

我现在望着天空，相信曹兄在天上听到我这些絮絮叨叨的话，脸上一定很庄严，这该是他求道派的本相。我当然理解围棋在他心目中的分量。无论中国还是日本、韩国，求道派棋士的一生，都在追求围棋的深邃和美好。

天堂里没有人工智能围棋机器，天空无边无垠，他正好牵着"狗"泠泠然御风而行。

他是去拜见仙人也就是外星人，和他们聊聊地球的棋？还是去寻找千万尘世棋手多少年来在梦中共同塑造的围棋上帝？

2023 年 1 月 15 日曹志林先生去世后第四日

知的泪

有一些泪水，注定要留在棋史上。

2017 年 5 月 23 日、5 月 25 日、5 月 27 日，在浙江"中国乌镇围棋峰会"上，柯洁与 AlphaGo 举行三番棋大战，最终 0 比 3 告负。

那时，柯洁还不到 20 岁，拥有四个世界冠军，是世界等级分最高者。之前，一年不到，在李世石输给 AlphaGo 的时候，柯洁说过，如果是我，可以赢它。

有一些少年轻狂？未必。那时候，人们计算，AlphaGo 的等级分，高于已经不在一线的李世石，但和柯洁相差不远。

不过柯洁并未预料到，人工智能的进步，如飞一样。

从 2016 年 12 月 29 日晚，至 1 月 4 日，一位名叫 "Master" 的新手登录弈城网，以 60 局胜利，1 局意外的和棋，横扫全世界高手。

在乌镇，柯洁被 AlphaGo 连赢三局，一忍再忍，他还是哭了。泪水弄湿了眼镜片，他怕泪水滴在腮帮上，便取下眼镜，用手背来回擦拭着自己的眼睛。

面对人工智能，棋手好像望着天上的飞机，在地上死命追赶它的影子。那样的无力，那样的绝望，棋还没有下就输了。

兴致盎然阅读人间棋谱，刚读到精妙的"神之一手"，忽然想到已经有了 AlphaGo，便索然无味。棋手一辈子的心血，汗牛充栋的棋谱，似乎失去了价值。

从来没见过这样的招法，围棋还能这么下？

"从前"学棋，夜以继日，白天读谱，晚上练棋。花在棋上的时间，谁都不敢懈怠，世界冠军，都是成年累月的心血换来。不管是谁，要出人头地，便需要和奥运会选手一样的"三从一大"。围棋虽然是"智力"运动，不过要紧的国际比赛，棋手心脏活动的强度，堪比好几场足球比赛。

战胜了柯洁之后，AlphaGo 的等级分相当于 4800 分，高出了人间第一的柯洁

1000 分。本来人们心目中崇拜的是"围棋上帝",无影无踪,无穷大的等级分。不过人和人总有比头。现在是一堆不可捉摸的数据,日日更新迭代,我们怎么赶上?

柯洁那时只有 19 岁,还不知道何为"领军人物",但是他知道不该让眼泪当众流出来。眼泪毕竟流下来了。这一滴泪,被人工智能学者记住了,他们将 AlphaGo 的升级版称为"柯洁版",以区别于战胜李世石的那个比较不圆满版本。两场比赛的意义略有差别。AlphaGo 与李世石的那场,科学家是以李世石来测试 AlphaGo 的能力。而在乌镇的那一场比赛,更多的是从棋界的角度,希望看到柯洁作为世界第一人和人工智能机器在棋力上的差距。

赛后,DeepMind 的创始人兼 CEO 戴密斯·哈萨比斯温和地赞美了柯洁的棋艺:"第二局前 100 手黑白双方势均力敌,柯洁表现完美,已经把 AlphaGo 推向了极限。"

对于科学家的研究来说,一种算法已然辉煌成功。DeepMind 宣布,他们不再参加围棋活动,同时,留下 AlphaGo 研究过程中的 60 盘棋,作为礼物,赠送给全世界的棋手。

2017 年,在乌镇,科学家们留下了一个团队的背影。除了黄士杰博士,他经常会含情脉脉回望一下围棋。

他是电视转播中机器之"手",人们看不到机器,仅仅看到沉默不言的黄博士代表机器和棋士握手,鞠躬致意。他是研究团队最早三人之一,也是团队中唯一拥有围棋业余段位的棋手。

在网上以"大师"的网名和聂卫平下完棋之后,屏幕上出现"谢谢聂老师"的字样,表达了黄博士对人间大师的尊敬。

他仍旧是一位钟情科学的理科生啊!面对如今围棋 AI 不断更新的局面,黄博士不无遗憾地说,要是不退出,继续"进化",那么世上最强的,还应该是 AlphaGo。

一切水·知白

今年 6 月,上海举办了一场以围棋为主题的艺术展览。这就是《"局"·艺术 VS 围棋 —— 中荷日 2023 年上海邀请展》。

朋友发来展览的几张图片，马元教授的《一切水》，忽然就感动了我。那个作品仅有黑白两色，屏幕中的白色圆形，是一个缓缓转动经轮的图像。下方是一个黑色的圆盘，玄武岩，做成圆形，被机械"一切"之后，经过研磨，便如水面一样光洁，可以反射屏幕上的光影。

这是长久盼望与围棋相关的有思想的艺术品啊。开幕式刚过，想想马元教授或许还在上海。于是遍问朋友，期可一会。老友萧强联系了展览方，方知道马元教授下午便要离开上海。便匆匆在中午赶到外滩久事美术馆。

一窗之隔，是上海最繁华的地方。黄浦江水波拍岸，观景平台总是人潮涌动。展馆还是静静悄的。作品炯炯有神，就像远道而来的客人，想在这里与世人交谈。可惜只有少数人，在这安静的中午，来到这里，缓缓走进，踱着步看作品。然后在某一个作品前站定，凝视，希望看到作品背后的艺术家的眼睛。

马元教授是一位观念艺术家。《一切水》在三个美术馆展过，每一次都根据现场、概念转换，随机化物。在这里，《一切水》就是象征围棋。

马元教授说："水是一个介质，围棋也是一个介质。"

棋如流水，本是棋理中的一脉。我知道很多用水来说道围棋的故事。清围棋大家施襄夏年轻时曾经向前辈梁魏今学棋，一日，师徒两人同游岘山。

见山下出泉濚濚纡余，顾而乐之。丈（梁魏今）曰："子之弈工矣，盍会心于此乎？行乎当行，止乎当止，任其自然，而与物无竞，乃弈之道也。……"

面前的《一切水》乃无水之"水"，随影流动，自可催生各种想象。

我想中国的观念艺术家在这个时候的作品，便可看作人工智能时期对于围棋的再认识。便将屏幕上的白色光环看作一枚白子，"下棋者"是 AlphaGo 或者其他围棋 AI。

"白子"中的经轮缓缓转动。想起三十年前，围棋 AI 尚非常幼稚时，数学家吴文俊院士对它的未来有一些推测。上世纪 70 年代后期，他继承了中国古代数学的传统，研究几何定理的机器证明，彻底改变了这个领域的面貌。他在国际自动推理界先驱性的工作，具有巨大影响，被称为"吴方法"。

吴先生在出访美国时，曾经和计算机下过围棋。他说，西方人称之为"人工智能"。

在写作《黑白之道》时，曾经向他请教围棋的数学问题。那时候，中山大学的陈志行教授已经获得 8 次世界计算机围棋冠军。那时的机器非常初级，业余棋手也可以让机器十枚子。而且计算速度很慢，陈先生按一下键，等待机器回应，可以从容地打一套太极拳。

吴先生说到那时采用的程序，还不是"真正的解决问题的方法"。问他，是否有朝一日围棋能够实现人机对弈，他说："那还得等'定量'的问题解决。还有一个专门术语，'判准'，即'判定准则'。"

我那时很幼稚："那不是很遥远吗？"

吴文俊先生并无某些大家的威严，因为围棋，我们之间没有藩篱。他并不否定这"东西"十分难。轻轻摇摇手，他笑出声来，说："创造性的东西是无法估计的。或许几年里有人想出来，或许几百年也没有人想出来，这东西很难说。"

这是数学家眼中的围棋 AI。大约吴先生很喜欢这篇访谈，中关村又有很多的围棋爱好者。我寄去十本书，吴先生说不够，他留底的那本，有人借去看了，竟然不还。我又寄了数本书去。是回复？吴先生寄来一张纸，全是数字：

17408965065903192790718823807056436794660272495026354119482811870680105167618464984116279288987149386120969888163207806137549871813550931295148033696605728930754681805976 03

这是棋史上著名的"沈括围棋之算"的真实结果。沈括试图以算筹算出围棋总变化数，至"方六路，用三十六子"，数字已经够大。推测"尽三百六十一路"为"大约连数万字五十二"。上世纪 90 年代，一般计算器的显示仅有 10 位，吴先生接触到的计算机，方可得如此准确数字，为"连书万字四十三"。

那时候，吴文俊先生一直在用计算机研究中国古代数学，也读过沈括的著作。偶有休息，顺手用机器做题，与研究无关。白发苍苍的他，必是一笑而已。

大学者中的老顽童不在少数。

范廷钰九段在 AlphaGo 大师版完成测试之后，收集棋谱，在《围棋天地》2017 年 02 期发表《AlphaGo 七十二变》，列出了机器七十二种"震撼"的着法。那一年他仅 20 岁。

我们见到了那么多极度夸张的赞语：

> "令人震惊""是人类此前不敢尝试的禁区""不按常理""天外之思""这一简单粗暴的手段给了人类强大的视觉冲击和思维开阔的契机""凶悍程度超出想象""为人类围棋高手所鲜见""令一众高手怀疑人生""令人刮目""在传统的观念里相当俗""人类棋手万中无一的思路""近乎外星人迹""此种应法闻所未闻""逻辑何在""人类已无权作出结论""大雪崩竟然可以有这样的变化，只感叹为百年惊变""这是人工智能区别于人类的能耐""令人绝望到窒息""对厚薄的理解超越人类""令人类徒叹奈何""这只能说是电脑干出来的事情"……

棋手的眼光中的 AlphaGo，简直是神仙超人，或者妖魔鬼怪。细读方知，范廷钰已经精到地看清了人机下棋的差别。

AlphaGo 出现时，刘知青教授和我完成了《对面千里 —— 人工智能和围棋文化》，当我们将范廷钰所列变化一一在棋盘上复核的时候，便相信 AI 的算法已经颠覆了棋手长期积累的经验，那些惊叹的语言，则出自棋手刹那间看到 AI 围棋对弈中形状的直感。为此，我们为《对面千里》修订版专写了一篇长长的"后记三"。

2020 年 3 月，刘知青一家四口去日本旅游休闲。恰逢新冠病毒疫情在全球爆发，导致中日两国国门关闭，不得已滞留日本。因为没有国际游客，旅馆一家家歇业，他们拖着行李辗转多个酒店。

日本的每个酒店都有消除房颤的医疗设备。刘知青便联想到他们团队研制成功的一款人工智能产品，不过一张名片大小，便可以通过手指上的电压，展示心电图波形，识别十多种心律不齐症状，包括房颤。

从本质上讲，这种前沿人工智能技术是一种图像识别技术。人工智能把每个围棋盘看作是一幅图像，把围棋盘上的每个点看作图像的一个像素，黑白分别代表了不同的像素。

在生活中，这种人工智能技术可以区分猫和狗；在围棋中，它可以区分胜负、区分优劣；在心电图测试中，它可以区分是否正常、是否房颤。

这种人工智能技术可以看作是数据驱动的技术，是机器学习的技术。它使用了大规模的数据，使用了类似于人的学习与训练方法，从而达到超越人类的水平。

对东方文化有特别感悟的围棋前辈陈祖德在世时常说："随着科技的发展，有朝一日电脑也许就能把围棋的所有变化都算出来，那电脑是否就能成为围棋高手呢？我看也很难。因为围棋不光有精确的一面，也有模糊的一面。"

围棋体现了中国的思维习惯——模糊、含蓄。围棋不像其他棋类项目，胜负只有一条路——把对方最重要的棋子杀死。围棋的胜负不是非要消灭对手，它赢一目是赢，赢十目是赢，吃对方一条大龙也是赢。所以围棋碰到同一个局势，不同棋手根据自己的性格、风格、思维，会有不同的下法。可以像古力那样凶猛，也可以像马晓春那样轻盈，还可以像李昌镐那样平稳。

我遇到一些西方人学围棋，总要问你在某种局面下究竟怎样下才最好，这实在让我无法回答。碰到古力这样的棋手，会上去跟你对杀，这是他的擅长。杀得局面越复杂混乱，对他来说越简单，赢面越大。要是碰到李昌镐这样的棋手就又倒过来了，局面越平稳他越有把握，不去谋攻，小赢也是胜，就会注重防守。

所以围棋是典型的中国文化，有很多不确定的东西。围棋有"厚势""有味道"这样的概念，你说下棋怎么会有厚、薄的区别，又怎么会有味道呢？但围棋却恰恰讲究留有余味、有厚味。所以我想计算机如果要下好围棋，就必须有一个质的飞越，恐怕要像人一样有感情，有创造，有另一种思维了。

深思熟虑的认识，可以在棋史上存在很多年。祖德先生这一席话，至今仍然引发我们的思考。强大的机器已经出现。AlphaGo 已经解决了吴文俊先生所说"定量"和"判定准则"问题，然而，走在最前列的人工智能科学家并未解决陈祖德所说围棋之"模糊"和"含蓄"。

在《对面千里》出版之后，曾经和刘知青教授一起去应昌期围棋学校。刘知青，这个习惯坐着和研究生一起讨论问题的教授，站在台上，弯下腰，问那些端坐着的棋童：

"耳朵的工具是什么？"回答："电话。""助听器。"……

"眼睛的工具是什么？"回答："眼镜。""望远镜。""显微镜。"……

"那么，大脑的工具呢？"一阵静寂，有一个戴眼镜的小男孩突然大喊了一声："计算机！"

这显然就是刘知青等待着的答案，他便支起了腰，很自然地和孩子们聊起人工智能和 AlphaGo。AI 是特殊的工具，智能工具，是由别的工具制造的工具，会自我学习，不断"成长"的工具……或者，如有灵性一只狗、一匹马……

我们找了一家咖啡店，各要了一杯拿铁。四目相对。老年文科生和中年理科生组成的两人课题组讨论了对未来的展望：科学家研究 AI 意在算法而不在棋，他们终将离去。越来越多的棋手今后将和 AlphaGo 结成"共生关系"。AI 的棋谱还不可能直接用在对局上。高段棋手需要将 AlphaGo 的棋，变成人类有生命意义的棋。

刘知青说：

未来，人和机器将紧密结合在一起。人为机器提供目标和数据，机器将为人解决智能问题。人和机器相互补充，组成"共生关系"。共同解决问题。

"共生"是借用了生物学的概念，理想的人工智能与人的"共生关系"，应该属于互利共生，即共生的成员彼此都得到好处。

在杭州棋类文化的峰会上，经常遇见崔灿五段。他是一个淡然的人，颀长的身子，往往站在大厅的边角。似乎他一直在思考什么，又似乎论文中已经将话说完，他很少和人交谈。在预审论文时，好几次，不看作者姓名就知道这是崔灿写的。他所写的关于 AI 的棋，极为专业，其中周密的推理和分析，非高段棋手不行。

陆陆续续，和崔灿在微信上聊了两个多月。

时下职业棋手研究 AI 围棋是理所当然的事情。崔灿是山东省二三线队伍的主教练，承担省内最高水平少年儿童棋手的授课培训。他有着一种其他研究者没有的使命感。AI 改变了少儿围棋的学习，首先就提醒教练必须更新知识储备。他经常尖锐指出传统的定式思维已经使得棋手画地为牢："这两步（精彩的）棋，完全不在人类棋手的思考范围之内"，这种属于"大俗手"的下法"早已被我们的'棋感'系统下意识地否定"。日本围棋全盛时期，曾经编写过二万个定式。六七十年过去，现在到了编制 AI 定式的时候。

应《围棋天地》编辑王锐之邀，他已经在杂志上发表了五十多篇相关研究文章。

想要彻底写清楚现在的 AI 定式确实很难，出于教练的"本能"，崔灿说，他不想写成"目录式"的肤浅概览，又不愿遗漏心目中重要的变化。光一个"小目·高挂·一间低夹"的定式就连载了整整一年。我读到他最新四期的定式研究连载"小目·小飞挂·二间高挂"，读出了一番艰苦，也多少读出了他试图将 AlphaGo 布局写透的心愿。

他好像是一位工笔画家，面前有画不完的树。一种新定式便是一棵树苗，有变化，便是树干上伸出的一根分支。每一枝干，也都会化出许多分支，围棋 AI 实际上都会经过"剪枝"的过程，崔灿不舍得剪掉任何一个他反复论证过的分枝。然后是叶片，那就是参考图，他必画得纤毫毕现。崔灿手中有着多个 AI 软件，他写"AlphaGo 作为教学工具"，便娴熟地拿起这个，放下那个。因为途径不同，因此国产的"绝艺""星阵"和外来的 LeelaZero、KataGo 一类"可自由拆解变化"的开源围棋，都是他参考对象，有的变化，甚至还取材于人和机器的对局。这些工具都有自己的独特处，因此，他的树上，每一片叶子都有个性色彩，淡自嫩翠，深至墨绿，不同的绿色，深深浅浅，极尽妖娆。也读得出某些叶片已经枯黄，预示着它们或许会在实战中被风吹落。原本一枝树苗，日渐成为参天大树，主干粗壮，树冠丰满蔚然。

崔灿研究过 AI 围棋的成长史，不乏对于今日 AI 的尊敬。

上世纪八九十年代"手谈"那一代围棋程序，试图将各种围棋概念灌输给 AI，结果总会遇到瓶颈，电脑对概念的理解往往东施效颦。如今基于神经网络的 AI 多少都有一些"局部不合规"的地方，不过整体内容早晚都会超越人类顶尖水平，并且很难预测上限能达到什么地方——就像现在我们看围棋 AI 之间的棋谱，人类棋手已经很难判断某一方的"败招"在哪里了。

那就是说，一些我们之前认为完全无用的棋，在 AI 那里也能看到神采奕奕，扮演不可替代的角色。

想象中，崔灿每"画完一棵树"，便可后退两步，一点点欣赏。他知道，他绿化了棋盘上生命未及之处，随后展开一卷卷工笔大树。四周洋溢着植物生命的芬芳空气，好一片郁郁葱葱的"人造森林"。

呵呵，崔灿的树，是以往画者所从来不曾画过的。代代相传的围棋定式认识是从"人类本能"出发，寻找到的"确定性"。"确定性"可以给予棋手安全感，而不确定性又是围棋艺术性所在，这一代 AI 的算法与生成的内容，都更贴近东方思维，强调事物的整体性。解读 AI 的"不确定性"，也是深度解读了围棋的模糊和含蓄。AI 定式在棋手的研究中获得艺术性肯定之时，人类对于围棋文化的认识，便开启了一扇新的门扉。

他几乎与 AlphaGo 朝夕相处，但绝不对人工智能顶礼膜拜：

围棋 AI 没有任何概念性的东西，是纯粹的数据驱动。AI 着法背后的价值观念和逻辑只能用属于人类的概念来解释。当然这种解释未必百分百准确，解释过程中必然会丢失信息。而且越是浅显，容易令人理解的解释就丢失得越多。

况且 AI 的每一步棋都有正反两面的作用，一些下法如"蝴蝶效应"，会对此后的局面产生意想不到的影响。如果到处拿 AI 来套用，那么适得其反。

读过文章，再遇见崔灿，恍然感到遇见的是一个"共生体"。不过再看一眼，还是崔灿。精神空间里只有人，进入其间，和我们亲切微笑，打招呼，和我们谈棋的不是 AI，只有崔灿。

一切水·守黑

和崔灿的聊天，经常令我回味马元教授的《一切水》。好像崔灿就站在作品前，看到了屏幕上的白子倒映在黑色圆盘上。圆盘便是一颗经过思考，可以握在棋手掌心的黑子。

崔灿想要告诉他的学生，在这个年代下棋，必然要有 AI。不过，可以用来下棋的并不是 AI 本身，而是棋手所认识的 AI。

围棋 AI 进入学棋孩子的生活，崔灿会暗暗地有一些不忍心。"投喂式"的教育依旧流行。孩子们除了吃饭睡觉都在做题目。

围棋 AI 是否有利于"减负"人类的围棋学习？很遗憾，没有这种功效。从小学棋的孩子多了，源于韩国道场的训练方式也更加内卷。棋手群体的水平普遍提升，想要一枝独秀就更加困难。

围棋 AI 时代的难解定型与曾经的人类复杂定式相比，不仅变化方面上升了一个数量级，更令人头痛的是局部的重点飘忽不定，战斗之主次风云万变，这与人类（已有确定性）的思维方式背道而驰。人类学习能力存在上限，大多数时候只能死记硬背布局定式。极大地增加了记忆难度。加重了记忆负担。

不过这就是自然规律——任何领域到达极致时，每前进一步的代价都远超此前的努力。

年轻的棋手啊，或许要让你的努力对得起你的青春，必然要在"咔咔做题"的时候，获得比赢棋更多的内涵。

刘知青教授为《对面千里》写的"后记一"是这样结尾的：

> 如果围棋文化研究是帮助我们从文化上认知自己，认知我们所承载的中华文明，那么人工智能的研究就是帮助我们从科学上认知自己。二者互补，目标相同，共同应验了莎士比亚的剧本《哈姆雷特》中一句名言："We know who we are"。
>
> 认知自己，知道自己是谁，我们的生活就可以从容自信，心安理得了。

"We know who we are"原是哈姆雷特的情人奥菲莉亚的一句疯话，却是人工智能学者最到位的提醒：从科学上认识自己的契机正在面前。

AI促使崔灿对教练工作进行深度反省，实际上也是对棋手自我的重新认知。崔灿相信AI的胜率本来能使局面更为直观，但现在到处都是拿胜率说事的观者，他不想让他的学生成为机器的跟屁虫。他想把自己的"从容自信"，一步一步让孩子在棋盘边上的生活"心安理得"。

围棋圈子里有几位为围棋做过大量类似'田野调查'的理科生学者，自然不会对刘知青的观点陌生。

陈祖源便是围棋学者中的老年理科生。他是中国的围棋规则专家，20世纪60年代的浙江大学毕业生。他戴着一副当年大学生式样的眼镜，严谨稳重。他曾经是武汉仪器仪表研究所的所长，数学随时在他身边，是他不可或缺的工具。他管理工厂的产品质量，使用的即是概率。

他和棋手李喆六段完成了《中国围棋技术发展史研究》之后，正逢AlphaGo掀起一波认知浪潮。他便告诉李喆：

> 人工智能的计算基础不是逻辑运算，而是概率论。逻辑运算的结果具有唯一性，它的水平能力，取决于机器的能力，设计一旦完成，水平就固定了，建立于逻辑运算的算法不可能具有自我学习、提升的功能。自我学习的功能的基础是对优的求索，是概率论。概率论的结果具有模糊性、

随机性。人工智能在学习、对弈的过程中会出现一些偏离正常的（人训练所设定的）选点。这种出现是随机的，其绝大部分是不好的，但也会有极个别好的，或可行的，偶然的出现。由于计算机的极大的计算量，即使是千万分之一的出现，也会因为使用结果好（价值网络评估）而被发现提取出来。也就是说它的进步不是有意识地预先设计的，而是出于概率论的偶然性。这种偶然性超出了人类已有的经验常识，是新的，是人工智能偶然地发现的。这个过程就像是生物的遗传变异，自然选择，优势积累，从而进化一样。只是生物进化的过程缓慢，而在高速运转的计算机里这个过程被浓缩了。

海一样的数据中诞生出来的"偶然"，优胜劣汰，便形成了震荡棋界浩浩荡荡的神奇风景。如是，理科生便催动了文科生的深思。

李喆六段于 2012 年从国家队进入北大哲学系学习，那时已经完成本科学业，正在读研究生，却仍在围甲下棋。他出道时风格奔放飘逸，有天才少年的美称。成年之后，他更希望做一个学者型的棋手。收到陈祖源的"AlphaGo 概率论"，李喆便着手研究人工智能对棋界的影响，他连续发表了多篇分析文章，深度分析了围棋与人工智能的关系，最早一篇即是陈祖源先生所给的题目《未来的围棋》，不久在年会上发表了：

> AlphaGo 下出了许多完全在人类棋手经验之外的着法……我隐隐读到了这些着法背后壮美的天地，这壮美天地当然不是 AlphaGo 所创造，而是有悠远历史的围棋本身所自有的丰富与辽阔。

这是围棋"自有"的诗意。研读 AlphaGo 的棋手们，在吴清源的棋谱中发现了有一些下法和 AlphaGo 的"吻合度"极高。那就是说，AlphaGo 和人间棋手，都可以见到"围棋本身所自有的丰富与辽阔"。

采访过吴清源几次，从来没有问过他在棋中发现了什么。我往往会不由自主地看看他的手指。吴清源小时，每天从早到晚一手拿着棋谱一手去拈棋子，因为棋谱又厚又重，小手又不肯放下，久而久之中指就弯曲变形。他伸不直的中指，一直是启蒙教练敲打贪玩棋童的"案例"。

吴清源 2014 年出版了十卷《21 世纪围棋》，煌煌棋谱，也是他百岁人生过眼成千上万的围棋形状，"自然选择，优势积累"的结果。棋界很快就发现。AlphaGo 的棋，几无规律性可言。而吴清源最大的才华，在于从"玄而又玄"的围棋下法中，依稀看到了通向围棋规律性的道路。

吴清源的学生芮乃伟说：

> 1992 年，吴老师听说我要参加应氏杯的比赛，就对我说："你除了到我这里来拍片子，还可以多来几次。"于是，我每个月都去吴老师家求教。到应氏杯开赛前夕，我更是每个星期都去，吴老师教给我一些也许能在应氏杯上用得着的战法。他的口头禅是："如果你把这个用上去，那你连小林光一也不怕。"或者，"你把这个用上去，就是赵治勋你也不怕。"第二届应氏杯的前三场棋是在东京举行的。第一场，我赢了小松英树，第二场赢了李昌镐，第三场赢了梁宰豪。其中后面两场比赛，我都用了吴老师的新战法。

1993 年至 2003 年之间的十次世界女子棋战，芮乃伟八夺冠军。成为那个年代当之无愧的女子棋界第一人。

只有具规律性的经验，才可以通过传授，在学生辈的实战中重复。在 AlphaGo 出现之后，芮乃伟说："我只是一位不够强的'21 世纪围棋'的实践者。不然的话，师父的理念更早能让棋手们明白。好在 AlphaGo 印证了许多师父的理念。"

吴清源的"理念"并不是完全形而上，也不是文人浮华句子可以歌颂和赞美的，而是有形状、有过程、有数据、有弹性、可实践的指南。

自然，吴清源与 AlphaGo "互相吻合"的棋，毕竟还是极少数。尽管吴清源活到了 100 岁，他的生命长度完全赶不上机器极短时间内迅速以计算平铺式的"成果"。

吴清源对规律的认识，棋手与生命共存的精神空间，完全在 AlphaGo 的"认知界限"之外。

所有棋手朝九晚九的用功，如果仅为熟悉形状，那便是对机器的单纯模仿。

有心的棋手，必然可以从陈祖源和李喆的讨论中获得启发，那些努力在 AI 围棋"壮美的天地"中寻找到了规律性，或者说是棋道美，方可真正继承吴清源的衣钵。

有一天祖源先生问我，为什么微信名叫"测量员"？便告诉他。我曾经是他们生产光学仪器的"用户"。下乡在黑龙江农场，我曾在水利队工作，用过水准仪和经纬仪。他也笑，他又说在我的小说《生逢 1966》中读到过上海弄堂的描写，便问："是不是住在淮海路和合坊？"我点头，他又笑了："我在弄堂隔壁的康绥公寓住过。""那么，你家的窗口，正对着卖酱菜的全国土产商店……"说话间，可以米来度量的空间之近，令文科生和理科生的审美心理逐渐靠拢。

2020 年，疫情初起，便很担心祖源先生，他家离开华南水产市场不远。1 月 20 日，因为咳嗽，他到武汉市红十字会医院看病，看到医院里异常紧张，第二天看病的人排队就到了马路上。

武汉从 2020 年 1 月 23 日开始封城，红十字会医院是武汉两个重灾区的医院之一，24 日不得不封门停诊。

我们之间便有不少微信来去，他放下了正在考证的古谱，话题转向疫情。

在疫情肆虐的时候，他换了微信的头像。他的两个刚刚学棋的双胞胎孙子在棋盘上"对弈"。

半年后，他说："疫情将会以不可思议的方式结束。"我知道他已经有了全世界所有能够收集到的传染病数据。

2023 年春节刚过，我们在交换上海和武汉地铁人流的数字。他以此判断城市的复苏程度。

含着泪读这些微信，这是一位武汉老人的心路历程。疫情期间不能出门，夜里，我经常独自一人站在阳台，从地面看到天上。空无一人的街道上灯光寂寞，夜空中的孤星，也在天穹闪烁。身在武汉的祖源先生未必如我这样寥落，每段话，几乎都读出了数字。数字背后都有着希望。

ChatGPT 出场，他继续在观察人工智能围棋。有人公开了一页棋谱，一位业余棋手，用不可思议的方式赢了水平远远高于职业棋手的围棋 AI。文科生如我，立刻想到，那是用丑陋的形状，在逗引 AI 走出程序设计者美学词典里所没有的更丑陋的棋。

祖源先生却在观察，即使低段棋手也可以轻易应对的局面，为什么 AI 做不到？

计算机 CPU 是作逻辑运算的，而人工智能 GPU 是基于图形识别，现在两者之间还不能兼容。而人的思维，可以在形象思维和抽象思维间无缝对接。

祖源先生的解析里，再一次将视线由 AI 转到了我们尚未完全认识的自己，特别是神经和大脑。

我想起了一张图。这是科学家们实验所获得的脑部剖面图，常读常新。

美国明尼苏达大学和中国科大的认知神经科学家张达人教授等在 2002 年进行的 MRI（磁共振成像，Magnetic Resonance Imaging）研究。这一研究将围棋

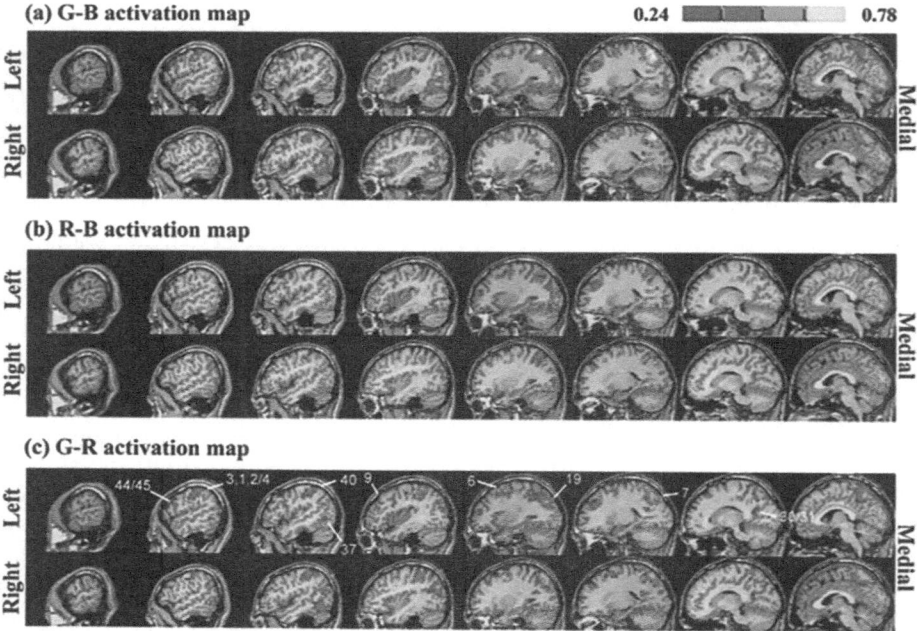

Fig. 2. G-B (a), R-B (b), and G-R (c) activation maps in group analysis showing significantly (P=0.000001) activated regions for G-B, R-B and G-R contrasts. The images were arranged from the left/right to the medial part of the brain. The scale bar indicates the correlation coefficient conveyed by different colors. Selected Brodmann areas for the significantly activated regions are labeled. (a) G-B map showing activations related to GO playing including basic visual processing in BA9, 6, 44/45, 30/31, 7, 40, 17/18/19, 37, 3-1-2/4. (b) R-B map showing activations related to visual searching including basic visual processing in BA6, 7, 17/18/19, 37. (c) G-R map showing activations more specific for GO playing in BA9, 6, 44/45, 30/31, 7, 40, 19, 37, 3-1-2/4.

棋手思维状态用图像记录下来了。

张达人教授传给了我们全部实验报告，他希望我们自己来解释这些图像。刘知青教授和我，曾经翻来覆去研读这份报告，特别注意到这张图的说明：

截图（c）表示了人脑在解决围棋问题时的活动区域。

这些脑活动区域涉及注意力，空间理解力，图像，工作记忆的存储与处理，情节记忆的获取，以及问题解决。同时涉及体感的脑区域也在活动，虽然人体静止不动，论文推测可能是人脑在设想不同的落子情况。

这提示，围棋可能更多地涉及我们尚不理解、为人类特有的脑机制——全局性的信息统筹与加工能力。

右脑与形象思维有关联，更适合于识别与处理形状。

研究发现：下围棋时，位于大脑额叶、顶叶、枕叶、后颞叶的多个脑区被激活，而且右侧顶叶的激活强度高于左侧，显示出右脑优势。

很佩服祖源先生所说人脑形象和抽象思维形态间的"无缝对接"。实验报告中"多个脑区被激活"很值得玩味。磁共振成像图告诉我们，大脑在下围棋的时候，脑部形象思维和抽象思维，简直就是在同步交互进行。

在闹哄哄赞美 ChatGPT 的浪潮中，我更欣赏诺贝尔物理学奖获得者乔治·帕里西（Giorgio Parisi）的话："人工智能暂时只能有效地重复已经被发现的东西，以一种有趣的方式整合并重复，但它没有更深层的智能。"

这位观察椋鸟群飞，从中找出规律性的学者，相信人类的直感。

想起，在一场全国团体比赛中，一朵云飘过六张棋桌。这是马晓春九段，他走路和他的棋一样，如云一样空灵飘逸。他握着杯子，到开水桶那里泡茶。热水斟满茶杯，茶叶浮起落下，他又如一朵云那样飘回自己的座位。

下完自己的棋，出赛场。有人问，那六盘棋形势如何？马晓春娓娓道来，无一说错。对于六盘棋，来一瞥，去一瞥，依托于经验的直感，片刻便解剖了六盘棋……

观察过青年马晓春的棋场神态。他盯着棋盘片刻，视线离开时，嘴角常有一丝几乎察觉不到的笑容。形象思维和抽象思维令他解惑的同时，审美愉悦即刻降临。因先人一刻识得此间玄妙，而抑制不住"马妖"的微笑。

马晓春的直感啊，"我们尚不理解、为人类特有的脑机制"啊，真该将他介绍给科学家……

疫情期间，李喆研究生毕业，成为武汉大学的副教授。

他走进空无一人的教室。眼前浮现出他那些学业成绩优秀，然围棋水平为"白丁"的学生，他问那些朝气蓬勃的青春面容，你们为什么要报名学习围棋？他又问自己，我将为他们说些什么？

人类感悟围棋之美，通过围棋挑战自己思维能力的极限，这个功能永远不会消失。

围棋和很多学科可以形成交叉，它有助于学生对哲学、艺术、人工智能、脑神经科学等多学科更好地理解和钻研。

两千多年前，孟子正是通过弈秋课徒的故事，将围棋的教育引进儒家经典。李喆将要和大学生沟通的，是与时俱进的新内容。"挑战思维能力的极限""脑神经科学"，是因为科学已经介入了围棋研究。而明明白白将"人工智能"内容写入教案，则是因为 AlphaGo 的出现。

陈祖德先生独具人文慧心，他引用《欢乐颂》诗作者席勒的话：只有当人在充分意义上是人的时候他才游戏。只有当人游戏的时候他才是完整的人。席勒所说的"游戏"，后面还有艺术和美。围棋文化本身兼具艺术和科学，在今天下棋，更可行走在有科学背景的围棋人文风景之中。

李喆眼中，围棋的竞技功能，不过是游戏的特征之一。感悟深邃的围棋，可以归入棋手的审美日常。

2020 年 7 月 2 日下午 1 时许，24 岁的围棋职业棋手范蕴若八段不幸从家中坠楼身亡，生前他被查出患有抑郁症。坠楼前，他曾经 5 天 5 夜无法入眠。

李喆是范蕴若的队友，悲从心来，久久不能平息。他和同样悲痛的棋友，曾经用解析一盘棋，寄托自己的哀思。

2017 年初，第 18 届农心杯三国围棋擂台赛，中方先锋范廷钰狂飙七连胜。

范蕴若登场之时，日本队已经出局，中方四名棋手，面对韩方主将朴廷桓一人。范蕴若胜了此局，中国队获得冠军，终结了这一场团体赛。

芮乃伟、谢赫、时越、范蔚菁、王祥云、李赫，还有李喆，一起讨论了这局棋：

> 棋谱是他活过的痕迹，是他创造力的结晶，是他自设的墙纸，是他的快乐与遗憾，是他没走完的路……
>
> 棋手和画家不同，画家的精神可以凝聚于画作之中流传后世，欣赏者能通过画作感受到来自画家本人的种种情绪冲击，这些共鸣是能够相隔千年而存在，但棋谱却很难。一张棋谱中确实蕴藏了更明确的时间性，能够让欣赏者紧紧跟随棋局从开始到结束的过程，但是作为棋谱创造者的棋手，他们的形象与能量却更难通过棋谱传递出来。
>
> 这是人类围棋史上非常独特的一段时期，是围棋的旧时代向新时代过渡的时期，这期间每一年的围棋下法都发生着前所未有的巨大变化，范蕴若对朴廷桓的这局棋正是这时期的一盘具有代表性的棋谱。当时的围棋讲解还没能使用 AI 来主导判断，如今，我们可以用绝艺、星阵、里拉、KataGo 等围棋 AI 软件来分析所有的棋局。
>
> 作为一名职业棋手，你曾战胜了多少人，赢得了多少奖杯，怎样从下坡到退场……除了这些古罗马竞技场式的信息，在你离开这个世界以后，真正留下的会是什么？

这一段话说得真好！AI 作为一种有时代标识的技术符号，被理科生认识，又经文科生的哲理解读，在缅怀范蕴若的棋评里出现，便闪耀着人性的光辉。

虽然围棋不断被人认识，旧谱不断被新谱替代；棋谱所包含的技术，可能被时间遗忘……面对遽然而去的棋手，阅读棋谱的意义，在于认识他生时的追求，继而深思作为棋手的范蕴若的生命意义。

棋手们将世界大赛还原成为人间游戏，祭奠者和范蕴若一样，都是席勒所说"游戏"的参与者，下棋，评棋，便是分享人间的情怀。

棋手啊，你快快重新站起来，一步步都是"充分意义上的人""完整的人"在棋盘上行走。

局·大局

在《局》艺术在上海外滩展览期间，最重要的世界冠军争夺战是在浙江衢州进行的首届烂柯杯的决赛。

疫情刚刚过去。之前大量"线上"对决令人乏味。经常有人抱怨自己不知道是在和单纯的棋手，还是在和手中有着 AI "帮助"的人下棋。线下以面对面的方式进行的大胜负比赛，是围棋文化应有面貌的恢复。

虽然知道"争棋无名局"，但是我却如三十多年前采访中日围棋擂台赛那样，收集着资料。这样的比赛，便是棋手、讲棋人、研究者，对于这个特殊时间的围棋描述。

《围棋天地》早早刊登了申真谞和辜梓豪的访谈，正是这两篇访谈，让人品味出两位出色的棋手与 AI 组成风格各异的"共生"形态。

决赛棋手之一韩国棋手申真谞是 2000 年生人，他学习 AI 比谁都用功，而且对机器下的棋领会深刻。最近三年，所向无敌。连获 4 个世界冠军，今年几乎碾压式地保持对世界一流棋手 29 连胜。

> 我之前是属于战斗型的，现在则更喜欢平稳收官的棋。
> 像我这样需要改变明显问题的棋手，AI 确实是一个很好的帮手。在所有的方面，都能研究学习 AI，所以布局、中盘、官子可以根据个人的喜好进行研究。在所有方面都必须保有强劲的实力，在任何情况下都要下出好棋。

申真谞已经被称为"申工智能"，人们从他的棋上，经常可以找到 AI 的影子。他应该也有个性吧，"根据个人的喜好"来选取研究内容，以"改变明显问题"。不过他的个人喜好正在逐渐让位于对 AI 的全面持续的深入理解，他由战斗型几乎完美地转为"平稳收官"那一类的风格。

中国棋手辜梓豪的访谈很有意思，他比申真谞年长两岁，自 2017 年获得三星杯冠军之后，加入少年才俊"一冠行"的行列已经太久，可能是因为他的向往与众不同：

  我认为现在能向 AI 学习更多的还是布局。布局的套路或者新的 AI 定式可以学习，之后的阶段没有那种可复制性，当然它确实能给人一些启发，还会给出一些选点让人豁然开朗，但是我感觉到后面还是得下自己的棋。

  学习 AI 肯定没有错，但是单纯的模仿难免有些单调。我也会背一些 AI 的攻略，但是下出的棋可能会让别人以为我完全没有摆过 AI，有时候我会突然下一些自己想下的棋。

  辜梓豪显然是希望保留自己的棋风和行棋习惯的棋手。这让我们这个年纪的人想起 20 世纪最后三十年繁花似锦的世界棋坛，那时个性张扬曾经是超级大师的标志。大竹英雄说过，他喜欢自由自在下棋，因为职业棋手以棋为生，他不得不现实地收敛自己，不过他绝对不下那种"很难看的棋"。藤泽秀行也说过，下一个世纪，"已经没有了我们，人们将会忘记我们这里的许多人，但是，人们不会忘记武宫正树，不会忘记他的杰作。他的棋与众不同"。辜梓豪当然也是从胜负出发，更重视从 AI 获得开局启发，然后"突然下一些自己想下的棋"，当然是从他理解的棋理出发。

  三十年前，曾经向金克木先生求教棋道。教授说起过中国人在观赏围棋比赛时的内心：

  中国人喜欢怎样的棋手？还不是武宫正树、大竹英雄、藤泽秀行？……他们的棋很华丽，很接近中国的传统风格，这当然不是从技术上来说的。而对小林光一、赵治勋、李昌镐这样的棋手，有一点无奈，你不一定喜欢他们，也搞不过他们。说到底，在中国人的心目中，围棋还是雅人雅事，骨子里还是文雅的。

  金克木先生实际上在提示，中国人在围棋审美中偏向艺术的美。而对于理性的未必有观赏美的棋子，虽不喜欢，也无可奈何。未知辜梓豪有没有读到教授这一段言语，在我看来，他的 AI "学习观"，不由自主地有着中国式"情本体"的色彩。

这样想过，便将看懂棋的希望寄托在胡耀宇八段和杨杨五段身上，他们是这一场冠军争夺战的讲棋者。

比赛结果当然令人惊喜。辜梓豪先失一局，然后连续胜了两局。

烂柯杯决胜局，辜梓豪对申真谞，2023 年 6 月 17 日

决胜局，也就是第三局，执黑的辜梓豪胜得非常艰苦。

辜申两位超级棋手在本局都曾面临大型弃子考验。这一类弃子，不是如火箭飞升中推进器脱落那样主动的有准备的放弃，而是在生死存亡关口，蜥蜴断尾这样被迫进行的选择。这一局棋，大局的凝聚升华或者散佚崩溃，都在一两着关键的棋。

辜梓豪长考是在右上。反复权衡，黑子断然弃子，在外面筑起一道厚势，中腹偏右张开了大模样，准备和申真谞进行头绪纷繁的激战。

此时，AI 给予申真谞白棋的胜率到了 90% 以上。胡耀宇和杨杨的手，在棋盘上眼花缭乱地摆着变化图。摆定，杨杨看了胡耀宇一眼，胡耀宇便说：

这时候，辜梓豪等于在足球场上，得了一张红牌。少一人，还得让人罚一个点球。这个点球还真罚进了，0 比 1。黑之大空即使围成，依然不够。

如果白棋由 AI 来下，那么大局已定。AI 虽然不知道前面有多少个"坑"在等着，可是它扫描一次走一步，总能走出一条路来。作为人来下呢？人的思路现实得多，由近及远，坑坑洼洼都在路上，但总有算不到的地方……

当然，对付这样的局面，如果是李昌镐来操控，那么获胜八九不离十了。

申真谞毕竟不是李昌镐，他猛追穷寇，全线压上，以图一击而胜。杨杨非常意外："攻得太猛啊！"胡耀宇感慨："他本可以不战而屈人之兵。"

接下来，辜梓豪退却中猛然反击。瞄准右下角走出妙手。第 88 手之后，AI 给予申真谞的胜率仍旧有 82%。

是否弃去角部？轮到申真谞长考。

胡耀宇和杨杨在棋盘上又摆出很多变化，胡耀宇说：

> 我们在这里将几个变化摆一摆，从大局看，申真谞唯有弃掉右下角方才有希望。或许这是 AI 给出高胜率的依据。
>
> 机器不可能提醒棋手需要大局观。在人"看不清"的时候，AI 的胜率只能参考，甚至还不能作为重要的决策依据。

申真谞希望平稳过渡，最后选择不弃子，保住右下角。恰如他赛前所说"更喜欢平稳收官的棋"。

但是，AI 的白棋胜率陡降到了 44%，辜梓豪领先了。

胡耀宇的视线，一直在棋盘上。他重新将这一局棋摆了一遍，在申真谞所迷惑的右下角，把一枚黑子重重地拍在棋盘上。这一"小尖"辜梓豪实战并未下到棋盘上，是他知而申真谞当时未知的无形存在。申真谞后来发现漏算，不得不多补了一手，就此失去了主动。

胡耀宇评论：

> 这以后，申真谞非常难，从他脸部表情看，他似乎在懊悔刚才那着"干亏"的棋，他督促自己不要慌乱。可是他平静不下来。辜梓豪连续不断地攻击，他也不断抵抗。从棋上看，他思路凌乱、涣散，不再有严密的逻辑。

人们手里已经有了那么多的 AI 工具，为什么还要来听胡耀宇讲棋？

因为对局中神秘的大局观念，只在棋手的思维中存在。

AI 不会告诉我们何为大局观之美，因为它的程序中不可能有审美。胡耀宇可以告诉我们，大局的关键处在于权衡厚薄、掂量轻重、探明虚实，这里也有价值，不过是微妙和未必可计算的模糊价值。辛申之局的大局，更是不可量化的"大模糊"。

如科学家实验报告所言，人类大脑出色的"全局性的信息统筹与加工能力"，才是理解大局观的真正背景。

马元教授传来苏轼的《观潮》，说是其中"二次转换"非常值得领会。

> 庐山烟雨浙江潮，未至千般恨不消。
> 到得还来别无事，庐山烟雨浙江潮。

他一定是在说他的《一切水》。我便积极并浪漫地伴他"误读"：

当 AI 初到棋坛，棋手一味惊呼，不知所以。细辨才知道 AI 的棋相当精彩，棋手包括爱好者全体，一头扎进 AI 棋谱之中苦修。只怕自己学不到，学不尽，乃"恨不消"。一次转换。

棋手集体静思默想，日渐领略 AI 的棋，更知"到得还来别无事"。一条进阶之路就在眼前。苦修所得融入自己的经验，照样和人下棋。而且把棋下得更好。二次转换。

辛申对局自是二次转换的典型。细心找出录像，再听胡耀宇和杨杨的讲解，便可观赏辛申两位高手的棋，有时可见 AI，如惊世骇俗的"庐山烟云，钱塘潮水"，有时又见到体现棋手本性的"泰山日出，壶口瀑布"。棋手内心展现了比以前更为美丽壮阔的风景。

胡耀宇和杨杨都观察到，对局中两位棋手时有思路的跳断。今天的棋手，毕竟还没有完全将 AI 可能的美，归于棋手自我体系的美。需要时间来磨合，方可完善为全局和谐的美啊。

子曰·异响

那天，一起欣赏了马元教授的另外一件作品《子曰》。一个方形的小水池，底部是神秘的棋盘。

陈海蓝先生，和我年龄相仿的老者，本次展览的两位发起者之一，指点着棋盘说："围棋最早该是从天文来的，和《易》大有联系。"

有许多说法可以讨论，仅取一种："古代十七道棋盘，周边正是 64 个交叉点。《易》也是八八六十四卦。"

马元教授说："海蓝先生昨天还和聂卫平下棋来着。这也是展览的一部分。"

相视一笑，展馆里到处是智慧的芬芳。

一旁的墙上，有着 32 秒的投影。马元教授三岁半的小外孙站在棋盘边上，往水里投了一颗黑子。

马元教授的手记是：

> 棋子是子，可谓"子曰"，此处省去五千言；
>
> 童子是子，可谓"子曰"，有以于视频；
>
> 作品有言，即此"子曰"，此处省去一万言；
>
> 观者入局，投子拈花，何为不是"子曰"呢？
>
> 此处省去八万四千言。

海蓝先生说："聂卫平来此，面对此局，并未投下一颗子，仅留下一句话：'如果我往水里投子，便是输了。'"

输给谁？输给了棋？

曾经采访过全盛时期的聂卫平。他赞美围棋："它魅力无穷，是我们，乃至我们的后人，再后边的人，都难以将它研究清楚的非凡的东西。"另一面，作为棋手，棋又在折磨他："说得难听点，它是一个鬼。搞不清它是怎么回事，越看越讨厌，越看越讨厌。你多喜欢它，就有多讨厌它。"

三十年过去，言犹在耳。

聂卫平的"子曰"是什么呢？不如省去千言万语。

马元教授是天津美术学院油画系的老师。他与围棋渊源颇深。前清八王爷溥佐，是道光帝四世孙，善画并善棋。溥佐是天津美术学院教授，马元的父亲是他

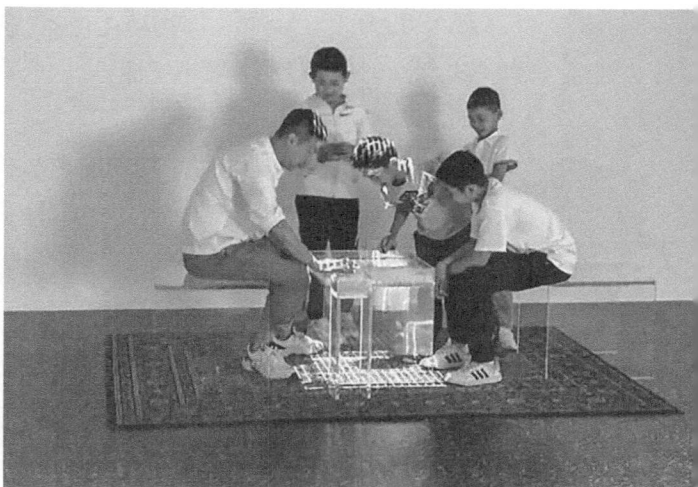

的同事。他们同住在天津美院家属院，那儿原是民国临时总统曹琨的宅子。马元的父亲经常和溥佐对弈，引来很多人观看。一张模糊的照片。马元指着一个看棋者的身影说："那就是我。"

马元对围棋的种种畅想，当在他成为艺术家之前。

某夜，马元教授发来几行文字：

你可约海蓝先生一起去"局"展现场，让久事展馆的工作人员，把《子曰》作品再完整地看一下，把水先倒出来．看贴在桌子上的九个星位，再把棋盘放上，对准棋盘上的九个星位，注5升水，正常展示光线看。后把所有灯都关上，只留一盏投影灯，投摄棋盘十九路网格，中心在天元的位置上，放一颗白色棋子再看……

海蓝先生可给你解释……

依旧是如禅一样的语言。整个展览中的艺术品，都需要独自一人，缓缓地，细细地品味。只是不解，马元教授为什么要我投入一枚白色的棋子，而且要投向棋盘中心天元呢？

面对《子曰》，那时尚未访问棋界诸贤，便说不得。暂且用前人的禅语来回答马元教授吧：

《弈人传》卷八，曾摘录《渔隐丛话》之一则，说到欧阳修曾经拜访法远大师，法师"挝（zhuā）鼓升座"，因棋说法：

> 休夸国手，谩说神仙，赢局输筹皆不问，且道黑白未分时，一著落
> 在什么处？
> ……

我们说或者不说，在马元的作品《子曰》前，都是在对围棋古老而又在不断发展哲理的回溯。马元教授说过，他用禅来为作品立意，看重的是东方智慧。他更愿引用爱因斯坦的话，"我所信仰的上帝是那个从万物秩序当中规律性所显示出来的上帝"。

如此读禅，读棋，心明眼亮。马元教授完成此作，便可说，"作品有言，此处省去一万言"，换来一声异响。

策展人屠宁宁，对现代美很有心得的女艺术家。她对《子曰》有丰富的联想：

> 打入棋盘的棋子因为水的"第三者"加入，成为不能完全按决策而落
> 在经纬交接处的一手"棋"。也正是因为人生中那些意想不到的局面，因
> 为对弈中的某种偶然性的加入，艺术家借水来隐喻"谋事在人，成事在
> 天"的"无常"。
>
> 我们或者应该改变我们对科技永远利好的向度，当人类迭代更新地
> 改造世间，以为科技可以突破认知，努力即可接近真理。却发现，新技
> 术的发明，新领域的发现有时带来的是更大的未知。"无常"弥障了眼眸，
> 也正因为对"无常"的未知，才能在知的时候悟到"美"，并成为让人们在
> 某一刻动情落泪的意义。

屠宁宁和陈海蓝、马元一样，是艺术家中经常陷入沉思的人。她的"子曰"便是为展览作品所写的介绍。书卷气息，一读便可感觉，亦是一声不小的异响。

我以为屠宁宁所说的"科技"可以特指当下舆论颇为红火的人工智能，或者具体为 AI 围棋。人工智能如《子曰》棋盘上那些水，折射了人们的视线。要精准地

将棋子投到算好的交叉点上，因为水的阻力影响，颇为不易。这种"偶然性加入"的"无常"似乎在象征，全世界所有的棋手，无论年龄，无论战绩，都面临着浩淼的未知——AlphaGo用高强度运算，宣布每一位棋手，哪怕是世界冠军，都要重新从茫然无头绪开始。

张爱玲曾经翻译过海明威的名著《老人与海》，她为中文读者作的序言似乎就在说，真正的"动情落泪"，就是人类那种永不止息完善自己的激情：

> 《老人与海》里面的老渔人自己认为他以前的成就都不算，他必须一次又一次地重新证明他的能力，我觉得这两句话非常沉痛，仿佛是海明威在说他自己。

每一个孩子拿起棋子，就不再是旁观者，都要争胜。只要下棋，即使棋下得不成样子，也是在独立审美，寻找着自己心目中的棋道。从古到今，每一个天才棋手，在战胜首个强手之后，总是追求向更加厉害的角色挑战。一辈子下棋，都在重复"老渔人"式的沉痛。

海明威是诺贝尔文学奖获得者。稍晚些，川端康成也获得了诺贝尔文学奖，作为小说家，他曾经以"观战记者"身份，全方位见证了旧时代最后一位棋手秀哉败于新锐棋手木谷实的引退之棋。秀哉去世之后，川端康成写出了秀哉，一位老年棋手精神状态的不朽作品《名人》。

曾经向很多年轻人推荐这一部小说，可惜他们已经习惯了当下那种轻飘飘的叙事。因《名人》"枯燥""冗长"，不少人并未将小说看完。

谁能够读懂川端康成？读懂他笔下秀哉沉痛的美？

唯有苏甦说："秀哉？我看《名人》看哭的。"

苏甦二段，毕业于上海外国语学院日语系。是最具文学气质的棋手之一，调皮的东北姐姐。她的连载自传《苏小驴学棋》，收获了很多少年笑出的眼泪。

苏甦又发来："我的围棋水平实在有限，说点厚脸皮的，有些感同身受。"

"看《名人》是五味杂陈。两位主人公在棋盘前就是斗士。其实胜负也许不是重要的，衰老和疾病也不是重要的。时代的更迭，新旧交替都是必然的。随着年龄的增长，我更容易对人的命运感到无奈而唏嘘。"

苏甦说到了命运。命运中的"无常",棋手在胜负世界人人都会遇到。

我为我所仰慕的围棋大师们,都写过文字。他们不知道碰了多少壁,走了多少弯路,经常在围棋技术一场又一场变革带来"更大未知"的迷阵里苦苦跋涉。他们也知道围棋博大幽深,个人所悟到的围棋之美,不可能是终极之美。不过,即使这样的美属于他们仅仅片刻,也值得付出一生去孜孜以求。屠宁宁说,无常"弥障了眼眸",周边都是"未知",真知便越发珍贵。

问苏甦:"AlphaGo 出来的那些日子,你哭过吗?"

"我师兄在刚开始李世石输的时候就说人类要至少被让三个四个子,当时大家都觉得他说话过于夸张了。后面发现是事实,群里清净了很久。"

"清净"而无泪,便是未必到"知"的时候。就再问苏甦:"你以前哭过吗?"似乎唐突。苏甦经常被看作女棋手中的"纯爷们"。

"哭过。"

19 年前,苏甦 22 岁。一场车祸,妈妈没有了,父亲和她都进了医院。车祸第六天,在沈阳 463 医院,她还没康复,就参加了一场网赛。

"顶着一个大光头,头上缝了二十多针,天灵盖上还贴着纱布,骨折的手缠着绷带。那个时候还不知道后背也有骨折。我爸断了六根肋骨,硬是没有住院。他特意到医院,坐在隔壁的空床上,陪着我比赛。"

"我在棋盘上下棋,我爸替我往电脑上摆。我心疼着我爸,在我们入医院时,我的双眼因神经压迫暂时失明,我爸要背我上三楼去检查。他是解放军老兵,忍得住疼,还不知道自己的肋骨断了。幸亏我也是爷们脾气,硬要自己摸索着栏杆上三楼等医生缝针。想想也是后怕,如果他背了我,断了的肋骨扎破脏器,人就没了。"

她发来那时下棋的一张照片。说,太丑了,别给人看。

只有惊呼的份。这一对父女啊!

"我还赢了一局呢。自己的感觉就是悲壮,但是又觉得对得起自己棋手的身份了。"

"下棋时,我非常平静。当我复盘时,知道哪一着棋走错了,忍不住就后悔。哭了。"

围棋之泪绝不寻常,不会如小儿女那种悲悲切切,唯有在遭遇无常时悟到棋之美在何处，情怀激荡，泪水才夺眶而出。

苏甦在浦江学院讲授外国围棋史、中国围棋史和围棋教育学。我一直惊讶何云波院长没有让棋感极好的苏甦讲授技术课。现在我知道了。何教授本业是文学研究，他明白川端康成的《名人》、吴清源的《天外有天》、藤泽秀行的《胜负与艺术》、陈祖德的《超越自我》、小林光一的《吾妻礼子》……都具有史学价值；但是这些作品中含泪的美，又超越了那种平铺直叙的棋史，只有如苏甦职业棋手的经历，才能"感同身受"地审美。虽然她自认和最高等级的棋手相比，"小了好几号"。

苏甦知道泪水，尤其是知性的泪，总比一般的欢笑美得多："今后我还会流泪。胜负那种感觉总会让人热血沸腾。"

她说，在如今这样的时代，也许和学生一起深挖围棋的历史、文化可能更加有意义了。

她会想象哪天在教室里，因她的讲课，教室内集体泣不成声："在课堂，把学生讲哭应该是我毕生追求的境界了。"

如获真知，下棋人便会想起一路走来的千辛万苦，才会情动有泪。世上有数以千万计的围棋同好，因围棋而生的泪水必然不会四处流浪。海蓝、屠宁宁和马元，艺术家就是收集眼泪的那些人，他们理解人工智能出现在围棋的这个年代，棋手的眼泪格外动人真挚。于是尽人间色彩、线条和形状，描写感性和知性撞击形成的无色晶莹的水。

为这几行字敲击键盘时，窗外电闪雷鸣，一场豪雨。忍不住热泪盈眶，眼角淌下一滴老泪。知性的泪。

2023 年 6 月初至 9 月末

川端康成的秀哉

　　没有一部关于围棋的小说，像《名人》一样声名远播。作者川端康成，是 1968 年的诺贝尔文学奖的获得者，小说中所写的这一盘棋，又是在围棋史上最有名的棋局之一。

　　日本二十一世本因坊名人秀哉，在他 64 岁那年，要以一局棋来告退棋界，一位年轻棋手的代表被推上了舞台，这就是木谷实七段。这一局棋下得十分激烈，双方限时四十个小时，其间，由于秀哉名人的健康状况，棋局中断了三个月。实际上，这一局棋从 1938 年 6 月 26 日一直下到 12 月 4 日。

　　几乎在所有的日本名局棋谱中，都要将这一局棋收入。这一盘棋的意义重大，已故著名的围棋评论家赵之云和他的夫人许宛云所编著的《围棋名局赏析辞典》中，将这一盘棋，放在日本卷（上）的最后一篇，这就是说，这一盘棋是日本围棋的一个时代的终结。而本因坊秀哉，就是日本传统围棋的最后一位棋手，他是日本围棋最后一位终身制的本因坊和名人。在他之后，所有的头衔都不再固定，要由棋手逐年去斗取了。

　　川端康成这样写秀哉名人的处境：

　　　　从各种意义来说，秀哉名人好像站在新旧时代转折点上的人。他既要受到旧时代的对名人的精神上的尊崇，也要得到新时代给予名人的物质上的功利，于是膜拜偶像的心理同破坏偶像的心理交织在一起。在这样的日子里，名人出于对旧式偶像的怀念，下了这最后一盘棋。

　　秀哉名人在这一局棋之后一年多就去世了。川端康成在小说中反复写到了死。"正如秀哉名人的棋艺以这盘告别棋而告终一样，他的生命也宣告结束了。""说不定是这一盘棋夺去了名人的性命呢。下完这盘棋，名人再也恢复不了健康，一年后就离开了人世。"

当年报纸刊载的名人引退棋预发消息

川端康成是这一盘棋的见证人，他受报纸所托，以一位名作家，成了这一盘棋的"观战记者"。这一对局进行中，川端康成在报纸上作了几十次观战报道。

《名人》这一部小说，是在棋赛结束后 13 年，也就是 1951 年开始写的。直到 1954 年才写完。在小说中，本因坊秀哉仍用原名，木谷实成为"大竹七段"。而作家本人则用"浦上"这一称呼。这一种写法，在中国当代文学中，一般被看作是"纪实小说"，是事实的小说化再现。

川端为什么要写这样一篇小说呢？他是在重复他的观战记吗？

不会的。川端康成是一位十分有性格的作家。他的每一篇作品中，总是有着"属于川端"的那种美。这一点，很有文学功底的棋手吴清源就有深刻的印象。吴氏在他的回忆录中这样写：

> 川端康成对"美"有很深的研究，是位有细致观察力的天才作家。因他作文章反复推敲、追求尽善尽美，如同制作艺术品一样，所以经常延误交稿期。战后，为了写《吴清源棋谈》，他投宿于仙石原的表石阁，用了三天时间到我那里采访。记得出版社的编辑因与川端的稿约到期，为了使延误的稿子尽快到手，不得不派人一直尾随于他的身后。

川端的小说，并不强调小说曲折的情节，文字像流水一样，一路潺潺流去。不是那种浓郁得令人透不过气来的强烈的冲击式的美，而是有着东方的含蓄、深

沉、淡雅的美。有待读者细细地欣赏和品味。这种美，存在于日本传统文学之中，就像日本人钟爱的菊花，散出的香气淡淡幽长。在《名人》中，要欣赏这样的美，当要一点一滴，从每一个细节去感受。

《名人》所写的是本因坊秀哉的最后一战。这一战，如果失利，将要终结一位超级棋手的围棋生命，也将终结一个旧的围棋时代。去下棋，会有"风萧萧兮易水寒"的悲凉，下完棋有"长使英雄泪满襟"的悲壮。但这样的沙场战士式的豪情，川端寄托在一个身材短小貌不惊人的老人身上。

他眼中的秀哉，是这样一个人：

> 名人绝不是美男子，也不是富贵像。可以说是一副粗野的穷相。不论取其哪个部分，五官都不美。比如说耳朵吧，耳垂像压坏了似的。嘴大眼细。然而由于长年累月经受棋艺的磨炼，他面向棋盘时的形象显得高大而稳重，仿佛在遗容照片上也荡漾着灵魂的气息。他像是酣睡，合上眼睑露出一条细缝，蕴含着深沉的哀愁。

川端对美研究的结果是特别的，他说，美只存在于"少女、孩子和濒于死亡边缘的男人"。川端康成在老年的时候曾写过一篇散文，标题是《不死》。在这一篇被评论界看作是川端晚年代表作的文字中，川端写了两个人物，一个是在年轻的时候捡高尔夫球的男人，一个是深爱着他的姑娘。这两个人没有结成良缘，姑娘殉情死了。在男人老年的时候，姑娘还是那么年轻，飘然而至，重新开始了他们的生活。他们一同离开了世界，也一同地"不死"了。这里，可以看到川端康成的美学倾向。

川端康成将本因坊秀哉当作他的作品的主角，是他美学观念的必然。有一种说法，真正的美，总是在悲剧之中显现出来。最美的常常不是太圆满和太完整的故事，不是太强大太重量的人物。美是一种感情，是一种在流动中的情绪。弥漫在这篇小说中的，就是浓浓的悲情。这样的美，不会非常的光鲜，却能够深入肌骨。

秀哉在川端的美学观念上，是一个"濒死的男人"。这不仅从年龄和生理上可以这样看，从他的精神上更能这样来看。

由于年龄，一位老人正在一点点失去了在人生的波涛中的一切美好。最后的一盘棋，将会把他生命中的最后的光点夺走，这也等同于将他的生命之火最后扑灭。下棋无疑是在作最后的抗争。棋局的失利，名人的逝去，是美的终结，也是人格美以及围棋美的诞生。

日本人十分喜欢樱花。樱花的美，十分短促，它很难开得久。在盛开的时候，樱花染红大地。但是，只要一有风雨，鲜艳的樱花就会纷纷飘散，零落一地。樱花的美，常常出现在艺术的作品之中，描写樱花，就有凄婉的爱怜在内。樱花就作为一种回忆和想象，长留在人的心间。《名人》中秀哉的美，也有樱花的特点，川端将他一生辉煌一笔带过，仅截取了最后的一盘棋。《名人》是一片正在飘落的樱花，这也正是这部小说的日本文学的传统风格所在。

川端表白，他在棋战时，"与其说是在观棋，不如说是在观察下棋的人"。川端在棋场，作为观战记者，不得不忠实报道棋局进程，赛场上的观察，无法在报道中写出来。作家的理想和作家的理解，川端从赛场带了回去。强烈的个人情感，经过了想象的发酵，弥漫于小说之中。

纯客观的记录和以真实的故事为素材的艺术品当然不同。正如浸透了水的毛巾绝不是浸透了泪的手帕。

川端笔下的秀哉，是一位真正的大师。他写，只要名人在棋盘前坐下，就会生出一股习习和风，使周围变得清爽畅快。

名人是在病中接受挑战的。名人强忍着病痛在棋盘上下棋，而且，还要忍受对手利用新规则的种种便利。在这时候，名人的心情是矛盾的。但是，要在棋盘上留下美的棋谱的想法，一直支配着他去下

木谷实在棋墩上打下第一枚棋。右上角为观战记者川端康成

完这一盘棋。他下棋的态度十分严谨和郑重，围棋中有他的一生追求的理想。他要将"常胜名人"这一称呼，留在最后的一局棋上。

名人一直在病中，但是，他不放弃比赛，他说："只要还在下这盘棋，我的病就不会好转。我常常突然这么想，把这盘棋全扔在这儿，我就舒服啦。然而，我不能作出这种对艺术不忠的事情来。"名人在比赛中一度脸部开始浮肿，这是心脏病的征兆，在坚持了一段之后，名人进了医院。名人在久病之后重返赛场时，特地把白发染黑。而在棋局几乎无救时，他又去理了一个平顶头，近乎光头。

在小说中，名人一直在他的对手大竹的纠缠中。大竹在比赛中，每下一步，都要长考，有时一步棋要思考三个多小时，作为病人的名人在对局中缺乏耐心。大竹在比赛中不断地上厕所，干扰了名人的思考。大竹无视名人的权威，而在规则问题上有近乎固执的要求。名人对大竹是宽和的，是忍让的。尽管这一位棋手，是将他最后理想夺走的人。名人坚持了传统的围棋的精神，要高举一面很难再高举的旗帜。

名人在最后一次的搏击下出了败着。在他看到大竹 121 手，以类似打劫的一着来作为封手时，他被激怒了。他感到了围棋艺术被破坏了，围棋风雅传统被破坏了。

名人后来说，这手棋，就像"在难得的图画上涂了黑墨一样"。名人在棋盘面前虽然没有流露出来，心中却是愤怒和沮丧。在"忍无可忍，暴躁起来"下出 130 手，这一局棋就此狂澜既倒，无法挽回了。

名人败了，川端以一种低回的调子，描写了他失败后的孤独和感伤。

很难想象，在这样的低沉的描写中，川端康成还能将一种特有的力量注入到了一个形体瘦弱而在艺术上丰满的形象之中。他的心灵，他的情操，他的精神，都在节节的失败和步步走向死亡之中一点点地升华。

这一部小说，出色地完成了对人物的塑造，成为艺术的精品。

川端的同情，是在秀哉的一方。他在刻画人物中，也在刻画自己的追求和自己对生活的态度。我们可以从名人的身上看到川端对待艺术的态度。川端对于围棋的一片挚爱，也通过秀哉这个人物，表现出来了。

川端康成将秀哉写成了一个围棋传统精神的最后的卫士，是在世风日下的围棋界捍卫正统的一面旗帜。名人秀哉下棋时，无言唱着一首旧时代的挽歌，送别一个时代；川端康成于字里行间也在唱着一首挽歌，他在辞别拥有旧时代精神的最后一位棋手秀哉。

但是，《名人》中的秀哉，并不能看作就是生活中的本因坊名人秀哉。这是因为，当川端将深深的同情和赞美给了秀哉之后，这一个"秀哉"就带有川端康成的艺术创造，换句话说，这是川端康成的秀哉。

这样，我们可以说，小说中那样精神形象高大的秀哉，不一定完全是真实的；小说中那个猥琐渺小的大竹，也不是在20世纪培养出一多半超一流棋手的大师木谷实的精神形象。从更高的角度来看，对一个必然要灭亡的旧的赛制，无须流下依依不舍的泪，旧的围棋精神由新的围棋精神所代替，也是历史的必然，而不是围棋的沉沦。从新制度更合理的角度来看，这体现了围棋在大踏步的进步之中。当然这种历史的必然在小说中是过于轻描淡写了。

秀哉处在这样的历史时期，他的执着和顽强，就更增添了他的悲剧色彩。带有时代和个性色彩的美学观念与理智和科学，往往是难以在同一立场上的。

在木谷实对秀哉的一局棋前五年，曾有过一盘轰动日本，后来载入史册的棋，这就是吴清源对秀哉的挑战赛。当时，吴清源只有19岁，正处在和志同道合的木谷实进行新布局研究的"癫狂时期"，因此在布局的1、3、5手，石破天惊地走出了"三三、星、天元"。这一开局，在吴清源很自然。但是，却在本因坊一门中，掀起了轩然大波。因为"三三"一手，在本因坊门中被列为"禁手"。而在社会上，棋迷中虽有人喝彩，而"岂有此理"这样的信作，也像雪片一样寄到了新闻社。

上世纪，当年届古稀的吴清源正式宣布引退的时候，他曾对人回忆过这一段往事。后来，在报纸上，登载了黄天才的长篇连载《吴清源棋坛恩怨风云录》，其中有这样一节：

当时棋赛的各种规章法则，不像现在这么周密严格，加以，秀哉名人的地位太崇高，棋院及读卖新闻社也不敢特别制定比赛规程来约束这位一代宗师，于是，这场全国瞩目的大棋赛，除了按传统惯例进行外，特别规定之有两项：一是双方的用时限制，各为24小时；一是每周只对弈一次，原则上是每周一举行。由于规则不够严密，结果出现了很多毛病，譬如：因为没有规定这场棋赛必须在若干天内赛完，结果，这一局棋从昭和八年 10 月 16 日开赛，直到昭和九年 1 月 29 日才结束，整整拖了三个半月！

当时，秀哉地位高，名气大，吴清源只能听任他摆布。秀哉兴致来时，就通知吴清源去对弈；秀哉弈到疑难不决的地方，需要慢慢考虑时，就说一声"今天到此为止"，遂即打挂休息，吴清源也只好听命。

其间，第八次对弈时，秀哉坐定后，打出一子——这是他休息考虑一个星期而决定的一手棋，吴清源略加考虑，两分钟后，应了一手，秀哉名人随即陷入长考，默坐了 3 小时 17 分钟后，宣布打挂休息，起身走了。这一次对阵，等于只下了一手棋，弄得在场观战采访的新闻记者们都抱怨连天，不知道如何写新闻。如此随时随意可以停手的棋赛，对于辈分较低的棋士，真是不公平，而且还容易出弊病。因为，当时还没有采行所谓"封手"制度，作弊是很难防止的。

尤其，在当年吴清源挑战秀哉名人那一局时，每星期才对阵一次，三个半月中，一共对阵 14 次，每次休兵，都是吴清源摆下黑子后，名人秀哉宣布打挂。因而，每次休兵，秀哉都有一个星期的时间来从容考虑对策，他所占便宜实在太大了。

但弊端还不止此，重大弊端还出在有帮手助拳的事情。当时，竟然闹出这么一个纰漏：

在昭和九年 1 月 15 日，第十二次对阵交兵的时候，秀哉名人的白棋已经相当不利，陷在处处受制的困境之中，所有观战的人都看好吴清源的黑棋。那天秀哉只下了两手，当吴清源摆下了他的第 159 手时，秀哉发觉形势更紧，所受压力愈来愈大，遂宣布打挂休兵；回到家中，本因坊门下徒众群集，大家遂围拥在棋盘边共同研究起来。

当年，像秀哉名人这样的顶尖高手出战，他的门徒亲友群集家中列阵摆谱共同研究，本也是常有的事情，大家七嘴八舌提提意见，当然也难免。但这一次，既是如此重要的一盘棋，而对手吴清源又是匹马单枪挑战的小后辈，日本棋界的一般公正人士都认为本因坊门下徒众应该自重自束，不能以众欺寡。

休兵一星期后，第十三次对阵交兵，落子之后，全局改观。吴清源全力抢救也挽回不了已被翻盘的危局。此后，棋势急转直下，进展快速，一星期后第十四次交兵，就全局结束了。吴清源黑棋以两目败。

这"犹如天兵神将的160手"，当然成为大家谈论的中心。在谈论中，竟爆出惊人的内幕：原来这一妙棋，不是秀哉本人想出来的，而是秀哉的高徒，棋坛新锐前田陈尔的杰作！这个传说，愈来愈盛，竟成为日本棋界公开的秘密；这一局棋，遂成为日本棋界的传世名局之一。

作者在写这一段的时候，不免带着浓厚的感情。不过在列举事实为吴清源抱不平的时候，却忽略了一个常识。对手能在某一手就力挽狂澜将一局棋翻过来，那么在自己的一方，就要研究，在前面出了什么问题了。

在后人的研究中对本局的评论，是平和多了。在《围棋名局赏析辞典》日本卷中，有这样的评价："黑157，错过了次序，是本局的最后败着。"第157手在160手之前，显然是吴清源给秀哉以机会了。

当然，秀哉在局后召集门徒和利用打挂拖延时间思考绝不是什么堂堂正正的大家风范。正是这样的一群人对一个人，长时间对短时间的比赛，给吴清源以很大的不公平。

这一局棋，对吴清源的一生有深远的影响，不但有助于他的威名传播，而且，使他的名字与日本棋界后来普遍采行的"封手制度"连在了一起。

在这一局棋后五年，本因坊秀哉引退，棋界为他举办纪念棋赛，由全国高手互战选出战绩最佳的一位挑战者，向秀哉挑战一局。吴清源因病未参加比赛，而由吴朝夕相处的棋友木谷实赢得了挑战权。在挑战赛开始之前，木谷实鉴于吴当年落败的教训，遂坚持要求实行"封手制"，以示公允。自此之后，"封手制"才普遍采行。

在受到不平待遇的年轻的一方，经过失败和斗争，才争来了平等的权利，没有理由不百倍珍惜。在秀哉引退棋的时候，和吴清源同样代表新生代的棋手木谷实，要全力捍卫年轻一代的权利，当然没有什么错。

在川端康成的一面，他将一位悲剧人物写出来，用自己的美学观念，抒发自

川端康成在诺贝尔奖颁奖典礼上

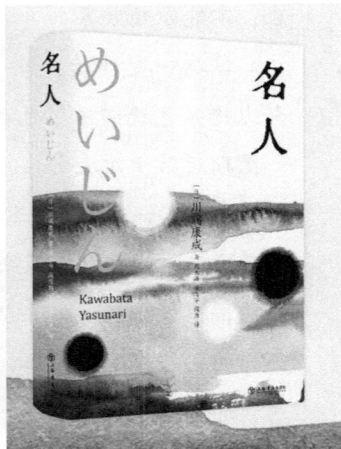

国内《名人》的新译本

己的情感，也没有什么错。

欣赏文学和研究历史毕竟是不一样的。对研究者来说，将小说和事实作重合对比的时候，应该有自己的思考。

川端康成在 1968 年获得诺贝尔文学奖。他在获奖时的演讲是《我在美丽的日本》。这是一篇谈日本文化之美的散文。当中国文学家严文井得到这一篇文章的中译文本的时候，将它介绍给大病初愈的棋手陈祖德。当时，陈祖德以他的自传《超越自我》，进入了文学的领域。

令人惋惜的是，川端康成在获奖三年多之后离开了人世。川端是自杀的。在自杀之前没有留下片言只字。

1972 年 4 月 16 日下午，川端康成对家人说是要去散步。但是，直到 6 个多小时之后还没有回来。家人要川端的秘书到他的工作室玛丽娜公寓去找，公寓的管理人说，川端在下午 3 时出现在公寓里。开门之后，屋里全是煤气味，川端康成独自一人在盥洗室里，静静地躺在棉被上，口中含着煤气管。一旁还放着开了盖的酒瓶和酒杯。

川端为什么要在功成名就的时候自杀？这在世界文学史上，一直是一个谜。

有学者认为，川端的死，就是他洋溢在作品中"死亡之美"的体现。

川端在获得了殊荣之后，在社会生活和创作上，都有不如意处。社会生活中的矛盾使他陷入深深的空虚之中。而在创作上，又由于生活的枯竭，新出的作品，没有受到好评。有一种盛名之下其实难副的恐惧。一个作家是以创作为自己的生命的，创作能力衰竭了，生命力也就会衰竭。川端康成在创作中，常常依靠安眠药来支持。他的很多的文学作品，是在药物的作用下，幻变出来的美。如果读过川端晚期的小说，那种迷幻，那种虚无，那种死亡的凄美，在精致的小说中时时都在敲击读者的心灵。那也是作家心力交瘁之时灵魂的一种挣扎。川端并不希望苟活，选择了死。莫不是他认为美的最后归宿就是死？

还是来说《名人》，日本文学的传统，在这一部小说中表现得淋漓尽致。

从某种意义上来说，川端的晚年，就是又一个秀哉。川端康成在这部作品中对名人的刻画，难道就不是秀哉在他自己的心灵深处长久的回声？秀哉的终结，难道就不是川端的终结？

曾经向文学家严文井请教川端康成的《名人》。

我说："人生内容的充实和丰富。"

他说："同时给人一种凄凉感。"

我补充："悲凉。"

他更正："悲壮……"

1999 年旧作，2023 年 7 月重新编辑

生命的托付

当这一代棋手开始对人工智能顶礼膜拜的时候，我会想到日本围棋一代宗师濑越宪作。

棋下得不错当然是成为大师的首要条件，而大师只能是时时执着意识到自己的生命和围棋联系在一起的人。他们以棋盘作为画板，描绘自己全部的生命色彩。

将棋下得无人可敌的当代人工智能围棋，真正短板是没有生命，故而如今的机器不可能成为大师。

我当围棋记者的时候，濑越先生已经去世，只能见到他的几张照片。令人印象深刻的是一张他晚年的照片，因为正在思考，额头上有六道皱纹，眼睑部位的皮肤松弛，浮肿而有眼袋。某年在甘肃，经过一片仅有稀疏绿草的土地，车在公路上疾驰，一位站在路边的牧羊老人抬头，看了车子一眼。他的面容，正与濑越先生的照片相像。于是便想，那相貌便是人生裸露于天地空气中的印记。

思考中的濑越宪作

因为要将天才少年吴清源召到身边，亲自教诲。年已 40 的成名棋士濑越宪作，给未满 14 岁的吴清源写了一封语气极为恳切的信。

谨启，前几日，通过山崎氏收到了你的来函，谢谢！我虽未有与你直接见面的机会，但过去从岩本氏那里听说你年纪虽幼，但棋力高强。这次，我又看了你与井上氏对弈的三局棋谱，更加敬服你的非凡器量。若是鄙人的健康与时间允许的话，我真想去拜访贵地，与你亲切切磋棋艺。

然而事情可能不允许，我深感遗憾。

我急切盼望你身体强健，完成大礼后，到日本留学，从而共同不断地研究。愿你能在不久的将来荣升为名人。我的拙劣之作一、二册已寄到了山崎氏那里，在你来日之前，若肯为我研究一下，我将感到十分荣幸。你和刘氏下的二局棋谱，加上我妄下雌黄式的评论，已在《棋道》六月号上登载，同时综述贵国棋界现状的文章也冒昧登载于上。因此，务必请你谅解！

搁笔之时，谨拜托你向贵国的棋伯诸贤们转达我的问候。遥祝你身体健康！

濑越宪作谨具

我所见到的信件照片比较模糊。在一位年轻的中国藏家那里，见到了濑越先生的字。一丝不苟的书法，似有唐楷遗风，是那种花大功夫临帖练出来的字。那样写字，又那样谦恭做人的濑越先生，才可能坚持不懈，最终将吴清源带到日本。

濑越宪作为吴清源找了财界和政界人士。他与后来任日本首相犬养毅的对话，堪称经典。

犬养毅问："你把这么一个中国天才带来日本，如果有一天他把你们全部打败怎么办？"

濑越宪作简练有力地回答："那正是，如我所愿。"

吴清源1928年秋赴日，将自己的生命完全托付给了围棋，也托付给了师傅濑越宪作。

在战争大环境中，吴清源身为在日本下棋的中国人，似乎不配获得棋盘上的胜利，于是吴清源收到了不少恐吓信。有人对濑越先生说，

濑越宪作师徒合影，时间为吴清源初到日本时。左起，桥本宇太郎四段、14岁的吴清源、山崎有民（护送吴清源赴日的商人）、濑越宪作七段、井上一郎三段。桥本宇太郎和井上一郎为吴清源的师兄

还是让吴清源输掉的好，至少不会死。不过濑越先生不会这样想。吴清源回忆：

> 我将那些恐吓信拿到濑越先生那里，本来就事事爱操心的先生看到后，更加为我担忧。……
>
> 最后，先生毅然决定对局继续进行，并热情鼓励我说："即便丧失了宝贵的生命，身为棋手，死于盘上，也应心甘情愿、在所不辞。振作起来继续打下去吧！"

如果没有濑越宪作的这一番话，也可能就没有了在十番棋中无敌的吴清源。

濑越宪作的鼓励，与其看作是棋手对于围棋的献身，不如看作是大师的生命观念。因为围棋，棋手的生命便有所附丽。下棋不再是游戏，棋桌也便成为棋士灵魂之所在。

生命和棋一体，濑越一门，传授的不仅是棋道，更是生命之道。

吴清源的大师兄桥本宇太郎，也曾经在生死关头，受过濑越先生严峻的一课。

1945 年 7 月，本因坊挑战六番胜负战揭幕，由于东京连日遭受美军轰炸，棋院已经毁于战火。于是濑越宪作竭力主张桥本宇太郎和岩本薫的比赛在自己的家乡广岛市举行。

广岛已是盟军空袭的目标，警方坚决反对在广岛对局。但濑越和两位对局者终于在广岛进行了震撼人心的比赛。

在桥本宇太郎的回忆中，见证了 1945 年 8 月 6 日，围棋史上不平凡的一局。

> 突然，空中出现一架像侦察机似的美军飞机，紧接着一个白色降落伞飘落下来。当人们发现飞机影子消失的同时，一片闪光射向整个大地，对局室里，仿佛一群摄影记者同时闪亮了镁灯似的白得骇人。
>
> 广岛上空升起一股不断翻滚着的乌云，闷雷般的隆隆声由小变大，我们还没弄清是怎么回事，一阵狂风般的气流呼地冲进了对局室。
>
> 等我爬起身来看时，才发现我已站在院内的草坪上。急忙冲进对局

室，只见濑越师傅茫然呆坐在席子上，岩本则趴伏在棋盘上。室内物品被吹得踪影皆无，门窗玻璃全都破碎了。

当时只想象是一枚超巨大炸弹，在10公里以外爆炸了，而广岛市被原子弹化为灰烬的事却丝毫不知。

匆匆收拾了一下对局室后，下午再次一头扎进棋盘之中。

那时局面已进入收官，没用

1945年7月，本因坊挑战六番胜负战揭幕，桥本宇太郎和岩本薰在比赛中

多长时间，这第3期本因坊挑战赛的第2局，即载入棋史的"核爆下的本因坊战"就以我执白胜5目而告结束。

在巨大的危难面前，生命是什么？棋手是什么？棋是什么？人是什么？

战火中，命运飘荡。或者渺小，或者伟大。一切都会过去，都会变化。

桥本宇太郎留下的几百字，看起来平淡而不事修饰。桥本曾经下出过许多精彩的对局。如果没有棋盘外的原子弹爆炸，这一局棋将湮没在浩繁的旧谱之中。现在人们记起这一局棋，首先想到的不是过程和结果，而是三个在场者在原子弹爆炸时刻的状态。

还有资料说，濑越宪作先生的第三子，就在原子弹爆炸的当天受到辐射，慢慢走回家中，就此倒地不起。

濑越先生的最后一位出色的弟子是韩国棋手曹薰铉。1972年3月，曹薰铉因服兵役回国。曹薰铉是濑越看作天才的棋手，于是他亲自找到韩国兵务厅交上请愿书，没有人理睬他。

弟子离开日本一个月后，濑越先生的好友、诺贝尔文学奖获得者川端康成用煤气自杀。濑越宪作深受打击，从此再也不出门，当年7月亦自尽身亡。

华以刚八段曾经听曹薰铉说起过此事。"恩师不是悬梁，而是自己掐脖而尽。

据说这种自杀方法从来没有过，也没有成功的先例。没有人可以坚持到最后不松手。恩师实际是非常固执的性格。恩师自尽，我回韩国是一个重要原因……"

濑越留下两封遗书，一封写给家人，"我一副老躯不想成为别人的累赘，所以先走"。另一封是留给棋界后辈，吴清源回忆录《天外有天》中记载，濑越遗书中有"不能再下棋了"的意思。濑越还恳切嘱托日本棋手："一定要把曹薰铉带回来，助他大成。"

棋士不如诗人那样多愁善感。大师都是性情中人，必有生命的苦痛。濑越宪作将自己巨大悲痛，深埋在心间，那些苦痛日积月累，便令他想到苟且的生命毫无意义。尽管没有定论，但可以认为"不能下棋"，或者不能做围棋有关的事情，濑越宪作便觉得这样的生命，没有了质量。

濑越先生确实是固执的性格，可是没有对于人生固执的态度，完全不可能成为真正的大师。

生命何其短促，围棋何其广博。濑越先生最可欣慰的，便是继承了他围棋生命观的弟子们，尤其是吴清源。

吴清源先生在70多岁时，提出"六合之棋"，也就是"21世纪围棋"。1993年，在上海丁香花园，我曾经就此话题采访过吴先生。1997年，又在复旦大学，听他滔滔不绝地对我，一名记者倾谈他的围棋思想。他认为棋手不能将定式当成桎梏，"四面八方都是棋"。

日本棋手已经将数万个定式收入书中，并说，谁能够读得滚瓜烂熟，便可行走江湖。有人以为，功成名就的吴先生是"故弄玄虚"。吴先生一笑了之，他坚持要将研究进行到底，他豪迈地说："为了能够再接近真理哪怕只是一步，我希望自己能活到100岁。为了完成我的围棋使命以及希望通过围棋实现国际间友好的愿望，我要求自己夜以继日地努力研究。"

大师必然对棋和生命的意义有着特别的理解。吴清源和其师濑越先生都不畏死，"生命即棋"，"棋即生命"。濑越晚年，在围棋理想面前感到无能为力，便选择了放弃，棋和生命一起了断。吴清源继承了濑越宪作的生命观念，但是作出了带有中国特色的选择，那就是无论如何，为了围棋也要活下去，研究没有圆满，就决不放弃。

正是这样始终不渝的使命感，令吴清源关注年轻棋手的对局，并且组织了忘年的研习会，重新获得了青春的创造力量。师兄桥本宇太郎早就说过，吴清源是一位"旷世奇才"，更是一位"硬汉子"，"从不知苟且偷生，更不愿沉迷堕落"。

到了耄耋之年，吴先生两片嘴唇一如既往紧紧抿着，目光慈祥。唯有谈到 21 世纪的围棋，他两眼放光，

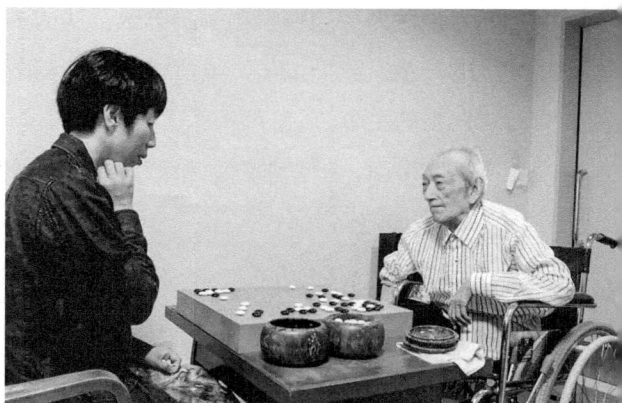

吴清源和芮乃伟。《江芮围棋》资料

横扫全场，其目光锐利，完全不像是一位老年人。上海女棋手芮乃伟是吴先生的嫡传弟子。曾经见过吴先生坐在轮椅上，和芮乃伟探讨棋局的照片。其时，吴先生已经 99 岁，形容枯槁。一张照片，是芮乃伟下出一手，询问吴先生是否可行。另一张照片，他的目光投向弟子，似在提问，芮乃伟陷入沉思……

AlphaGo 问世，只有真正的高手，才能看出科学家借助机器，以算法印证了吴清源先生的部分预言。然而，从"围棋生命"的角度来看，吴清源的贡献远不止于此。

1993 年至 2003 年之间的十次世界女子棋战，芮乃伟八夺世界冠军，成为当之无愧女子棋界第一人。2000 年在韩国围棋"国手战"中，芮乃伟一路连胜，打败李昌镐取得挑战权，决赛以 2 比 1 力克曹薰铉并夺冠，轰动韩国乃至世界棋坛……直至 2021 年 9 月 20 日，在第十四届全运会群众比赛围棋混合双人公开组比赛中，58 岁的芮乃伟与胡耀宇合作夺得冠军。

每一位围棋大师的生命观念会像火焰一样照亮很多棋手的围棋之路。

2014 年，吴清源出版了煌煌杰作 10 卷本《21 世纪围棋》。当年 11 月 30 日，凌晨 1 时 11 分，吴先生于日本神奈川县小田原市内去世，享年 100 岁。

当吴清源离开人世时，我应约写过一篇短文。尽管那时 AlphaGo 并未问世，但是我内心已经有着极大的惶恐。这样质朴的生命观，会不会是棋坛的绝唱？

围棋本是民间游戏，弈棋者也在江湖。因为有了大师呕心沥血的探究，围棋

方始成为一门科学和一门艺术，从诸多棋类中脱颖而出，让人高看一层。大师们的一生，或抑或昂，或喜或悲，都和围棋有关。他们最后奉献给围棋的，已经是完整的生命。

　　推窗，阳光灿烂。艰难苦恨的日子早就远去。我们是不是还会相信棋盘上洋溢着生命之美呢？

2017 年酷暑之后，收入本书有小改动

禅说平常心

将"平常心"的说法，用到围棋比赛中，是棋界泰斗吴清源的首创。

台湾学者沈君山曾经回忆吴清源的一次谈话。吴氏在评论他的学生林海峰获得名人头衔的原因时说："海峰到日本来后，虽曾正式拜我为师，但指导的棋，下得不多。真正说来，我只教过他两句话。"

第一句话，是日本的谚语"追两兔不得一兔"，教导林海峰要专心致志。后来林海峰在专心上，在日本当时的棋手中，没有人能够比得上。

第二句话，就是"平常心"。吴清源这样说：

> 但是专心的反面，往往是过分的患得患失，经不起挫折。海峰在 23 岁就得到了挑战"名人"的权利，紧张得很，第一盘就大败给对手坂田，败后他来看我，要检讨败局，我说："不必检讨了，我给你讲个故事。"
>
> "从前一位老和尚带着一位小和尚住在山上的庙里，老和尚叫小和尚下山去买油。小和尚买了油后，唯恐洒掉，两眼盯着油一步一顿捱上山来，但没到山顶就洒个精光。老和尚叫小和尚再下山去买，小和尚说，我已经万分小心，但油还是洒光，再去买恐怕也无用了。老和尚说：'不打紧，你只管买了油，两眼不要盯着它，心中不要想着它，用平常心捧着碗走回来好了。'小和尚听了老和尚的话，依着他的话去做，果然安安稳稳把油端回了庙。"
>
> 听了这故事，海峰默默地点了点头，就回家去了。第二天，他的棋不倨不恭，赢了坂田，以后连胜，终于成为围棋史上最年轻的名人。

吴先生将"平常心"引入围棋，时间应在 1965 年左右。吴清源在解释林海峰

吴清源和林海峰

的心理现象的时候，有禅的味道在里面。当然，林先生自己具有超人的棋力，以及强大的自制力。一经恩师指点，便成为不会趴下的"二枚腰"，如后来网球场上经常称道的"大心脏"。

很值得玩味的是，吴清源先生在描写林海峰战胜坂田的精神状态的时候，运用的四个字"不倨不恭"，最传神，也最得平常心要领。

坂田在日本当时，棋风犀利，傲慢到斜眼看人也是常有的事。要战胜坂田，当然不能示弱，既然成为对手，就是平等的，一味地恭敬，将对手下出的每一颗子，像经典名局一样来对待，就会失去自己的进取心；但是，过度的自尊，以不敬对不敬，你傲慢我也傲慢，未免会表现出骨子里的自卑和脆弱来，将自己的情绪变坏了。

"平常心"从佛教而来：

　　一日，赵州和尚问南泉和尚："如何是道？"南泉答："平常心是道。"

有一年，报社的北京办事处修整。出差北京就住在中国棋院的招待所里，于是到棋手宿舍和棋手聊天。邵炜刚九段正在读书，说起上面的故事，邵炜刚就说："什么时候都照棋下。棋的形势是怎样的就怎样下。"

"照棋下"，邵炜刚的话是他自己对局的经验。"什么时候都照棋下"，便有着八风不动的境界，不过真的很难。

在超级大赛中，"平常心"岂是容易得到的？

那时，经常向《新体育》杂志总编、中国围棋队领队郝克强请教。他看中日围棋擂台赛的时候，常常手按脉搏，眼观手表。老郝说，一场棋赛，要比一场足球赛消耗更多。在这样的心脏负荷下，恐怕很难保持平稳的情绪，以及清醒的判断，按照棋理来下棋。

曹志林先生去世之后，很多时候，他的那双大眼睛一直在我们面前，稍稍看一眼棋盘，便会想到他的许多文字。特别是他以专家的视角，看到了一般记者所不能发现的棋手情绪的细微变化。

1995 年初，在上海进行了一场七番棋的聂马大战。其时，聂卫平和马晓春是中国顶尖棋手，这一场比赛，前六盘双方势均力敌，3 比 3。

最后一局的最后关口，双方的胜负，仅在半目之间。

之前，两人在情绪上都有了很大的波动。曹志林在赛后将马晓春的反省细致写出来了：

　　当聂卫平决定弃子时，我利用读秒前的最后几分钟飞快地判断了一下形势，觉得是黑棋明显落后。由于白棋紧接着便下了一步缓着，此时局势已对我有利。但我当时并没有意识到这一点，特别是老聂的表情也使我"上了大当"。

　　我已读秒到最后一分钟，哪有时间再好好判断形势呢？我想，聂卫平有足够的时间判断形势。不免观察老聂的情绪。我对聂卫平的对局表情相当了解，他抽烟时的姿势，下棋落子时的神态，尤其是喝完水以后一声习惯性的喘气，无一不是他形势占优时的动作。

　　我觉得必须占些便宜才能挽回败局，所以毫无成算地进入白阵胡搅，结果"偷鸡不着蚀把米"，反而白白损了好几目棋。当时还真闪过想立时认输的念头，但后来觉得还是看看这局棋输几目吧。可是做梦也没有想到数下来竟只输半目。

曹志林随后又采访了聂卫平。聂卫平解释了他对局时的表情："收官时我一直以为形势我好，根本没有意识到后来我可能要输。直到收单官时，我才随意地点了点目。想不到细微得只有半目输赢，当时真吓得出了一身冷汗。所以数子前我反倒紧张起来了……"

聂卫平的表情是因为对当时形势的错误判断而盲目的乐观，马晓春从聂卫平的表情看棋，感到胜利女神正站在聂卫平的背后。于是"进入白阵胡搅"，这才输了半目。

曹志林后来说起这一段故事，他的脸上，不知是遗憾还是庆幸，因为聂马都是他的朋友。不过，将这样的细微的内心波动写出来，自然是记者的本能。

棋场上平稳心态，很难刻意追求。当年，一位年轻的棋手，在一场比赛之前，为消除紧张的心情，专门备了安眠药，又为在第二天下棋时，不至于太过压抑，还备了解药。却不料，他在第一天的晚上，误服解药，最后瞪大眼睛看着天花板，还是睡不着。第二天，将要下棋，又拿起另一个瓶子，想使自己精神一点，却不料又错服了安眠药。不久便昏昏沉沉，再去看瓶子上的纸条，才知道自己服错了药。悔之已晚，跳到游泳池中，也难让自己清醒过来……

多年围棋的采访中，也注意到，绝顶高手虽然有自己的个性，但是在棋盘边上大都有宽厚、平和在内。

听国家篮球队教练钱澄海说过，球打到最后是在打修养。

那么棋下到最后也是在下修养？或许落在棋盘上的第一手棋，也就是在"修养"自己。

这也是禅吗？

1999 年初成，2022 年大删

咸菜面

那一天，吴清源先生从机场来到复旦大学，已经是下午1点多了。围棋学院的老师说，吴先生将下榻在专家楼，我便在走廊上等候。

吴先生这次来到上海，是要主持一场锦标赛。

他后来在自传中写："1997年，上海的复旦大学主办了以我的名字命名的'吴清源杯大学生锦标赛'。"

正是7月，天气大热。吴先生到达，正是午后蒸笼一样热的时刻，不过下车走过短短一段路，衬衣已经湿了。于是陪同的人员，就直接将吴先生夫妇送入客房，嘱咐好好休息，便去赛场了。

我去预约采访。门虚掩着，吴先生正好脱下被汗水湿透的衬衣，准备换上一件短衫。不意间，见到了吴先生老年人瘦骨嶙峋的上身，眼睛不由发酸，便要转身。

吴先生笑着说："就在房里吃吧……"

并没有别人，吴先生的眼睛，也是看着我。我想吴先生将我当作接待人员了，忍住笑，问他："先生吃什么？"

吴先生转身和太太说了一句日语，太太点头，吴先生就说："面条就可以了。"

专家楼的厨房里，只有一位中年厨师坐着休息。我小心翼翼地问师傅，能不能做两碗面条。那位厨师便问给谁吃。我说："刚刚到的客人，吴清源先生。"

"贵客啊，听说他是世界上最伟大的棋手。"师傅便起身，打开了煤气。似乎又有一些不能施展烹饪手艺的遗憾："马上要，只有咸菜了。"

他飞快地切了一盘咸菜，一盘肉丝。又变戏法似的找出一卷小阔面。

"是围棋学院的吗？以前可没有见过你。帮我一个忙如何？我得了两个纪念封，很希望吴先生给我签字呢。"

应氏杯大赛场外，吴清源正在摆棋，旁观者有应昌期、郝克强，王汝南等

"没有想到吧？解放日报的记者。签字么，一会儿一起去房间就行。"

"哪里可以在客房里吃饭。请他来饭厅吧。"

穿着整齐的吴清源夫妇来到饭厅的时候，小桌子正中，一只硕大的碗，浅浅黄色的高汤，撒着一把葱花，滋养着面。另外一只碗，稍小一些，盛着咸菜肉丝。两份精致的餐具，已经摆得整整齐齐。

当然，桌子角上，还有两个纪念封和一支笔……

吴先生用筷子挑起面条，用调羹盛了，又添了一筷咸菜肉丝，这才放到口中。点头说很好吃。

饭后他小睡，然后面对我，一个记者，83岁的吴先生侃侃而谈"21世纪的围棋"……

初见吴清源先生，是在1988年8月20日北京人民大会堂，首届应氏杯开幕式上。吴清源是威严的大赛裁判长。自此，应氏杯裁判长从没变过。

我珍藏着首届应氏杯的大红请柬，上面满满都是高段棋手和体育界名流的亲笔签名。

今晨知悉百岁高龄的吴清源先生仙逝，他是签名者中第十个去世的。

一个令人难忘的围棋大时代，这才落下了帷幕。

2014年11月30日傍晚

木谷家的饭桌

为了刚刚写完的一本书寻找照片，便见到了这一张旧照，如果要起一个好名字，那么最直白的就是《木谷家的饭桌》。

照片是在日本昭和年间的大棋士木谷实先生的家里拍的，一些孩子在他家中学棋。

饭桌够长，是四张长方形的桌子拼在一起，没有桌布。十一个孩子对面坐着，每人面前，一个大菜盘，一碗饭，一碗汤。孩子年龄大小不等。这些孩子，都是木谷先生的学生，可称为"内弟子"。或许也有木谷先生自己的子女，不过看不出来哪一个才是。靠近镜头的，都是一些青春期的大男孩，可能是他们已经有独立意识，或许已经有了段位。便离开女主人远一些。只有最小的孩子，大约还不到 10 岁吧，才坐在饭桌那一端，一位和蔼的妇人身边。自然，小孩子还不知道掩饰，他的眼睛盯着桌子上的美食。

妇人脸上满是笑容，正在给孩子们打饭。她是木谷美春，木谷实的妻子。木谷夫人未嫁时是一个美女，青年木谷爱上了她。独自一人踩着积雪，走进地狱谷的山里，前去求爱。

不得不佩服木谷先生的眼力，美春配得上任何关于妻子和母亲的美誉。她做得一手好菜，而且热爱每一个孩子，无论是自己的孩子，还是天才少年。很多时候，木谷夫人独自操持着道场。木谷先生经常不在家中，只要听说某处有一个初露头角的孩子，他便要亲自登门，说服家长，让孩子到这里学棋。为此，他周游日本。

1937 年，木谷先生 28 岁时，把家从东京搬到平冢市桃浜町，开设木谷道场。37 年中，有六七十个男女少年曾经在木谷家的饭桌上吃过饭。据说，学生最多时有 26 个，吃饭不得不排队。为此，木谷实夫妇养了山羊，又把几百坪的院子垦为耕地。

孩子是盘腿坐在席子上吃饭的，他们也已经习惯了盘腿坐着下棋。或许饭桌上搬走碗筷盘子，就是棋桌。还有一张照片，也是长桌，上面有八个棋盘，棋盘有厚有薄，相信那一个最厚的榧木棋墩，是木谷先生自己常用的棋具，非常贵重吧？不过现在也给孩子下棋了。一十六个男女孩子分坐两列，正在对局。木谷先生微笑着，坐在长桌的远端。而木谷夫人，好像并不情愿在下棋的场合出镜，就在孩子们的背后站着。这一张照片中的木谷夫妇估计已经过了花甲。

第一个告诉我世界上有木谷实这样的围棋教育大师，是上海著名的围棋教练邱百瑞。那时候曹大元和钱宇平已经成名，常昊还不满 10 岁，邱指导不止一次说起木谷先生

的故事。木谷先生是他心中的偶像，永远的传奇。他的心中必然还有对常昊这一辈学生的期盼。

在我当记者，在赛场出没的那些日子，不止一次带着景仰的心情，欣赏着闪光灯照耀中那些日本超一流棋手的风采。少年时，在木谷先生家中吃过饭的，有大竹英雄、加藤正夫、武宫正树、小林光一和赵治勋。几乎是当年全世界最强棋手的一多半。

在比赛现场，采访最多的是武宫正树九段，非常喜欢他那双坦率又秀美的眼睛。也曾经喜欢他整齐修饰过的头发。不过现在他已经谢顶，再也没有"一头秀发"。花甲武宫在与年轻的棋手对弈中，偶然抬头，那双眼睛依旧充满魅力。我得过几位超一流棋手的墨宝，一旦有更喜欢的棋迷，便送给了人家。唯独武宫正树书写"宇宙"的那把扇子，至今还在家中珍藏着。棋手写的书，最让我欣赏的是大竹英雄的《新围棋十诀》，读过很多遍。我不知道还有没有棋手，能够用信手拈来的棋局，讲述深刻的美学道理。也涉猎过一些美学书籍，似乎围棋之美，特别是大竹先生说的围棋美，是最特别的。大竹是棋盘上美的实践者，因此，他的美学理论，和职业美学家当然不同。在棋盘面前的大竹，像是一个朴实的老农，这种朴实和他瑰丽的棋对照，也是特别的美。

大竹英雄号称"美学大竹"，武宫正树被称为"宇宙流"，他们所下的，都是个性张扬的棋，这在胜负世界，非常了不起。从他们的了不起，想到了木谷先生的了不起。他们身上，有没少年就被称为"怪童丸"的木谷先生的某些影子？然而，又如何解释善于精妙计算的小林光一，以及擅长坚韧治孤的赵治勋呢？他们也是木谷先生的弟子啊！不得不叹服，木谷创立的教育氛围，有非常大的宽容性。超级棋手与艺术家不一样，棋手需要和所有风格的对手较量，心胸和视野必须开阔。

我试图在一堆木谷道场的照片中，找到那些我景仰的超级棋手的小时面容。结果仅仅找到了两张。一张合影，说明中仅注着，前右一加藤正夫。小加藤的脸

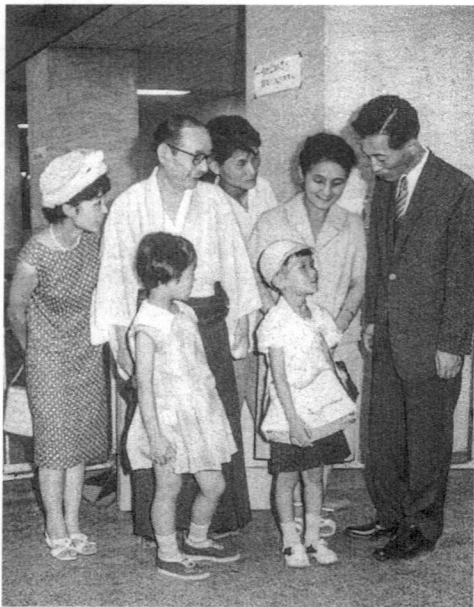

一半是阴影，不过从眉眼可以看出，他就是日后当了日本棋院理事长的"剃刀加藤"。

另外一张，就更有意思了，一个背着书包的小孩，刚刚由韩国到达羽田机场，这是 1962 年，6 岁的赵治勋。木谷夫妇笑呵呵的，欢迎这个新弟子。小赵治勋非常可爱，和赛场中常见的那位头发永远桀骜不驯的强悍棋手完全不同。这张照片中还有一个不容小视的人物，那就是韩国棋手赵南哲，他是赵治勋的叔叔，青年时，也是木谷先生的学生。他回到韩国，每天做着要让祖国有一千万棋迷的美梦，他推着一辆小车，车上装着书和棋具，到处教人下棋。2006 年，赵先生去世，报道中有这样的话："韩国现代围棋史是以赵南哲的名字为开端的，赵南哲是韩国现代围棋的开拓者、鼻祖。"

照片上还有木谷实夫妇的女儿木谷礼子。她穿着连衣裙，戴着漂亮的软帽。小小赵治勋来到日本的时候，她早已是职业棋手。知道帮助父母照顾那些学棋的小孩子。她的青春，也在棋场之中。据说对孩子指导最多的，就是礼子小姐。

正如不少小男孩内心的初恋对象，常常是小学女教师，木谷道场的爱情传奇，礼子小姐必定是重要角色。1965 年，北海道少年小林光一来到道场，只有 13 岁，每天 5 点半来喊"光一起床"的正是大姐姐木谷礼子四段。很多小男孩长大，知道暗恋女教师不会有结果。小林光一有着棋手的执着，礼子小姐或许也知道这个男孩的特别追求，于是也慢慢等待。十年之后，木谷礼子已经多次获得日本女子冠军，是棋坛一个不容忽视的人物。22 岁的小林光一，也已初露头角。小林终于有资格向 35 岁的礼子求婚。

没有人看好这一场婚姻，甚至连小林光一的父母和木谷实夫妇也不看好。不过，最后他们还是同意了，木谷先生那时已经住院，坐在轮椅上参加婚礼。当冠军木谷礼子退隐棋场，成为贤妻良母小林礼子时，却令小林光一爆发出不可抑制的力量。结婚三年之后，他获得第一个冠军"天元"。之后成为五冠王，称霸日本棋坛十余年。

礼子夫人去世后，小林光一著书《吾妻礼子》。棋界妻子回忆超一流丈夫的著作有过不少，身为超一流的丈夫回忆妻子的书，这是唯一。

木谷家的饭桌，吴清源有没有在此进餐？吴清源是木谷实的一生好友，曾经去过平冢。在他的回忆录中，曾经说到木谷先生如何辛苦操持道场。

青年时期的木谷实（右）和吴清源

当木谷实 24 岁、吴清源 19 岁时，两人一起去了地狱温泉。在木谷夫人的老家，两位青年才俊研究了"新布局"。日本昭和时代围棋的全盛，即从此时开始。他们两人敲响了新时代的晨钟，也同时击打旧时代的暮鼓。

这两人被称为"双璧"，更有人说是"一时瑜亮"。有人说，吴清源的巨大成功也是其他棋手悲剧的开始。由于吴清源棋艺日渐精湛，十场比赛，击败了包括木谷先生在内的所有日本强手，成为当之无愧的"昭和棋圣"。于是毕生没有获得大赛冠军的木谷，转身将全部精力投入教育孩子。前人这样的描述，说出了围棋比赛的残酷，却无视了大棋士的人生还有情怀追求的一面。木谷先生的子女，都说父亲教棋，是本性使然。吴清源也说过木谷实是他唯一钦佩的人。确实应该钦佩，日本战后围棋的复兴，木谷实是踏踏实实做事的人。如果没有他，世界围棋的历史将是另外一种写法。

木谷先生晚年得了重病，于是将房舍卖掉，道场也就此关门。吴清源给人的感觉是淡静文雅，可是说到木谷实的晚年，也是声泪俱下：

> 那时，医生曾禁止木谷实下棋。但因他本人离开围棋就活不下去，所以寂寞得抓耳挠腮，想下棋都快想疯了。他经常缠着礼子，说什么也要下棋不可，弄得礼子无计可施。甚至有时候，他还背着家人，独自拄着手杖，爬上四楼，来到我家。记得进门第一句话，他就一本正经地说："我今后要在所有的对局中出场。吴先生也和我一起去吧。"

吴清源经常去探望挚友，木谷实的病情不见好转，因为脑溢血而直挺挺地躺倒了。吴清源赶去医院，只见木谷实的手里还拿着一把扇子，已经不能开口说话了。吴清源大声打招呼，木谷实依旧没有反应。吴清源嚷了起来："光一君从前是力战型的，最近越来越赢得麻利了！"说到他的学生，木谷实的手微微摇动了一下扇子。半个月后，他奇迹般地出院了。

1975 年 12 月 19 日，大师进入弥留之际。他的子女和学生围在他的身边，握着他的手。关门弟子园田泰隆迟迟赶到，说："师傅我刚刚入段，来晚了。"木谷先生这才合上了双眼。

在高段棋手被流水线一样"快速制造"出来的今天，在网上五分钟可以下一盘快棋的今天，对弈的胜负刺激远超它本该有的意义。围棋的境界必然会轻飘飘地，被世俗之风吹动。类似木谷道场的故事，以及如同木谷先生这样的大棋士，必然越来越少。棋盘边上厚重的人性故事，也很少有人提起了，曾经非常轰动的中日围棋擂台赛，新一代爱好者知之甚少。

我们终于将一些有故事的表现围棋的照片，加上详细的说明编入书中，特别留意木谷家饭桌那张。但愿在 AlphaGo 面前有一些迷茫的围棋爱好者，重温这些旧照，为往事感动。

2016 年初春

一期一会

　　年轻的八段去探望胡耀邦同志时，正谈起日本名誉棋圣藤泽秀行先生。

　　秀行先生身患癌症，经两次手术，访日的中国棋手见到老人已十分衰弱，据说癌细胞已扩展到了颈部。胡耀邦沉默良久，深深叹息。

　　那位八段又补充说，每年春天，藤泽秀行都要率领青年棋手自费来华与中国棋手会弈，称之为"秀行兵团"。这次老人身体有所好转，便又组队，很可能是最后一回了。这时，胡耀邦同志慢慢地点头，称赞这位可尊敬的老人。

　　又说在秀行访华时，不便安排会见。他看着八段文质彬彬的模样，说："不知你能否替我转送一件礼物？我早已准备下了，分量很重的呢。"

　　原来，胡耀邦同志想送给喜爱中国文化的藤泽秀行一套新出版的书法名集《三希堂法帖》。

　　后来，这位政治家的礼物，是那位年轻棋手用自行车驮去的。

这故事是 1988 年春天听到的，作为体育版的特写，发表于一年之后的 4 月 17 日，胡耀邦同志去世之后第三天。

那位"年轻的八段"就是上海棋手王群。

1988 年的夏天，藤泽秀行又一次来到北京。那是首届应氏杯的第一轮，63 岁的藤泽先生坐在棋盘旁边，身躯瘦弱。脸是黄色的，清癯，满是皱纹，下眼睑肿着。头发稀疏花白，似乎并未用梳子精心梳过。

下棋的时候，那似乎不甚灵活的手指，如同竹节一般坚硬。他小心地拿起棋子，轻轻放到棋盘上，手指与棋接触时，好像听得到坚硬的金属和瓷器触碰的声音。当他昏花的眼睛从镜片后面来回扫视棋盘，视线并没有特别的威严，就像是一个老农，在照看自己的庄稼院落。

他不修边幅，倾全力爱他所爱，围棋、酒、赌博……痴迷下棋，会在半夜将人唤醒，逼问另一位超级棋手对一个局部的观点。喝酒一定要喝得烂醉如泥。甚至醒来时发现自己在拘留所里。赌赛马一定要输到一文不名，还要借钱入场。在日本大头衔决赛的时候，有一些特殊身份的人前来观战，他们等候在赛场门口，希望藤泽取胜，获得高额的奖金。他们是债主。如果是一般棋手，这棋如何还能下？他真的有所谓"大心脏"吗？他竟然还能在这样的环境之中安心下棋，取胜，满面春风地一一偿还赌债，自己只留下一纸奖状。

67岁，他节节胜利，获得了一个大头衔，成为史上获得大头衔最年长者。其时，胃癌和淋巴癌正在折磨着他，似乎还有赌债没有还清。

可望而不可即啊，他的灵魂自由度如此之大。一般人照此生活，难免画虎不成反类犬，成为彻底的浪荡子。可是，他是有巨大才气的藤泽秀行棋圣。

厉害的还有他的太太。当藤泽秀行有三年没有回家，落拓颓唐出现在家门口时，太太绝不哭天抢地，只是问了一句："回来了？"

永远忘记不了藤泽先生在中国围棋处于崛起的前夜，一次一次带着日本年轻的棋手来华交流。不知道他是如何筹的款，不过只要身体可以，他就毫不马虎地前来。而且亲自指点中国棋手，那时曾经听到不止一位中国棋手说过感激秀行先生和他所率领的"秀行兵团"访华的故事。不断重复的一句话是："他是我们共同的老师。"当时不太相信，秀行先生会像对日本学生一样严厉地教育中国青年棋手。不过后来读到他的自传，才知道那是真的。

> 我曾发现了有希望的新手方天丰，并对周围说，他早晚会成为中国的优秀棋手。不到一年，方君果然在全国个人选拔赛上得了冠军，证明了我的眼力。但是后来情况却不妙。成了专业棋手，从武汉来到北京，反而没有长进。
>
> 后来见到他，我曾严厉地对他说，"回武汉去！"

他告诫日本棋界："我听到中国军团得得的马蹄声了。"当时，日本围棋是全世界仰望的，举世无敌。不过，藤泽秀行先生说："封闭自守的愚蠢行为只会让日本围棋越来越萎靡，只有我们的对手强大了，日本围棋的强大才有意义。"这些话说于20世纪70年代，至今已然成为被验证的名言。除非一代宗师，谁能说出这样的话来？

业余棋手横井利彦在东京大学经济系读书的时候，曾经跟着藤泽秀行学棋，他回忆说：

聂卫平在中日围棋擂台赛上向老师挑战

> 我以为我们之间只是围棋上的师生关系，可有一天，藤泽老师突然来到了我的公寓，说想学习学习。当时，我正处在以书橱里排列着难读的著作为荣的年龄。他想从书橱里找出一本有意思的书来，结果把康德的《纯粹理性批判》借走了。过了几天，他来还书，我问，"怎么样？懂了吗？"他的回答很独特，"不知道懂了没懂，反正从头读到了尾。"

藤泽秀行是各国青年棋手非常尊敬的前辈。马晓春和曹薰铉握住藤泽先生的手，笑容灿烂

历史书、哲学书，只要是身边有的，都一本本拿去看。在求知欲、探求欲上，我简直不是对手。他还读了《资本论》，把我吓了一跳。

对此，藤泽秀行先生说："我坚持认为，要想开拓棋艺，必须开拓心胸。为此，我必须在与围棋无缘的世界中学习。"这样读书，不像是他，可是的的确确是另外一个他。佛魔同体的他，骨子里还是一个棋手，即使在旁人看起来疯疯癫癫之时，还是有着清醒的自我。醉醺醺，浪荡，羸弱，衰老，只是形骸，是围棋的精灵披着的世俗外衣。

有一局棋很能表现他的个性：1978年，藤泽秀行棋圣在接受加藤正夫挑战的第五局，藤泽于93手，考虑了2小时57分。最后终于杀死了加藤一条大龙。

在近三个小时里，藤泽全身如泥塑一样，唯大脑在紧张地思考：

　　如果把我的脑袋和大型电脑接续起来，用画面显示我读出的内容，一定会出现大量有意思的画面。

我仅能以天上的云彩，尽力描绘他53岁时生气勃勃那一着"藤泽流"的思维。

先生概览棋局，似见晨风微近乎无，棉絮状的白云渐渐散开。虽然一直在钩心斗角，不过大局依旧平衡，胜负边际清晰。秀行先生那时在7胜4的大赛中，以1比3落后。这样平静，亦是难得。

至加藤正夫第92手过分的攻击，藤泽知激战将临，心中有团团云在跑，云背后有光，闪闪烁烁。直感突然如一束强烈的光芒，穿过云之裂隙。心跳加剧，秀行先生顿悟，第93手处可一举歼灭白棋一条龙。

发现大胜负之处，大约只需几分钟。踌躇良久，花去了其余2小时50分。形象思维识别了形状，抽象思维可推测双方的行棋逻辑，思绪便如疾风中奔涌翻滚的云。初看混沌不可名状，细想便知一层层、一条条地排列，远淡近深。每一种变化，都有十多手长度的推理。云因风而动，冷静下来便能见到风。藤泽秀行抬头看看"天煞星"加藤正夫，你的风由何处而来？他盘腿坐着，抽烟，反反复复推敲，加藤是对杀还是做活？他必须算透每一种回应。算完，他依旧静坐，八风不动。他懒洋洋地在烟灰缸中掐灭烟头，将一枚黑子举到头顶，停住……突然，将第93手啪地打到棋盘上。此时，右手边的小缸里满是烟头，尼古丁的气味在对局室徐徐飘浮。那是一间呛人的屋子。

一个瘦小的人，从棋盘边上站了起来……取胜之后，大棋士脸上绝无喜色，不仅仅是礼貌，激烈的棋局还在他脑海里如幻灯一样倒片。他的内衣已经几次湿透，长时间的对局让他近乎虚脱。坐得太久，血脉不和，腿好像是瘫了似的，一迈步就跌跌撞撞。

过了好久，独自一人。他抬眼望天，举起右手在虚空中摸索看不见的第93手。

快感通过血液漫流至全身毛细血管，麻酥酥地舒坦。

回想一局棋，好像过了一夜。又是日出。他看棋局就像看一片浓雾，漫漫遮蔽视野中所有的景物。太阳正要升起，如是半目胜，这日出便可两人共赏。藤泽秀行的脸，凝固在凛然的庄严之中。他说他的风格，绝不是小胜即可收手。比如一局棋，价值是 100 日元，只要 51 日元就可取胜，而他，即使冒天大的风险，也想要"全部拿到 100 日元"。

藤泽秀行知道这一轮日出仅属于他。从灰雾中缓缓升起，橙红稍带微紫，没有光芒。湿漉漉地沉重。他喝了一大口酒。

《三希堂法帖》，原本存于清朝的宫廷之中。乾隆皇帝得到王羲之的《快雪时晴帖》、王献之的《中秋帖》和王珣的《伯远帖》，存放书帖的那一间屋子就叫做"三希堂"。现在故宫，还有这一间屋子。后来收集自魏、晋至明代末年，300 余件书法作品，都是从石刻上拓下来的。所以，胡耀邦同志才会对王群说"分量很重的呢"。

将历史悠久的法帖，当作礼物送给日本的超级棋手，寄托着一位中国政治家对一位日本棋手的温暖情怀。

书法是棋手与悠久东方文化的另外一个精神的相会处。书法和围棋，所看得到的只有黑白，那种不能用言语说出来的，在围棋上可以说，在棋中说不尽的，书法可以说。何况，藤泽秀行又是棋界堪称书法家者。

如拳握笔的样子很叫人惊讶，他的字初看就如喝醉了酒的他。书法家喝醉酒当然可以创作，唐朝的张旭，越是醉，草书越是出神入化。藤泽先生写这样的字，并不是真的醉了。他写"岩"，写"磊"，写"大道无门"，都是掷地有声的字，一个字或者几个字一幅，笔墨淋漓，线条粗黑。

那并不是没有法度的自由宣泄。日本棋友田中广悦说，藤泽的老师是日本著名的书法家柳田泰云。泰云老师的字"国泰民安"，已经镌刻在中国的泰山之上，他的围棋也下得不错，相当于业余 6 段。泰云老师去世之后，藤泽就随着泰云之第四子、书法家柳田泰山挥毫了。

广悦先生还说："秀行老师绝笔'强烈的努力'应该是他人生的集大成。写于去世之前两周。在北京《围棋天地》杂志社，藤泽秀行的纪念室，也陈列着同样的作品。"

中国棋手常昊九段，在藤泽秀行先生去世时，悼念文字中有这样的一节：

我最后一次去看望秀行老师，是在今年（2009 年）4 月份的富士通杯期间。当时看来他已经很虚弱，只能依靠输液来维持生命，让我很伤感。秀行老师看到我们去看望他，还是很高兴，只是说话已经很难听清楚，需要依靠他家属用耳朵贴着他的嘴，翻译给大家。但他握着我的手，用了非常大的力气，突然说了一句很清楚的话："加油！"

藤泽夫人在场，听到这句话都流泪了。

这一句"加油"，与"强烈的努力"一样，可以当作遗言来看。秀行先生一辈子，都在鼓励年轻人超越。常昊当然记得，1984 年 3 月藤泽秀行访华时，曾经让他 4 子指导一局。那时常昊 8 岁，刚学棋一年。棋圣赞扬了幼小的棋童。当身材高大的他站在了秀行先生的病榻前，常昊依旧怀念 25 年前的那一盘棋。

秀行先生有一份书法作品，在四张方纸上，写下"一期一会"四个大字。虽然是从追悼会葬礼照片上见到的，那种四射的力量，镜框完全禁锢不住。

"一期一会"，原是日本茶道用语，人生的相会际遇，似乎都是偶然，也许再无重逢之时。后面还有"难得一面"和"世当珍惜"八字。人生的每一个瞬间都可以理解为"一期一会"。藤泽先生珍惜生活，说过"活过了一般人的三辈子"这样的话。那是因为他一直在"强烈的努力"，"加油"。

中国报纸以非常规的篇幅报道藤泽先生去世，这是《南方都市报》的版面

我听王群八段讲起胡耀邦赠藤泽秀行书法集的时候，胡耀邦和秀行先生都还健在。他们仿佛站在两座不同的高山之巅。我们不过是在山之低谷，遥望他们精神上的某次"一期一会"。

很多次比赛现场，都有可能采访秀行先生。但是我总觉得，他离开我们是如何遥远，不知道问什么好。

他和我们擦身而过，我会往后退两步，右手不由自主举起向他致敬。他塌着腰，客气地左右点头，在仰慕者的目光中走过。

2014 年深秋，2023 年深秋修改

风筝飞

北京春天风筝是很美的一道风景，尤其是天安门广场，多到有遮蔽天空的感觉。

总有几个风筝，放出了一两千米多的线去。很高很远的空中，巨大的老鹰，只有米粒大的一点。

风筝有一种空间的自由感。有时候就想，像武宫正树那样，放任让自己的心，如风筝一样自由自在飞翔，真让人羡慕。

棋圣藤泽秀行对武宫的赞美，是排斥了其他一切棋手的。这位瘦小的老人，这位病弱的老人，将生活属于他的睿智，评判了当代所有的棋手包括他自己，否定了九十九人，只留下了一人。

在下一个世纪，已经没有了我们，人们将会忘记我们这里的许多人，但是，人们不会忘记武宫正树，不会忘记他的杰作。他的棋与众不同，他主张棋向中腹突出，向中腹发展。

有一点偏激？极端中难道没有真理？

大多数的棋手，走一条前人用脚踩出来的路。他们也将自己的脚印重复在这样的道路上，实在，让人踏实。走的人便多，终于成为"康庄大道"。

武宫正树是一位反潮流的棋手，他性格开朗，为人勇敢。一成不变的"三连星""四连星"开局，他眼睛看着中腹，在追求精神的自由度。

与大多数日本棋手一样，武宫先生仍然不属于魁伟的那一类。不过，短悍的身材绝不影响一个男人有他独特的魅力。无论剃的是"板刷"还是留的"背头"，武宫的头发一向是毫不凌乱的。浓浓的眉毛下，眼镜后面有一双动人的眼睛。或许因为有一个习惯的抿嘴动作，武宫的嘴好像大了点儿，但这不要紧，一旦男人大笑时，没有人会注意他嘴的大小，只会看到他整齐的牙齿。他爱交朋友，爱唱歌，也爱与漂亮的女人交谈。这种性格上的风采，恰到好处地从他俊美的外貌上表现出来了。

他是不是有一些孩子才有的天真？艺术所需要的，孩子一样的天真。

私下里听中国棋手说，在日本棋手中，他们最不害怕的就是天生坦率的武宫正树。备战武宫正树，可以说是游刃有余。

我最初看到武宫先生的三局棋，他竟全部输了。

第一次是在1988年2月9日，中日擂台赛上，他输给了马晓春。那天他满盘优势，黑子如铁桶似的围起了大空，马晓春孤零零地扔进了枚白子，凶多吉少不言自明。其时，聂卫平已是焦躁不安，询问大冷天哪儿有西瓜买，准备过一天出战了。谁料武宫竟然出错了，于是马晓春赢了。当裁判数子的时候，记者一拥而入。我看见马晓春有点腼腆地捂嘴笑了笑。而坐在他对面的武宫似乎十分狼狈，他头发被汗水浸湿，软软地纷乱地堆在额前，西装已披在沙发背上，粉红的衬衣纽扣解开，领带也已经歪斜。他似乎急于寻戈自己的失着，用扇子在棋盘上指点着，嘴里喃喃地嘟嚷着。

记者这一职业有些无情，闪光灯接二连三地亮起，武宫抬起头来，想潇洒地一笑，我所看到的绝不是笑，而是无可奈何的解嘲。

两天以后，又见武宫，是在中日棋手的联欢会上，擂台赛期间，总有一些联欢，记者一般都收到邀请。我见到武宫又恢复他往日衣冠楚楚、神采奕奕的模样。那天他穿一件黑色西服，款款地走上台，取下话筒，拿在手里仔细看了看，突发奇语："我棋下输了，唱歌要胜过马九段。"随即哈哈大笑。歌声起，武宫完全沉浸在他自己的歌里。那是一首曲调悠扬的情歌，武宫微闭着眼，轻轻地随着曲调

中日围棋擂台赛期间，武宫正树曾经在1987和1988年两次在北京的棋手联欢会上唱歌。杨昌宗摄

晃动，谁也难以相信如此阳刚之气的武宫能唱那么柔美的歌。歌声渐轻渐低，直到细如游丝，停止。武宫似梦初醒，睁眼，笑看众人，倾身问："我的歌不错吧？"全场掌声，于是他心满意足，又唱了一支。

相隔数月，又是北京，在应氏杯第一轮中，他走了个大漏着。江铸久兵不血刃，中盘战胜武宫。那天人们匆匆从棋室出来，获胜者要去抽签，而武宫好像没事似的，在一旁看着。我们问武宫，"怎么输了？"武宫连说带比画，那意思好像说："就这样输了。"脸上没有一丝遗憾。我原以为痛失好局，谁都会后悔不止，独独武宫看得这样淡。或许他重棋艺甚于胜负，既然输棋不是因为棋艺，伤心难道不是多余的？能这样想的棋手不会太多，这使人感到武宫的风采有许多内在的深层的气质，他的潇洒是从心底里潇洒。

第五届中日擂台赛在南京激战，武宫正树作为日方最后一员战将，与中国的钱宇平九段对弈。作为观战记者，我既盼钱宇平获胜，又不愿看到武宫输掉，这种矛盾的心理便体会到下关键棋局的残酷了。这局棋，从头紧张到尾，两人全像在走钢丝，把看棋的人一个个急得脸煞白。棋局一直像雾中黄山，使人看不清面目；又像两个掰腕子的人，一会儿你好一点，一会儿我好一点。当八个多小时的棋下完，看棋的人全都累得不行。

武宫又输了。这回，我看到武宫在数子的时候有点沮丧，他眼圈红红的，说话有点迟钝，声音低哑。他没精打采地伸出手来，向钱宇平祝贺。他第十次来中国，很希望自这盘开始为日本队大举反攻，人生不能如愿的事太多，他终于失去了日本翻本最后的机会。这局棋输得太痛了。

有八千观众的五台山体育馆里一再传出热烈的掌声，他们央求讲棋人请出棋手。我原以为这对武宫太残酷了，但也知道观众不会轻饶棋手，一阵阵掌声催得武宫歪歪斜斜地站起来，

第五届中日围棋擂台赛，钱宇平和武宫正树对局

摇摇晃晃地走出对局室，脸色发灰，双目无神，似乎走向他自己名誉的终点。

但，神色惨然的他没料到当讲棋人曹志林说出武宫正树四字时，会场突然爆发掌声，像一串炸雷，在屋顶下滚动，武宫迷惘的神色稍去。他向四周招了招手，又是一阵掌声，绵延久长，如一场阵雨。

武宫的眼渐渐潮湿。这体育馆是他陌生的，球赛的场地，用布条拉成的十五米见方的大棋盘也是他陌生的。他昨天曾拿起一个半米直径的"棋子"大为感慨，请人拍下不可思议的一照，这里八千人对他也是陌生的，然而这八千人毫无例外地向他鼓掌，说明他们毫无例外全都认识武宫、欣赏武宫。

武宫低下头，忽然又抬起，微笑着，似想要语出惊人 —— 他果然妙语如珠。但我不再注意他说什么，而是一眨不眨地看着武宫的脸。掌声再起，我惊讶地看到武宫面现激动之色，兴奋而不能自已。

告别南京时，他说："很为南京人给了我那么隆重的三次鼓掌而感激。这对我是第一次，当铭记在心。"

看这一位自己喜爱的棋手失败，毕竟不是一件令人高兴的事，尽管他是输给了中国棋手。武宫正树的浪漫，注定他不可能有李昌镐这样高的胜率。

在围棋上，是不可能有彻底的潇洒之美的吧？胜负的世界将宣称一切奇幻的诱惑都会黯然失色。艺术的风筝，是由一根叫做胜负的线牵着的。因为才气，武宫正树用"宇宙流"打出了一片天地，在他不断赢棋的时候，这根线对于他显得并不那么重要。然而，当他的才气受到胜负的考验的时候，可能会有一段时间的动摇。

1995 年，武宫正树在击败小林光一九段，登上日本"名人"宝座的时候，不止一个棋评家发现，武宫的棋有了一点变化，他不再那么浪漫了。

与武宫正树一样追求围棋美学的大竹英雄提倡"得心应手地下棋"，但是，他也看到了胜负对于专业棋手的残酷。

"以围棋为生"的表达真是恰如其分。如果说"下棋就是做生意"，听起来还不十分严酷。若改成"以围棋为生"则十分生动，可以打动人心。这就等于说，若是输棋，妻儿就会流落街头。这当然不是开玩笑，实际情况就是如此。以围棋为生，就等于不能失败。

　　既然不能输，所以必须每一局都认真地下，不能冒险。有时候艺术的心在指挥棋手，应该这样下。但是由于害怕输棋，不能得心应手地下……

这种苦衷，不是内心追求华丽奔放风格的棋手，不可能有深刻的体会。这一派棋手，面临的考验和曲折要多得多。他们在心理上的自我斗争也连绵不断。

武宫正树是很难一辈子来放这种规矩的、没有个性的风筝的，即使是为了赢棋。果然，他获得名人头衔之后不久，棋又潇洒起来了。他说："我不喜欢千篇一律的棋风，下围棋还是有自己的独特的风格为好。"

人的本性，要追求自由，客观环境，又不能给你完全的自由。很多的人，他们也想将别致的、出人意料的风筝放上天，但是，他们没有成功。他们或者是因为风筝做得不好，不美，或者他们的心太高，但是他们的线不够长，他们的技术还不能将风筝放上高天去。他们似乎失败了，守着一堆不能被人称道的风筝。人们会感叹他由于志大才疏，错走了一条浪漫之路，画虎不成反类犬。即使一生都在积极地追求，青春无悔，但如果他们缺少超一流需要的精神和技术素质，必然失败。对于当事者，是不一样的人生体验，而给后来者的则是教训。从众，不敢冒险，就成为一种"行得通"的人生哲学。受到种种心理制约的棋，并不会流传长久，平庸或许更会毁了一个天才。

武宫这样大的才气，做出来的"风筝"，并不能放到最高，但这样的风筝非常美丽，鹤立鸡群。一旦放上了天空，会催生想象，激发生命的向往。

如果一个美学家能够看懂这样表现雄伟性格的棋谱，必然会说，那才显现了"人的本质力量"。

　　　　　　　　　　　　　　　　　写于 1997 年的文字，2016 年删改
　（曾与上海人民出版社副编审陈军一起，在天安门广场放风筝。后来，出版了《境界》。他是责任编辑。）

语言不能说尽的

1995 年，在北京出差，很想去访一访久已仰慕的金克木先生。从一位朋友处得到了电话，便先预约。话筒里，听到这位高寿的学者朗朗大笑，说："访问而专谈围棋，一大快事。欢迎！"

后来才知道，因为金老是名教授，不速之客甚多，唯以围棋为清谈之内容的，金老最喜欢。

是从西门入的北大，一路只见古色古香的飞檐，红柱，雕花回廊，如入前朝的太学。正是盛夏，烈日之下，陈旧的油漆被烤得空脱，似能听到焦卷的窸窸之声。

金老的家在"朗润园"。穿过一座小桥，下是一片荷塘，荷叶田田，承载过当年朱自清笔下的清风和月色？有垂柳，柳枝长可拂地；有翠竹，风摇竹梢，鲜绿可滴。蝉声不绝于耳，夏日岂能没有此声？

教授年事已高，苍苍白发，穿一件很旧的白衬衣。居室简陋，不事修饰，唯推窗，一片绿色，是"看得见风景的房间"。有风动树摇以骋目，以荡涤心胸，于研究人类精神的教授，何等欣快。

是采访，也是闲谈。但是在回来之后，长久没有将教授的话写出来，我想，我要到能理解教授的话之后，才能落笔。教授当年的话，记本子上，但是，在教授话后面的体会，

当时没有为他拍照，不过在他狭小的屋子里，并没有找到棋盘和棋子。未知这一张照片是哪位高手拍摄的，这看不透的笑容啊

是我在两年之后才写出的。原本是由于两人对同一的事物的认识有浅深的距离。也不知两年的时间，能不能为我填一下知识和思想的沟壑……

教授沉醉在围棋之中的深情，现在非常生动地出现在我的面前。他全然不如在一些书本的扉页照片上那样严肃。

是从教授桌上的《兼山堂弈谱》谈起的，教授一定看过很多遍了。在书的字里行间。常常有他用钢笔或铅笔画出的线条。这是一本清初的老棋谱，辑评者是清朝著名的棋手徐星友。他是黄龙士的学生，又是少年时期范西屏和施定庵的老师，是一代大家。这本棋谱，他花了 10 年的时间编成，书中对 62 个当时名局的评论，局局都有徐星友的心血。此谱一经出版，"诸谱皆废"，一时风行。

教授在书上画的线是"气度""人品"之类。教授说，这就是中国棋手的评论方法。他们从棋上看到了棋手的气质了。很多的评论都是带有描述性的。

教授说，神仙为什么要下棋？如果说，神仙可"未卜先知"，那么他们早就知道了输赢，还下棋做什么？都知道胜负，再下棋，就是在看过程、看艺术了。

教授问我，中国棋手和日本棋手相比怎样？我不知教授指的是什么。教授自己回答了。他说，对胜负都在意，是中国和日本棋手所共同的，但是，中国棋手不仅要胜，而且要胜得好看，所以，中国棋手很讲究"怎样去胜"。中国人用"家"和"匠"，来划分是否艺术的标准。

细细想来，教授的说法很有道理。我不禁想到，马晓春和李昌镐的比赛中，或许就是在追求怎样"胜得漂亮"。马晓春夺得过世界冠军之后，可能是想到要能"完胜"李昌镐，要在官子上胜得李昌镐无话可说。这种想法一露头，很多的专家都大惊，认为，马晓春从此不能战胜李昌镐了。因为李昌镐的长处在官子，如果马晓春用官子能胜李昌镐，那么马晓春心理上的障碍会消除，而李昌镐的心理上，将背上了包袱。一盘棋的胜负，会有双倍的效应。抱着这样的心理去下棋，极为危险。后来的事实证明，马晓春就是伤在官子，以致后来见"李"必败。

中国棋手在追求胜利的过程，微妙的心理，被教授观察到了。一个有漫长历史的国度，一个有漫长围棋历史的国家，便有悠久遗传的自尊。这样的自尊，可能是一种激发的动力，也可能是一种很无谓的包袱，就看人怎样对待。围棋是一块试金石。

教授微笑着看着我，又说，你想想，中国人喜欢怎样的棋手？还不是武宫正树、大竹英雄、藤泽秀行？我看中国的记者作家在写到这样的棋手时，兴致特别高。他们的棋，很华丽，很接近中国的传统风格。这当然不是从技术上来说的。而对小林光一、赵治勋、李昌镐这样的棋手，有一点无奈，你不一定喜欢他们，也搞不过他们。说到底，在中国人的心目中，围棋还是雅人雅事，骨子里是文雅的，而不像日本的棋手，将围棋看作是一种竞争，他们所下的，就是"争棋"。

当时，教授随手拿了一本杂志给我，这上面有他的一篇关于围棋的文章。当然，只从围棋的角度来看教授的文章，必挂一漏万。有两段，正是和当时的话题有关的：

日本的几"家"（江户时代以来，日本围棋有本因坊、井上、安井和林四大家）都是专业棋士，是行会，如同欧洲文艺复兴时的意大利的艺人。他们争胜负，比高低，是在棋盘上。到本因坊秀哉宣布放弃师徒世袭、改为由比赛决定本因坊家的继承人以后，"家"没有了，但行会"派性"仍在。明治维新的过渡时期中，本因坊家非常困苦，仍不放弃下棋。广岛遭原子弹轰炸时，后于1994年7月辞世的桥本宇太郎和岩本薰仍照规定在附近进行本因坊决赛，不肯中断这称为"原爆下的一局棋"。哪里来的这种坚强不屈的精神？"棋道"中是不是含有"武士道"？

这是一段，另一段是：

中国围棋史和中国围棋国手自有风貌。日本棋士是专业，着重争斗、胜负；中国人下棋多是作为业余，含有表演义务，不仅赌输赢，还要下给不十分懂棋的观众支持者看，所以棋到中盘愈显精彩，往往出其不意，而不大重视"开局"和"收官"，又为"座子"规则所束缚，致少变化。日本棋士为夺取名次发展了战略战术，没有"座子"，从头到尾斤斤计较；中国高手往往仿佛以为"胜败乃兵家常事"，要显出艺术才能供官或商观赏。这从棋谱评语中可以看得出来，评棋用话像评诗文。日本棋士是战士。中国棋士是艺人。从古以来，在中国，艺术中就有工和匠之分。对照意大利文艺复兴时期名艺人切利尼的《自传》，也许就可以看出中、日、欧三方艺术趋向之别。若以日本各"家"争霸的《三国演义》眼光来看，中国的自由散漫自然相形见绌。若以中国眼光看出中国特色，抛弃那些不实之词，从棋谱见棋士，凭事实而想象，不是不能写出谈中国棋风和中国棋士品格的围棋史话。

我想，教授是要说，对日本的棋士来说，棋的胜负就是一切。从御城棋开始，一个棋士的全部生命，都在胜负上。这样，才会在棋盘上执着到吐出鲜血，倒在对局场上。这样的生命原则，在今天这样的时代，终于成为一种不可再现的悲壮。中国的棋士，多少还有一点浪漫的气质。这种浪漫，是从三国魏晋就开始的吧？整本《世说新语》写的就是这时人物的浪漫。这是一个政治上动乱的时代，也是在知识分子思想上充满苦闷的时代。这时的人物，如果要下棋，不仅是在棋盘上"表演"，而且是在棋盘上书写心情和人生。他们并不在乎胜负。山东高平人王粲是建安七子之一，要表现才能，是在棋局弄乱的时候，让他来复盘，而且是复两次，这两次相对照，一格都不差。要表现一个政治家的镇定，也用围棋，三国时的费祎和东晋时的谢安都有这方面的故事。在紧张的生死攸关的时刻，他们用下棋来向周围的人们表示自己胸有成竹。

中国人将棋和音乐、书法、诗歌相提并论，便是一个艺术的范畴，这四样都是能陶冶人性格的艺术。

中国人不是没有坚强不屈的精神，但是，中国人这样的精神，不是表现在围棋上，而是表现在别的地方，中国人心目中的英雄常常是那些在政治上、在大事上表现出伟大人格的人。我们很早就熟悉了大禹治水、苏武牧羊、岳母刺字等故事。这些故事，并不浪漫，他们面对很严肃的人生课题。这是中国久远的历史观念在起作用。中国人的献身精神不在围棋。棋是小道，在围棋盘前倒下，中国人会认为很不值得。

由此，不能不想到另一个问题，围棋在中国人心目中的地位，是否不及日本棋士？中国人在围棋的胜负面前，是否还有一点随便？

教授的想法，常常是出乎人的意料的。他说，胜负并不表示棋力。

当时，马晓春和李昌镐正有一场比赛，马晓春在"大雪崩"这一个定式中，没有比过李昌镐，输了棋。看来，教授并不认为马晓春比李昌镐要差。他认为其中的原因，是中国至今还没有严格意义上的职业棋手，而日本从德川幕府起就有这样的棋手。而中国宫廷中的棋待诏，段祺瑞门客的棋手，以及清朝的十大高手并不是靠棋赛吃饭，他们另有谋生的手段。在道光之后，国运衰败，棋手失去了生活的来源，没有贵族和商人来养棋手。例如上海的商人就热衷于打麻将。这时围棋也会走入低潮。

初初听到这样的话，有一点疑惑。中国人的职业观是靠一技之长来养家活口，围棋手的生活来源，归根结底，还是靠的围棋。有的是靠围棋做了皇上的"待诏"，有的是靠教棋为生。明清之后，更有的是在茶坊酒楼，赌棋为生。有的是因为棋下得好，而被喜欢围棋的有钱人养着，或是刻书挣钱。后来我想，可能教授说"严格意义上"的职业棋士，不是以棋谋生，而是以棋赛为生。中国的棋手，常常并不独立，而是依附于人。例如棋待诏，是皇帝将他召去，其实还是一个仆从，在本质上，也不是以棋赛为职业。在很长的一段时间中，没有像国外这样的公开棋赛。中国的棋史上，所载业余棋手之多，出乎现代人意料。一部《弈人传》，多数是业余棋手之传，这和日本近四百年在棋坛搏击的都是专业棋手不同。可能是由于中国的棋手，历史地位实际上并不高，谁会专为棋手写传呢？所以能入传的并不多。而历史上的名人，在他的传记之中，只要有"围棋"二字，就能入《弈人传》。以往朝代，以棋为职业的人不会是少数，即从春秋的弈秋说起，他下棋也教棋。三国时代吴国满朝文武，大都会下棋。明朝的小说中还有写下棋人的故事，棋手或是教棋的老师当然会应运而生。不过是因为年代的久远，这类人的事迹，人们不会重视，而湮灭在历史的长河之中了。留下名字的仅仅是十之一二，或者更少了。且看清朝棋手，《弈人传》中就有很多篇幅的记载。对范西屏和施定庵，还有年表。这是因为年代近了，资料容易收集。不必从历史的典籍中去寻找。当然，这与"严格意义上"的职业棋手，是不一样的。

当代的好棋手，虽然在收入上是以比赛的对局费和奖金为最大的一份，但是他们另有工资，有干部或是运动员的等级。这样，中国的围棋，可能在研究艺术上会多一点雅兴，而在拼杀上，少了一点"不能输棋"的悲壮。这是中国久远的历史形成的传统吧？

很难想象，高寿的教授，在思想上还是这样的灵敏。他的观点似乎有一点偏激。

他说，西方人对东方的艺术，是不能欣赏的，当然也不能学会。例如中国的山水画，中国的水墨画。西方人是学不会的。中国人研究"道"，而西方人讲究"术"。

西方人下棋，可以达到日本和韩国的水平，但是不能学到中国的棋。

我想，教授是不是有一点太看重中国围棋的艺术性了？艺术是很难学到的。这是一个民族文化的遗产，由这个民族以外的人来继承，会有不少不适应的地方。围棋的艺术在中国的文化中被浸泡了数千年，在很多的地方，已经成为中国文化的象征之一。西方人能敲开围棋的深层文化之门吗？记得吴清源大师在访问上海的时候，也曾说过，在将来，最有发展的棋是中国的棋。这样的话说过不止一次，他和教授不谋而合。

为什么西方人能学会日本和韩国的棋呢？日本和韩国的棋手不是经常能战胜中国的棋手吗？我想，这不是在说胜负的问题，正像在前面，教授已经说过"胜负不表示棋力"。教授心目中真正的棋力，是棋的思想和棋的文化、棋的技术的总和吧？这使我想起，聂卫平全盛的时候，我曾问他，在他的心目中，怎样的棋手是能受到尊敬的，聂的回答是大竹英雄和藤泽秀行。又问他，在未来，棋手的风格将向什么方向发展，聂卫平的回答是，将会有越来越多的胜负师出现，而这是很令人遗憾的。他说的现象，已经在当代出现。而教授所说的日韩棋手，是当今棋坛上的风云人物，他们大多数是激烈的比赛中的佼佼者，胜利是他们的唯一目标。而在艺术上是不大讲究的，用"美学的大竹"的话来说，他们在下的是"很难看"的棋。

一位专家说，韩国的棋攻击锐利，但是少含蓄。日本的棋有韵味，但是太程式化、太古板。我想，教授说日本和韩国的棋好学，这意思可能是布局的程式和攻杀的手段是易于学到的，但是文化传统是很难学到的。相比而言，中国当时的棋手属于大器晚成，他们成长的周期要长一些，道路要艰难一些。这里有体会东方文化的时间在内，虽然那时文化并没有正式列入围棋的课程之中。

我还想，教授的话中说西方人"不能学中国的棋"，是一种比较抽象的说法，并不一定说的就是中国棋手。我想是指中国传统的棋道中表现出来的艺术性。与教授谈话的当年，李昌镐还露头不久，而现在，他的风格，已经很清楚地从韩国的传统中分离出来了。西方人很难理解这样的忍耐，这样将神奇变成平易，有典型的"老子"思想。

教授对中国的文化有长期的研究，他将学术性的观点放到围棋之中来研究，是很自然的。他说，中国不是没有技术，而是看不起技术，太重艺术，也就是所谓的"道"。对一个现象，中国人常常开了一个头，但是不再研究下去了。"四大发明"，全部源自中国，但是开花结果全部在西方。我们发明了造纸术，又要进口纸。我们发明了罗盘，却要找人家学习航海。中国人有技术，也不会去开发。乾隆年间，一个西方人来到中国，尚且发现了中国有西方所没有的技术14项。他是满载而去了。这说明，中国的技术很发展，不发展的是科学思想，也就是对技术的态度。

日本人说，"中国是我的老师"，这是一种嘲笑。即使我们从"北京人"开始就会下棋，又有什么光荣？

教授在我的笔记本上写"孟子，所恶于智者，为其凿也"。我想我会一点点去理解，中国人在追求艺术的同时，是太不重视技术了，太不重视推理和计算。传统的中国人非常不喜欢那些实在的一清二楚的东西。这些都是太明白了，太不含蓄了，太没有艺术性了。

教授抬起头来看着我："围棋是艺术，也是技术，但是它占艺术的比例大。"这句话千百次被人说起过。不过，这是教授在这时说的。这就是说，中国人虽然有围棋所需要的文化底子，但是从传统上来说，科学思想，亦即对技术的态度，还是中国人在开展围棋中需要解决的问题，否则，很难在胜率上有什么出息。

今天的中国人，是不会谢绝技术

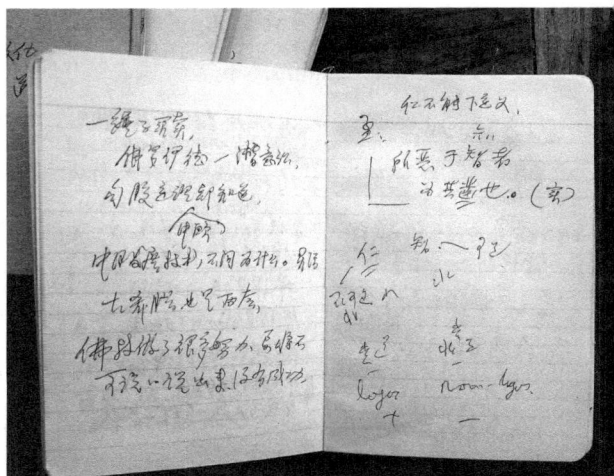

新闻笔记本编号45之一页。当年金克木先生边说边在我的本子上写。在引用孟子的话之后，便写"仁、山、不可道"，"智、水、可道"，又在孟子的话"智"上注"知"

255

了。在中国 20 世纪 60 年代开始的围棋"中兴"，就是从研究技术开始的。不仅是对日本围棋技术上的研究，而且自己要创造更快的布局。"中国流"最初叫做"桥梁形"，就是这时专门用来对付日本棋手的武器。在这方面，日本人是我们的老师，他们一丝不苟地认真，绝对不怕枯燥和重复。

教授有一点神秘地问我，你知道什么是佛教"禅"的顿悟吗？我不敢回答。教授早年在印度留学，这样的问题，他会常常想着。果然，教授接下来自己就回答了。在人的语言意识以外会有另一种东西存在。这不是神秘主义。我们常常说的"无意识""下意识""潜意识"，就是意识在不知不觉中运行。佛教作了很多的努力，想要将不可说的东西说出来，但是，没有最后成功。

我这才明白，教授是举"顿悟"为例，来说"语言意识以外"的东西。

教授好像在说很遥远的事，他说，不可言传的东西是太多了。语言说不了，没法说，人类至今对此的研究还是无能为力。想用语言来研究非语言，现在还不行。

齐白石教画，教到一定的程度，就没法教了。什么都已经教了，但是学生并不能变成齐白石。这里的原因，不是用语言能说出来的。

中国人弹奏钢琴的水平不在外国人之下，中国的乐师处处依据乐谱，弹出的莫扎特曲子，外国人一听不是莫扎特的味。而欧洲人弹的，可能某个地方有错，但都被看作是真的莫扎特，这很奇怪。那只是一个欧洲的当代音乐家，不是莫扎特，莫扎特早已死了。

教授竟拉开嗓子唱了起来："大——刀向鬼子们的头上砍——去。"他说，现在在舞台上唱的，不是抗战人唱的。而一些抗日老干部，虽然白发苍苍，缺牙漏风，荒腔走板，那是真的。一曲《松花江上》能叫人落泪。现在那些女歌手唱"我的家……"教授一捶腿："什么味儿！"

人和人能够在"语言意识之外"的"顿悟"中交流。生活背景的不同，会使人的气质产生差异。由于文化的差距，学生有可能不能完全理解老师的学问，特别是不能用语言来教授的东西。而西洋人和东方人在艺术气质上的差别，造成了对不同艺术样式的理解上的差别。时代不同、年龄不同、阅历不同的歌唱的人，会有理解上的不同，这也就是亲身参加抗战很自然地唱出"当时激情"的原因。

说这些话，教授站起来手舞足蹈，忽然又回复严肃的学者状："这只是道理，要讲出顿悟中微妙的变化，还是有困难的。"

我从来没有想到过教授会用"语言意识以外"的东西来说人对棋的认识。只是感到，有一些想到的东西，要想对人述说，却往往一时语塞，说不出来。确实是"只可意会，不可言传"。有谁能说出某时某地的特别感觉，就是一个天才，吟出便是诗，唱出便是歌。围棋上就有很多这样的时候，一场大赛，争斗复杂。有时候讲棋人呆在台上，说不出话来。我采访时，便常常想这肯定是一着妙棋，暗暗记下，非得拜访三四位高手，听听他们不同见解，方才浓墨重彩写出来。

在生活上常有顿悟，也是不能够用语言说出来的。像艺术家说的"灵感来了"，和棋手说的"靠感觉"。棋手的感觉是一种神秘的东西，这也是不能用语言来说明的棋手必备的素质。

我向他告别的时候，在门口，教授给我出了一个题目：读过《九方皋相马》的故事吗？

当然读到过。

我忘记了谈话是在门口进行，两个人都站着，他高谈阔论。

"这一篇是在讲道，这是没有疑问的。但是，有很多的漏洞。九方皋找到了马，为什么不去牵来？既然毛色和性别都是不对的，为什么别人去一找就找到了？"

"这是寓言，不能说得很明白的。"

"有水平能编出这样的寓言的人会不知道吗？"

"写寓言的人把自己的思想化成了九方皋。他知道用不着说得更明白了。你说呢？"

教授用老年人的智慧，狡黠地笑了笑，说："今天我只是提问，我不回答。"

我想或许也没有回答，他也不要回答，于是挥手作别。我想，这个最后的尾巴和围棋、和顿悟也是有联系的。

1999 年 10 月

狡黠的笑容

退休之后，经常翻检旧文，特别是关于围棋文化的那一些。不是因为敝帚自珍，而是往往有一种惶惑的心理，世界围棋的格局已经变化，20世纪写下的东西，会不会"今是而昨非"？

其中最惶惑的，是1995年夏天对金克木教授的采访。

北京大学有过月色的荷塘后面，便是朗润园。记得清清楚楚，教授的家几近危房，天花板之下，有一根圆木横着支撑两面墙，地面也仅抹过一层粗糙水泥。德高望重的名教授，便在圆木之下，水泥地坪之上，读书写文章。

访问一再被接二连三的电话打断。教授妙语连珠，笔记本上记下来的很多话，竟然不能完全理解。金先生的专访笔记，我一直放着，那不是因为写成文字无处发表，而是觉得需要倍加珍惜。笔记本翻来覆去看了很多次，终于写成了文章。标题为《语言不能说尽的》。这当然是说围棋中很多东西需要"顿悟"，其实是说不出来，说不尽的。更有一层意思是，我还自知，金先生的很多话，我未必完全弄明白了。

我最不能想明白的，就是教授关于九方皋相马的问题。

原文载于《列子》。

　　秦穆公谓伯乐曰："子之年长矣，子姓有可使求马者乎？"伯乐对曰："良马可形容筋骨相也。天下之马者，若灭若没，若亡若失。若此者绝尘弥辙，臣之子，皆下才也，可告以良马，不可告以天下之马也。臣有所与共担纆薪菜者，曰九方皋，此其于马非臣之下也。请见之。"

　　穆公见之，使行求马。三月而反报曰："已得之矣，在沙丘。"穆公曰："何马也？"对曰："牝而黄。"使人往取之，牡而骊。穆公不说。召伯乐而谓之曰："败矣！子所使求马者，色物、牝牡尚弗能知，又何马之能知也？"

伯乐喟然太息曰："一至于此乎！是乃其所以千万臣而无数者也。若皋之所观，天机也。得其精而忘其粗，在其内而忘其外。见其所见，不见其所不见；视其所视，而遗其所不视。若皋之相者，乃有贵乎马者也。"

马至，果天下之马也。

此文读过不止一遍。在告别教授的时候，他倚着门框提出问题。"相马是在讲道，没有疑问。但是，这一段有很多漏洞。九方皋找到了马，为什么不去牵来？既然毛色和性别都是不对的，为什么别人去一找就找到了？"

教授用老年人带有智慧的狡黠笑了笑，说："今天我只是提问，我不回答。"

自始至终，关于围棋的访谈，教授的面容都是认真的，而且很多问题，显然都曾经深思熟虑。唯独在门口送客，才露出了那种狡黠的笑容。回宿地的路上，这笑容一直在面前。我并不知道教授为什么要说到这一段。便自言自语了"也许没有回答，也许他也不要回答"。

三年过去了，我依旧不能回答出教授的问题，于是，在这一篇专访的结尾，写下了上面这一段话，应属于节外生枝吧。

书出版后，寄了一本去北京，希望金先生能够读到这一段。他或许会回答，或许依旧笑着不回答。不管如何，今后如果再去北京，有机会就问一声吧。

教授于 2000 年去世，没有机会向他当面请教了。我怀念他机敏的谈锋，也记得他留下的问题，以及那饱含智慧的笑容。

后来不止一人说起。如有访客，金教授在屋里说的，是应来访者所谈。在门口说的，恰恰是他要想说的话，多有余味。门口这不到一刻钟，可视作教授为我这编外学生额外地上了一课。

回想起来，下乡当知青的时候，在农场，也见过马中俊秀。我们那个农场，有两个马点，都在小兴安岭山麓。其中七分场的马点，曾经去玩过。从我们所在的六分场要去那儿，需要走约六七十华里，不过因为都说六分场牲口棚里的马，都是孙子辈的，其爷爷就在七分场。来回一百余里岂敢说远？

马点的当家名马有两匹，一匹是欧洲阿尔登马的后裔。这是一匹重挽力马，马中的大力士，知青给它取的小名叫做"二吨"，言其本身的重量和能拖动的分量都大。初初一见，便有莫名的惊喜。其浅栗色的身体，没有一根杂毛。马鬃和马尾，被逆向的阳光一照，亮得晃眼，似乎像从俄罗斯童话片中走下来的。另外一匹为黑色，身量高出其他马匹一个头，极为英俊，双眼炯炯有神，跑起来飞快。问了马点知青陈君，知道是俄罗斯的名种，由奥尔洛夫伯爵精心培育，马种就叫做"奥尔洛夫"。其马问世，女皇叶卡捷琳娜二世正好掌权，为她驾车的御马，就是这样的吧？

这两匹都是种马，因此待遇颇高，每天都有20多个鸡蛋喂养。马点有一群专门生蛋的鸡，散落于林地和草原之间。种马也不干活，养着就是为了留种，只是饲养员每天赶着爬犁运动运动。正是春天，母马发情，公马便也嘶鸣不已，声震山谷。小时候，听苏州扬州评话，以及口技演出，都有学习马嘶的，听到真马，尤其是高级种马的一声啸叫，便知道艺人毕竟学不来这样惊心动魄的马嘶。夜晚住在马点的土房里面，山里有狼嚎传来，便觉得那声音绵弱无力，虽然狰狞，却有天生的悲哀，不及马嘶之万一。

此两马，名声在外。我们不过在马点过了一个周末。便见到附近公社和林场的人，牵了母马，走很多的路，来约配种。可见，真正的好马，有一些资历的养马人，都能够赏识。当然，农场的马，可能还只是《列子》的所谓"良马"，因其"可形容筋骨相"。

但是我相信，在古代文字记载中的"天下之马"，也往往有形象。

如今在西安碑林陈列的昭陵六骏浮雕，便是依照唐太宗一生征战之六匹坐骑镌刻的，有考证是名家阎立本的作品。石雕生动传神，战马或站或行或驰，神情各异，英气勃勃，有名马之风。每匹马又都有名字，"拳毛騧""什伐赤""白蹄乌""特勒骠""青骓""飒露紫"，有了名字，便颇有声色。据说，唐太宗曾经在一场战斗中，连丧三马。这六匹，便是那些牺牲的战马中最令主人怀念的。因此，嘱咐一定要刻在石头上，让自己死后还能和马在一起。

墙上的马，无声又无色。不过阎立本真是了不起的艺术家，只要将眼睛眯起来，马就一一活了起来。站在栩栩如生的浮雕前，便能听见冷兵器时代马蹄轰鸣，杀声震天。马的勇毅，马的牺牲，主人和马之间的生死相依，一一浮现在面前。

古人称那时的天下是马上得之，所言不虚。

我相信这些马是依照真实的马雕塑的。马身上大多还带着箭矢，有的在胸口，有的在侧身。其中飒露紫一幅，马前还站着一位胡须将军丘行恭。在洛阳邙山，与王世充部队一场血战之后，唐太宗率十余骑冲入敌阵，飒露紫前胸受伤，丘行恭让出自己的战马，徒步牵着飒露紫作战。回营之后，他为马拔出箭矢，飒露紫因鲜血流尽而亡。

此六匹马，是盛产良马的突厥一带的出品，在当时可称得上是“天下之马”。便也相信，项羽的乌骓，关羽的赤兔，刘备的的卢，都是曾经有过的“天下之马”。

《列子》所言“天下之马者，若灭若没，若亡若失”，笔笔全是虚写，云里雾里。果然没有性别，没有毛色。马的形象，也只有“绝尘”“弥辙”，只是写马跑得飞快，简直不留下任何痕迹。这中国式的笔法非常高明，文字不能说尽，不如不说尽。这也就是金先生所言之“不凿”。不具体，抽象，虚，便可以意会，可得无穷的空间。如果像描写马点的马，雕刻昭陵六骏那样的真实，那样的“凿”，不免过于真实，即使“形神兼备”，也便有了种种制约，思想也难于文采飞扬。

想到此，忽然心头一动，眼前飘过了金先生狡黠的笑容，慌忙找书来看，只读了几页，便废书而叹——教授的《文化卮言》，有一节专论《列子》。

有两处评论，似和他提出的问题有关。

他认为《列子》“许多荒唐故事和荒诞话，不过是指向人世的荒诞无理，讲出没有道理的道理，这可算是特别的世故教科书，是一两千年前，中国的卡夫卡”。既然《列子》需要卡夫卡来做文本旁注，那一定在情节上荒谬得可以。有“天下之马”吗？有，但作者意不在马。和卡夫卡的人变虫一样，那马，连带九方皋的故事，是为了说出“荒谬话”而编写的“荒唐故事”。费尽心机要想表达的，是“得其精而忘其粗，在其内而忘其外。见其所见，不见其所不见；视其所视，而遗其所不视”。相马的过程中的种种破绽，应该是故意留下，提醒人们“此处荒谬”，“没有道理”。

金先生那天故意以常人的逻辑提出问题，本意是为了让我往故事的荒诞那个方向去想。不料晚辈如我，贸贸然，跃跃然，试图正面回答问题，当然越是努力越是答非所问。恰如蒲松龄说《列子》，“世有恶其道而并废其言者愚，有因其文之可爱而探之于冥冥者则大愚”。如今回想起来，这样的问题，便不是在考知识，而是在点化学问了。

可是他又不明说，狡黠地一笑，便是一种幽默。

我猜想，教授希望人们能够理解，两千年前，"荒诞一派"就在中国有过。《列子》中不少独到的思想，就是通过荒诞的寓言故事，如愚公移山、呆若木鸡、杞人忧天、响遏行云之类，再加上对话以及反讽来传播的思考，寻常思维定势在那些故事中被一一否定。荒诞一派，以"实"的故事，承载"虚"的寄托。读书人初读到这些故事先是一愣，思绪往后退几步，方才知道"没有道理的道理"，再三诵读，余味无穷。

教授在文章的结尾处说，在自然面前"无可奈何又有时不服气。违反自然也出不了天地的包围。我想，假如阿 Q 先生能成为哲学家，也著书讲道理，很可能他的大著，就是一部《列子》。

这又是一道考试题目吗？塑造阿 Q 的鲁迅夫子，是荒诞派吗？生活在未庄底层的阿 Q 哪里会做得成哲学家呢？他和《列子》八竿子打不着是不是？

眼前再一次飘过教授那睿智而狡黠的笑容，坚硬的学问在他那里有着温暖，这温暖使读者经常在心中和作者相会。

世界上有没有"天下之棋"？如果有，那么是不是需要一招一招拆解，一张图一张图地现实演绎？

2014 年春

烂柯的时空

擎一枝伞，走在冬日的细雨中。脚下是一条小路，蜿蜒通向山中。左右竹与树的叶片，被雨滋润，苍翠欲滴。

此是烂柯山，有仙则名。南朝文学家任昉在《述异记》写过烂柯故事：

> 信安郡石室山，晋时王质伐木，至，见童子数人，棋而歌，质因听之。童子以一物与质，如枣核，质含之，不觉饥。俄顷，童子谓曰："何不去？"质起，视斧柯烂尽，既归，无复时人。

任昉（460—508），南朝文学家、藏书家

独自一人走在山上，会恍惚，我像不像樵夫王质？只是腰间并没有插着一把木柄的斧子。又看举着的伞，是杭州出品上好的弹簧伞。若真是王质，一定穿一件农家的蓑衣，戴一顶竹笠。

后人多看重烂柯故事的时空观念，唐朝诗人孟郊，就有《烂柯石》一诗。

> 仙界一日内，人间万岁穷。
> 双棋未遍局，万物已成空。
> 樵客返归路，斧柯烂从风。
> 唯余石桥在，犹自凌丹虹。

263

烂柯山

王质

烂柯故事线描插图

很多次读过孟郊的诗。任昉仅写王质是在听歌，孟郊却在说童子的下棋。可能是一局棋，比起歌曲，更是一个具有象征意义的过程。孟郊是写诗高手，已将故事的"相对论"阐发到了极致。"仙界一日"和"人间万岁"完全是时间的相对。人下了山，回到乡里，便是面对一个陌生空间，已经变迁的俗世生活。

走近山顶，才知道孟郊的诗写得细致。他是附近建德人，一定来过此山。"唯余石桥在，犹自凌丹虹"，有一些身临其境、咏怀古迹的意思。我当然不相信围棋诞生于此，也不相信围棋诞生在山西或者河北河南某个地方。但也很愿意让一个如此美好的故事，有一些遗迹，可以念想。

任昉那时，此山被称为石室山，后来因为他的烂柯故事，山便改了名称。至山上看，似乎"石室"并不确切，并无四面包围类似建筑的洞穴。山顶所在，即如孟郊诗说的"石桥"，南北穿通，清风拂面。天生石桥之下，空间如篮球场大小。孟郊便把石桥喻为彩虹，亦是因

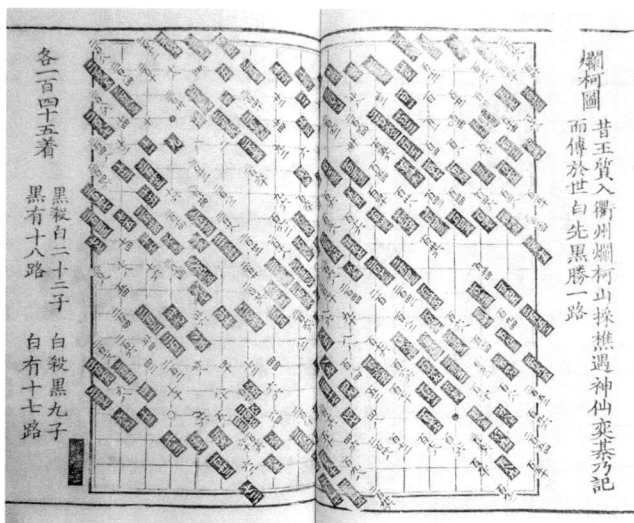

烂柯棋图当为后人制作，此图载于《忘忧清乐集》

形而出诗意。"凌丹虹"，也有写作"凌丹红"的，此处山石泥土，都带有赤色。属于丹霞地貌。

可惜的是，石桥之下的那片场地，被某位地方官一拍脑袋，"开发"为一个硕大的棋盘，上面还有"黑白子"若干。棋子的排列，据说是"真正的古谱"，由王质下山后复出全局。然这是仙界故事，知道仙人下了怎样一局棋，又如何？虚拟仙界的美好，便因这狗尾续貂，都被破坏，怅然而叹。很多的美好只供想象，若是真的请人作"烂柯之歌"，真的做出"如枣核"的"营养品"，那就更煞风景了。

不愿走入那个丑陋的棋盘，便走上了石桥。与高山大川自然不可相比，然此处尚可心旷神怡，烂柯山之有趣，皆在烂柯故事。任昉写此短文，似乎和陶渊明的《桃花源记》有一些相似。都是对现实生活中找不到的美好，由衷的向往。

陶渊明早任昉不到百年，《桃花源记》明白地表现为现实和想象，并无"时差"。而且陶渊明故意模糊了空间感，似乎桃源是存在的，而且就在附近，可以到达。读那些诗文，都是不断提示，他实际就是要在熙熙攘攘的俗世自造属于个人的心灵空间。

结庐在人境，而无车马喧。

问君何能尔？心远地自偏。

陶诗真是写得太好，在传诵他的诗歌时候，"穷则独善其身"的高洁，也一起被传诵。40 岁时，陶渊明当了八十天小官便辞退而去，"不为五斗米折腰"，从此和官场不再往来。"心远"，与污浊不堪的现实保持相当的距离，"地偏"，自甘边缘化，便可以待在自己的空间中，即使贫病交加，也可饮酒做诗，悠然见南山。

任昉的诗文当时很有名声，如今文学史往往一笔掠过，今日流传的，多是他做官的故事。任昉曾经担任过义兴（今宜兴）和新安（今淳安）太守，灾害到来时，把自己的俸米烧成粥，施舍给灾民。老百姓生了小孩恐无米养活，往往将其溺死，任昉严禁，救活了数千婴儿。任昉所获俸禄，大多分给众人，自己只取其五分之一，妻子儿女则食粗粮。他又是出名的孝子，父母得病，他衣不解带，睡在一旁，亲自服侍。父亲去世，身材高大的他，守孝毕，形容憔悴，令人认不出来。

任昉很辛苦，当一个好官，当然要比撰文做诗更加不易。他不到50 岁便去世，不过他活得很踏实。任昉收集记录仙异故事，也是寄托和向往，他在现实空间终日兢兢业业，提笔便进入另外一个空间，可以和仙人作飘逸的心灵交往。

任昉的文字，流传最广的，还是"烂柯"。故事中的主角王质，应该就是今日那些时空倒错故事的老祖宗吧。寥寥几行，勾勒出了一个"穿越"形象，往往让后人唏嘘不已。

唐朝名诗人，和任昉一样恪守"官员品质"的刘禹锡，初会白居易时，一见如故。刘白两诗人，都因直言而得罪权贵。刘禹锡便说到"烂柯"中的王质和世俗格格不入的那种状态：

> 怀旧空吟闻笛赋，到乡翻似烂柯人。
>
> 沉舟侧畔千帆过，病树前头万木春。

"千帆过"和"万木春"那一联，在红袖章满街的时代非常有名，"小将"误以为这是春天进行曲。那些"檄文"写到最后，一般都引用这两句，轰轰烈烈地赞美时代的洪流不可阻挡，让"一小撮"去"发抖"吧。可怜啊！在读书仅读语录的年代，有多少学子完整读完仅仅八句的全诗呢，更不用说刘禹锡的其他有名诗篇了。如今老来重读此诗，感觉到了满目凄凉，写不尽的孤独。然而，以刘禹锡、白居易的精神追求，他们甘如沉舟和枯树那样孤独，而不去附和浩浩荡荡、欣欣向荣的潮流。不合时宜又如何？这类孤独，背后便是沉雄。此是刘禹锡为"烂柯人"开拓的又一重精神空间。

冬日，又雨丝不断，游客几乎没有。下山时，便记得任昉所写的故事中，还有"棋而歌"的"童子"。

山下飘来一顶红伞、一顶蓝伞。在曲折且树木茂盛的路上，时隐时现，约略看出蓝伞下是一个男孩，红伞下是一个女孩。恍然想起，山脚有一所大学的分校，他们该是这所学校的学生吧。

蓝伞收起，男孩想要挤进红伞底下。女孩咯咯笑着，将男孩推开去，一路就往山上跑来，红伞一跃一跃地。蓝伞又打开了，一颠一颠地追。转弯处，她一举伞，突然看见我，脸就红了。那个男孩也站住，在不远处，手足也很不自在。我猜想他们是乘着下雨，躲开同学老师，来找一个清静处，说说体己话。又知道他们不是山间的童子，也不下棋，他们的空间并不愿与他人分享。

谁不是从少年过来的呢？心中便有着盈盈笑意，想着红伞蓝伞什么时候合成一伞。抿住嘴，不让笑意溢出在脸上，以伞挡面，匆匆而过。

又转过一处弯路，渐近山脚，有几间独立的房舍。

苍老的声音在喊："香泡！"这是当地话。

将伞收起，朝上看。农舍门口站着一位老妇人，伸手指着屋旁两三棵高大的树木。低处的香泡早就摘掉了，只有稍高处，叶子稀疏，数只香泡还在树枝上悬着，黄黄的，衬着灰蒙蒙的云色，说不出的好看。

我要一个，妇人便用竹竿去挑。

"甜不甜？"

"还用说？你闻闻那香味。"

明知道带回家去，放在桌上，便和水果店里买到的柚子一样，哪里还有烂柯山的趣味，甜与不甜已是其次。

唉，只要走下山来，那一局棋就已然下完，哪里还回得去？

2016 年初秋追忆

267

诗人元稹的某个夜晚

民国初年黄俊编撰的《弈人传》卷五，录入元稹的《酬段丞与诸棋流会宿弊居见赠二十四韵》。曾经一句一句读过，以为那是一幅围棋的世俗画卷，知识分子的业余生活。

这棋会是在元稹的家中举行的。元稹待客之道，以酒和棋最为常见，他还曾经得意洋洋地夸赞自己的酒力和棋艺："酿酒并毓蔬，人来有棋局。""还醇凭酎酒，运智托围棋。"当然，他们不仅下棋，而且还写诗，元稹的这一首诗，是对"段丞"即兴赋诗的回赠。

"酬段丞"描述的是典型的读书人的下棋活动，是文化层次较高的文雅聚会。既然是棋迷的活动，就不免很"痴迷"。

鸣扃（jiong）宁虚日，闲窗任废时，
琴书甘尽弃，园井讵能窥。
运石疑填海，争筹忆坐帷。
赤心方苦斗，红烛已先施。

时间飞也似的过去，门扉和窗户形同虚设，无人凭栏。棋迷的琴和书都被冷落了，园子里的风景也没有兴趣去看一看。这正是棋迷的本色，他们是因为有了棋，而将什么都忘记的人。他们满脑子想的是什么呢？在艰难地像精卫填平沧海一样，一颗一颗地落子。而棋盘上的精细筹划，就像是大将军在中军帐中筹划战斗一般。不知不觉，天色已经晚了，红烛已经点燃起来了。

这正是棋迷的难忘一夜的开始。或许他们的棋下得不错？

蛇势萦山合，鸿联度岭迟。

堂堂排直阵，衮衮逼赢师。

悬劫偏深猛，回征特崄巇。

旁攻百道进，死战万般为。

异日玄黄队，今宵黑白棋。

斫营看迴点，对垒重相持，

善败虽称怯，骄盈最易欺，

狼牙当必碎，虎口祸难移。

这是这些棋迷面前棋盘上的形势的写照。像蛇绕山，像雁联翅，排山倒海，子多的一方直逼孤子。这里有劫，有征子，有千百种进攻

元稹（779—831），唐著名文学家

的手段，也有千百种防守的办法。今天晚上布满黑白子的棋盘，就像是战场上的旗帜不同的两军。杀棋是要将对方的眼点死，而防守的一方艰难地保持这局势的平衡。优秀的棋手，在劣势的情况下的周旋常常被看成胆怯，而一个骄傲的棋手，更会从心理上被击败。过于刚猛的棋自然会受到攻击，被对方含在虎口的棋，常常是凶多吉少。

看来，这些棋迷（或许仅仅是元稹本人）的水平不低，在棋理上有很深的理解。但是，既然是在一起下棋，当然会有胜负，也会有忘形的时候，尽管他们是些很有身份的官员或是读书人。他们毕竟是棋迷，不是以棋为生的人。

乘胜同三捷，扶颠望一词。

希因送目便，敢恃指纵奇。

退引防边策，雄吟斩将诗。

有人连下连捷，像在战场上打了胜仗一样。而棋盘上形势不好的人，却在苦苦支撑。你能想象，有人扶着脑袋，苦苦思索，他在观察别人在旁观时的眼色，希望有人能指点一番（哪怕是暗示），来解救自己的危局。而对手见已是胜势，却很稳健地主动转入防守。一边又忘乎所以快乐地吟诗高歌自己的胜利了。

眠床都浪置，通夕共忘疲。

晓雉风传角，寒丛雪压枝，

繁星收玉版，残月耀冰池。

僧请闻钟粥，宾催下药卮，

兽炎余炭在，烛泪短光衰。

　　棋下完了。元稹作为院子的主人，白白安排好了床铺，没有人来安眠，棋迷下棋下到不知疲倦，由来已久。这是一个很美的早晨，公鸡的鸣叫随着晨风传来，只见窗外厚厚的雪正压在枝头。天渐渐亮了，星星消失了，天空像透明的美玉一样。一弯残月还在天上，照耀着园中结冰的池塘。人们这时才知道腹中的饥饿，忙着张罗吃喝。留心一下"宾催下药卮"，元稹家的粥里下了药物，这是那时的时兴。他的忘年好友白居易自己不服药，却曾经描写唐朝嗜好药物的文人。其中两句为"退之服硫磺，一病讫不痊。微之炼秋石，未老身溘然"。白居易以为韩愈和元稹的早逝，都和长期服用矿物质的药有关。

　　喝完了粥，取暖的火炉还是热的，炭还在那里燃烧，而蜡烛将要烧尽了。正是长夜苦短啊。

俯仰嗟陈迹，殷勤卜后期，

公私牵去住，车马各支离。

分作终身癖，兼从是事墮。

此中无限兴，唯怕俗人知。

　　要分手了。已经过去的棋局，某些下法的得失，老在念叨。余兴未尽，不得不离开，又在预订以后的棋会。棋客散尽，车马的声音已经远去。从传统读书人的角度看，一夜时光被荒废了。棋迷的自信却是，我们不是俗人啊。

　　似乎从诗里看到了唐代文化人棋会的真实场景。二十多年前，鲁莽的我，写完了以上的文字，便冠以《唐朝棋迷的一次聚会》，收入文集。

　　多少年来，内心一直有着疑惑，疑惑就在诗题《酬段丞与诸棋流会宿弊居见赠二十四韵》。"段丞"是谁？围棋诗注本大多写为"待考"。

当然会联想，"段丞"之"丞"是丞相之丞。当时的丞相段文昌，元稹与他沾上点亲戚关系，他还曾经提携过元稹。如果这样，那么这一首诗必然写在长庆元年，也就是公元 821 年之前，段文昌在这年的二月里卸任。

写诗的地点，也便在长安。作为主人的元稹其时 42 岁，风度翩翩，因段文昌的举荐，在官场春风得意。他的家，已经搬到了城东的富贵之地。他曾经去过旧日居处城南靖安坊北街，留下一首诗："喧静不由居远近，大都车马就权门。野人住处无名利，草满空阶树满园。"现在当然不一样了。

既是丞相参加，那么少不了朝上的同僚，下棋者当是和段文昌和元稹非常亲近的官员。那么……此时所谓牛李党争，风已起于青蘋之末。这些官员，便都是李党的成员。那么……这竟然不是一次本色的棋会，而是一次党派成员趣味相投的聚会？

不像啊。那些倾向这首诗写于 821 年的编者，大多没有特地说明"丞"便是丞相的意思。

认真为"段丞"作注的，是元稹研究者杨军教授。他在《元稹集编年笺注·诗歌》中收录了这一首诗，并且特地说，段丞"事迹未详，疑即江陵丞"。"丞"，中央和地方副职皆是，如大理丞、府丞、县丞等。

杨军教授将此诗列在元和九年甲午，亦即 814 年。其时元稹 36 岁，自 810 年被贬为江陵府士曹任参军，已然四年。

"段丞"还在当年元稹另外一首诗题中出现，那就是《冬夜怀李侍御、王太祝、段丞》。可能是这三位一行经过江陵，遂有互相应酬，推想下棋便是其中的联谊活动之一。"会宿弊居"的是元稹私宅？由诗中语句看，那个院子很大，而且门口还能停车马。倒很像是元稹所住当地的官邸。来客三人中，唯"段丞"可能处于观战状态，一时诗兴勃发，有"二十四韵"以赠，招待者元稹也即回应。诗中未提到李侍御和王太祝，并不等于他们不在场，可能正在下棋呢。诗的最后，他们"殷勤卜后期"，之后"车马各支离"，便可能是元稹等一干当地棋友，送别了三位官员。因为和这三位谈得尽心，"昼夜欣所适"。他们离开后，元稹自然感到寂寞，这才有怀念李侍御、王太祝、段丞的那首诗以寄怀。

重读一遍"酬段丞"，这当然不是元稹最好的诗，却写出了棋迷最自由最无羁绊的最快乐的状态。

放下手中的《弈人传》，捧起了元稹的诗稿。

程千帆先生说：（诗坛）宪宗元和时期（806—820）最为兴盛，"大致，元白的高潮在 820 年之前"。

元和诗坛之重要人物元稹，此时多有名诗名文。如今一再在昆曲舞台上演出的名剧《西厢记》，就是出自元稹的小说《莺莺传》。据施蛰存先生考证，这是元稹自己在 22 岁那年的一段经历，崔莺莺确有其人。小说的男主角已经托名"张生"。"张君瑞"这个名字，则是后人补上去的。元稹还写了一首《会真诗》，记叙当时的情景。后来，元稹联姻高门，莺莺也嫁了人。流传下来的，就是被称为中国"言情作品"先河的这些创作。

元稹的诗，非常感人的还有怀念自己的亡妻韦氏的数首。其中"诚知此恨人人有，贫贱夫妻百事哀""曾经沧海难为水，除却巫山不是云"，都是千古名句。

他一生的诗友是白居易。当他遭到贬官，又听说白居易也被贬官，直接描写那一刻，便是一首名诗：

> 残灯无焰影幢幢，此夕闻君谪九江。
> 垂死病中惊坐起，暗风吹雨入寒窗。

我初读这首诗时还是一个少年，被这诗表现出的生死之交的情谊所震动。现在已到老年，读这样的诗仍然感到有一种强烈的感情的冲击。夜，风雨，将要熄灭的残灯，本已经是一种非常惨淡的景象，听到自己的挚友白居易被贬九江，"垂死"而又"惊坐起"，便是内心突遭猛力一击的强烈反应。

他的挚友白居易像有心灵感应一样，也在寂寞的谪贬的旅船之中想念着他。《舟中读元九诗》正是这样牵挂的写照：

> 把君诗卷灯前读，诗尽灯残天未明。
> 眼痛灭灯犹暗坐，逆风吹浪打船声。

因为醉心于仕途，元稹的人品常为后人诟病，然他描写与最亲近者生死离别悲欢之情致，则无人不称赞。初恋之情，夫妻之情，挚友之情，都是元稹"绝代之才华"最重要的源泉。

"酬段丞"写出了棋迷间的快乐。然，一夜的快乐，在美学上能够抵得上白居易信至那一刻的眼泪吗？

> 远信入门先有泪，妻惊女哭问何如。
> 寻常不省曾如此，应是江州司马书。

虽知"段丞"不该是段文昌，无意间却知道了唐朝历时四十余年的牛李朋党之争，起因和这一位丞相有关。元稹自然归于和段文昌亲近的李党，自821年始，元稹更为关注政坛的起起落落，也曾位列相位。优秀诗篇，必然不如全盛之时。

白居易知道长安国事难以收拾，便自请外放。822年，白居易来到杭州任刺史，他在杭州不仅留下了白堤，还留下了许多脍炙人口的诗篇。三年后他为苏州刺史，依旧有佳作为人传诵。白居易被认为是一个容易在仕途上"知足"的人，诗情便会绵绵不断。

曾经见到了一幅吴清源的字：

> 不开口笑是痴人

知道是白居易的诗句，背出全诗：

> 蜗牛角上争何事？石火光中寄此身。
> 随富随贫且欢乐，不开口笑是痴人。

这是白居易晚年《对酒》中的一首，作于唐开成七年（841），即会昌元年，元稹已经去世十年。这自然是想要游离于党争之外的白居易的内心写照。吴清源喜欢这一首诗，特地将这首诗写入他晚年的回忆录《中的精神》里，便是从白诗中找到了心灵的慰藉。

吴清源70岁时，台湾学者、围棋活动家沈君山曾经向他索字，吴清源随即吟了这一首诗。沈君山便说，如此，下棋还有什么意思？不如"石火光中已寄此身，蜗牛角上且争一着"。吴清源这样写了，笑道："你还年轻啊！"

> 闲对弈楸倾一壶，黄羊枰上几成都。
>
> 他时谒帝铜池晓，便赌宣城太守无。

在棋界，这算得上是一首名诗，经常被称为是段文昌儿子段成式所作。段成式和李商隐、温庭筠为好友，世间流传他们三人的作品，常常有辨不明白谁是真正作者的，以上那一首诗也是。他们三人，意气相投，可能是因为都受到党争影响。下棋时赋诗抒志，未必和党争有关；但党争令年轻读书人的仕途进取，多了一种派别的标记。这首诗未必有豪情壮志，或许也是三人在饮酒下棋时的互相宽慰。

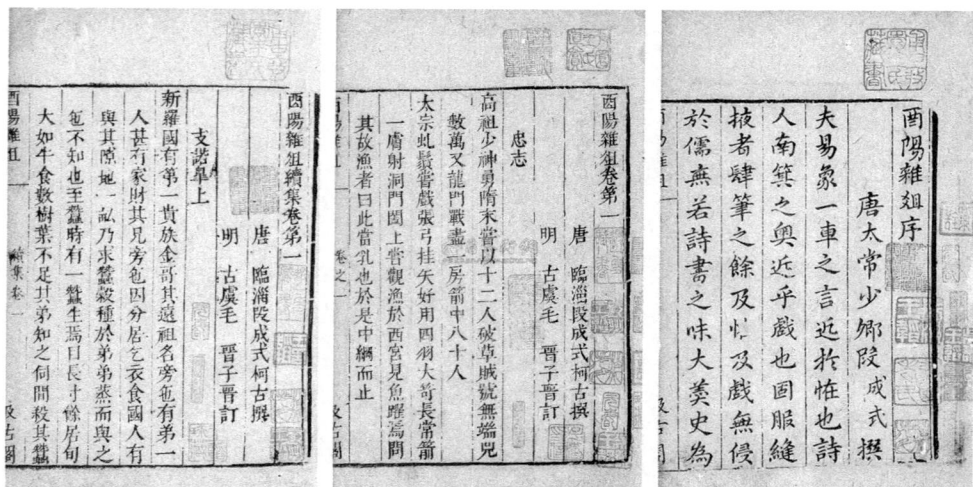

据传是明版《酉阳杂俎》

段成式留在世间最重要作品，非诗而是文。《酉阳杂俎》，可以看作是一本奇特的笔记文学集，有着许多捉摸不透的故事。

他写元稹，好像是传说：

> 元稹在江夏襄州买堑有庄，新起堂，上梁才毕，疾风甚雨。时庄客

输油六七瓮，忽震一声，油瓮悉列于梁上，一滴不漏。其年，元卒。

又写白居易的"粉丝"刺青，又似乎是实事：

> 荆州街子葛清，勇不肤挠，自颈已下遍刺白居易舍人诗。
> 成式常与荆客陈至呼观之，令其自解，背上亦能暗记。反手指其劄处，至"不是此花偏爱菊"（此句疑为元稹所作"不是花中偏爱菊"），则有一人持杯临菊丛。又"黄夹缬（xié）林寒有叶"，则指一树，树上挂缬，缬窠锁胜绝细。
> 凡刻三十余处，首体无完肤，陈至呼为"白舍人行诗图"也。

段成式善棋，并有下出好棋之志，故而在书中屡次提到围棋，不过他的趣味和前辈元白不同：

> 近有盗，发蜀先主墓。墓穴，盗数人齐见两人张灯对棋，侍卫十余。盗惊惧拜谢，一人顾曰："尔饮乎？"乃各饮以一杯，兼乞与玉腰带数条，命速出。盗至外，口已漆矣。带乃巨蛇也。视其穴，已如旧矣。
> 晋罗什（鸠摩罗什）与人棋，拾敌死子，空处如龙凤形。或言王积薪对玄宗棋局毕，悉持（一曰时）出。
> 一行公本不解弈，因会燕公宅，观王积薪棋一局，遂与之敌，笑谓燕公曰："此但争先耳，若念贫道四句乘除语，则人人为国手。"

当今戏剧舞台上的《太白醉写》、武则天读骆宾王的《讨武曌檄》，"原版"皆出自此书。段成式为什么要写这些故事？读来若暗若明，只感到那些故事确实有味。

或许他不是那种要在诗文中有所寄托的作者？或者他所寄托者高远至不可及？

2024 年 1 月 31 日改定

对面 · 千里

一支蜡烛。无风，烛火笔直，淡淡的蜡烛气息传至整个屋子。

这是农场生产科的办公室，那时我刚刚从野外水利队调回场部。正是北大荒的冬天，农闲，吃两顿饭。天亮得晚，又黑得早。

从箱子里，拿出了父亲留下的几本旧书。《古文观止》是民国版的。

那天发电机故障，点完蜡烛，晃一晃，手上火焰灭了，火柴头掉落，烫掉了苏轼《上梅直讲书》文中的一个字。

书是直排的，纸页早就发黄。我看不懂的地方，直接就去看译文了。即使这样，光线黯淡，也必须全神贯注。那时读书的场景是要让今天的我着急的，弓着背，伏在桌子上，将蜡烛移近，头发滋的一声，被点着了。

电灯也就在这个时候亮了起来。场部秘书老杨过来，翻了翻书，说："不错啊，看古文。"我说："我看的多是译文。"他便一笑。

第二天，她的太太小冯过来，在我桌子上放下两册书。是1962年文学研究所版的《中国文学史》。她也一笑，不多说什么。

老杨和小冯是武汉大学中文系的高才生，"文革"中被分配到黑龙江，在哈尔滨公安厅报到，分到劳改局，然后到北安分局，再然后才到五大连池畔尾山农场。

书的扉页，签着：杨光洪六四年于珞珈山。

仓皇返城之际，生产科科长，一位陕北红小鬼出身的老八路送我厚厚的一本《先秦文学史参考资料》，也是1962年初版，北大中文系编撰。

他留下鼓励的话语，"屯垦戍边，五年有余，可谓世幸"，署名是：张评三。

其时，农场和全国一样，都在学习马列六本书。文学史和《古文观止》，依旧是在夜晚抽空看的。至今我还很惊讶，不知道为什么那时古文和马列没有在我的脑子里打架。

是读了文学史才看《待漏院记》。文学史告诉我，这是先秦以来圣贤理想的人格化。亦非宋朝独有。细细回顾《史记》之人物画廊，一个个忠臣就在眼前。

王禹偁（cheng）是北宋初年的人，一个有才能的官员，他中进士，与名相寇准只差三年。他一度受到宋太宗的恩宠，常陪宋太宗赵光义吟诗下棋。但是，他的官运一直不佳，他三次升官，三次被贬到偏远的地方。并不是他不忠于朝廷，只是他更忠于古贤的政治理想。

《待漏院记》，是他 35 岁时的作品，那时他还青春勃发。官员们早起，在黑暗中，聚集在待漏院，听着玉漏的滴水声，等待着皇帝的召见。黎明之时，一支仪仗队灯火辉煌，引着宰相来到这里。作为一个位居群臣之上的最高官员，他在这时想的是什么呢？

像公偁禹讜宋

王禹偁（954—1001）

王禹偁写了三种宰相：贤相、奸相和庸相。

对于贤相和奸相，世上所传者多，在王禹偁的文中，恰好是正反对照，洋洋洒洒。但庸相，在王禹偁的文中，虽然只有寥寥几笔，却是刻画得十分深刻。他们没有好的名声，也没有恶名，他们随波逐流，共进共退，窃取高位，贪图利禄，每遇大事，首先想到的是保全身家性命。

王禹偁希望，能将这篇文章记录在待漏院的墙上，用来告诫执政的大臣。

这当然是一个近乎天真的愿望，或许这样的文字会留在墙上，但那也仅仅是在墙上。在每一个朝代，不可能有很多的贤相，也不可能有更多的奸相，最多的是庸相。庸相也知道何为贤相，何为奸相，只是不说，或者说了不做。

王禹偁仅是一位大理寺的小官，在乌泱泱一片官帽下，他是最不起眼的。他的文章，不会使当时以及以后的官员看得舒服。站在国家的立场上，就不会去揣度周围人的心理，不会去阿谀逢迎。流俗在任何时代都为庸人所左右，而王禹偁的品格既然是这样的鹤立鸡群，就必然会被谗言所包围……《待漏院记》，几乎就成了他一生的自勉。

在他的前朝，是五代，那时的作品，没有风骨，少有思想。王禹偁以朝气勃发的作品为宋朝开了先河。此文已经留在文学史上，亦是《古文观止》宋之第一篇。

数年之后，我回到上海。又做了高中语文老师。便再次在课本上遇见王禹偁。

老教师经历"文革"十年蹉跎，已然头发花白，不得不退休。教师队伍中的老三届，便是教坛可以指望的新生力量。

一瓶红墨水，一瓶蓝墨水，都在中学的办公桌上。中山装左边胸袋，总插着红蓝两支钢笔。红钢笔用来批改作文和考卷，蓝钢笔用来写备课笔记。书包里，也总有两种书：教科书和文学史。留在这两种书空页上的字，有红色，也有蓝色。

一批"文革"前和"文革"中毕业的大学生，在上世纪80年代便成为我们的老师。那个时代的大学文科生，都有古代迁客骚人近似的经历，几乎每个人都走过了坎坷不平的心路。能够跟着他们读书，是何等的幸运。

大课堂在华东师大。我们济济一堂，在礼堂里听老师讲课。一日，坐在礼堂门口的台阶上，我拿出一叠作文本，用红色的钢笔批改，眼看着作文本。脸朝着礼堂，两只耳朵竖起，远远地倾听着老师讲课。一位女教师走过，惊讶地看着我，说："你还是坐到里面去吧，你不知道讲给你们的都是最精华的部分？"

她一定忘了我，我却还是记得她。她是我阿姐的同学冉忆桥。阿姐是我的表姐，朝鲜战场回来的调干生，冉老师年纪小一点，她挽着阿姐的胳膊，像是姊妹，款款走过1957年的石库门弄堂，进了我家。她吃过我妈的梅干菜烧肉，还用小酒杯尝了一口酱园里散装的绿豆烧。

隔了些日子，冉老师走上讲台，用朗诵一样的语调，为我们上课。这一次我乖乖坐在礼堂里。

小班辅导在教师进修学院。王晓玉老师刚刚回沪，辅导我们的写作。她并不按照提纲，讲课多有写作技巧在内，大概她已经开始写作小说了。

另一位男教师，说一口不甚流利的普通话，他插在胸袋的钢笔经常漏水，有时胸口会有一团蓝色的印迹，他太太一定死命在搓衣板上擦过，蓝色淡了，那里的布料也发白了，像是镶了一片补丁。他给我们讲古典文学，听说他那时在撰写某一个古诗人的学术论文。我犹记得，他讲到某首唐诗时，忽然神采奕奕，拖长了他的家乡官话，右手徐徐作展开状："以乐景写哀情。"

这是值得写作者一辈子玩味的美学视焦。就以此来读王禹偁的《村行》吧。这是他贬到商州担任团练副使任上写的。他第一次被贬，诗人的雅兴尚浓郁。

　　马穿山径菊初黄，信马悠悠野兴长。
　　万壑有声含晚籁，数峰无语立斜阳。
　　棠梨叶落胭脂色，荞麦花开白雪香。

读到这里，一幅十分美丽的山野景色凸显。短短六句，有鲜艳的秋天色彩，黄的菊花、红的棠梨叶、白色的荞麦；有菊花和荞麦花的香气；有声，那是在静静站立着的群峰之下，听到的天籁之音。

作者陶醉了没有？他陶醉了。

　　何事吟余忽惆怅，村桥原树似故乡。

他不是无忧无虑的山民，山民见到熟悉风景，无所谓陶醉。他是下放近乎赋闲的官，还是文学家，陶醉之余自然有惆怅。乡愁袅袅起来了：乡村的小桥，连原野上的树都像故乡。这不是我的故乡，我又为什么会在这里？

一位被政治中心遗弃的臣子的失落感，躲藏在雅兴里，如雾一样，弥漫在全诗中。乐景里的哀情啊，乐是淡淡的乐，哀是淡淡的哀，从容不迫地感人。

如此，再读收入高中课本的《黄冈竹楼记》，便知道如何去讲课了。

自商州短暂回汴京之后，王禹偁又一次因直言而被放逐，到了滁州。宋真宗即位，他被召回。再因直言，第三次离开汴梁，来到了黄州。

请匠人造了一栋竹楼，他在竹楼欣赏四周的宜人景色，便很怡然自得。他描写自己在公退之后，读书，观景，饮茶，鼓琴，咏诗，下棋。文人的雅静生活，因竹楼这特殊音箱，都会有好声音。

　　夏宜急雨，有瀑布声；冬宜密雪，有碎玉声；宜鼓琴，琴调虚畅；
　　宜咏诗，诗韵清绝；宜围棋，子声丁丁然；宜投壶，矢声铮铮然；皆竹楼
　　之所助也。

置身于竹楼，自有一番幽趣，当然是"乐景"，这是人们看得见的快乐，他调子高昂地歌颂快乐。自然，那乐景仅仅是为了抒发自己摆脱不了的哀情。这哀情，要比商州岁月更为深刻了。

虽然是外放，依然是黄州的最高长官。不过，权力和悠闲自在的生活，并不是他的全部。他离开皇上有千里之遥。他的理想，如前辈杜甫一样，在汴梁，致君尧舜上，造福百姓。他离不开宫廷。

他倾听竹匠的经验之言。竹瓦仅能用十年，如果再铺一层，也只能有二十年。感慨由此而生。他回顾自己，一把年纪了，在近四年中一再迁徙，东奔西走，没有一个安稳的住处。"未知明年又在何处，岂惧竹楼之易朽乎！"

乐景依旧风雅，但内心哀情的表述，已经不再隐忍。

1991 年初秋，上海文化出版社组织一批和古典文化有关的作者，在西安讨论选题。因为后来的《黑白之道》，我和围棋文化研究者赵之云先生同住一室。

赵公那时正当年，吃泡馍的时候，大多数人，都只吃了半碗，唯独他，将大大一碗泡馍吃掉，还把羊肉汤喝了个干净。

一日下午，我们一起去寻书，记得在西安南面的城墙附近的一条小街上，找到一家开架书店，我们在书间盘桓多时，赵公见到了《弈人传》。便拿来对我说：这本书民国初年编成，至今刚刚出版。如你要写围棋，非有这一本书不可。赵公自己买了两本。说是一本自留，一本送人。

回旅舍，赵公读《弈人传》至深夜。他研究围棋文化时间不短，书中资料，必了然于心，况此书出版已经五六年，他应该早就购得。只是，在古城重温旧文，必然会想起咸阳、长安乃至洛阳、汴京的许多围棋故事。

回上海之后，一次在赛场观战室相遇，赵公拿出一个小纸包，在杯里抖落一些黑色颗粒，请服务员用热水瓶倒水泡了，方知道是古茶。茶汤渐深，热气模糊了他的眼镜片，他用手帕擦着镜片说："这是清宫遗物，我大外公陈宝琛留下的，他是宣统的老师。"

呵呵，他面对的是一个茶盲啊。我仅喝出了一股年代久远的气息，并不能说出贡茶的本味。不过喝了赵公的茶，让我知道，一个可以问棋的人就在面前。他是刻意追究来龙去脉的学者，如未经过技术上的论证，他便不会轻下结论。

他拿出一本《围棋词典》赠我，他和夫人同著。有《弈人传》和《围棋词典》，内心便很安稳，日后面对学者大师和高段棋手，心中便有了一些底气。

《围棋词典》没有为围棋爱好者王禹偁专立条目，却有两处记述，令我们想起这位官场精英也是围棋爱好者。

《围棋义例诠释》的作者徐铉，是围棋术语规范化的前驱，经他归纳，很多棋盘上的术语，我们至今还在使用。他还有另外一重身份，他是王禹偁的同僚。王禹偁因直言得罪朝廷，其中一桩就是为徐铉雪诬，并要追究污人名节者。

《围棋词典》为"对面千里势"专设一条。宋太宗御制的三道"死活题"，在棋史上非常有名。从南宋出版的《忘忧清乐集》中读到的，却只有"对面千里"和"独飞天鹅"两题，不知道为什么没有"海底明珠"。而在词典中，仅为"对面千里"制了图。这御制棋图，未必有实战意义，不过，他们不厌其烦地介绍了解法。且不忘告诉今人，只要读一读王禹偁的《筵上狂歌送侍棋衣袄天使》，就知道《忘忧清乐集》中，那两则棋图都可能是真实的。

"狂歌"的时候，王禹偁依旧在黄冈，他的竹楼里。当年同在朝廷陪太宗下棋的"棋友"，千里迢迢代表真宗来到南方，慰问他。

都是下棋人，王禹偁的诗便不是单纯的应酬。

对面千里为第一，独飞天鹅为第二，

第三海底取明珠，三阵堂堂皆御制。

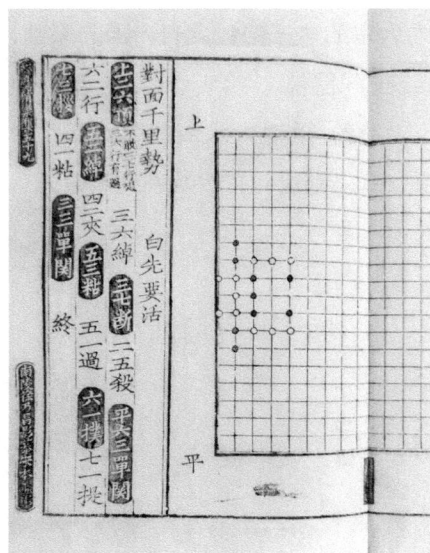

《忘忧清乐集》摹刻本之"对面千里势"

对面千里势　古代围棋残局作品。原载*《忘忧清乐集》中。北宋王禹偁《筵上狂诗送侍棋衣袄天使》："太宗多才复多艺，万几余暇翻棋势，对面千里为第一，独飞天鹅为第二，第三海底取明珠，三阵堂堂皆御制。"或即为宋太宗赵光义创作之一。图中为"对面千里势"，至白7，白五子活出，正解。

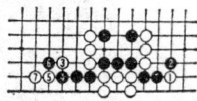

对面千里势

录自《围棋词典》。引用王禹偁的诗句证明棋图真实存在

　　王禹偁称赞这三阵，都是"堂堂"的，确有其道理。如果可以从美学上来作一番研究的话，我们看到的两阵，共同的特点是对称，似与宋朝的宫廷文化同出一辙，有一种金碧辉煌、浩浩荡荡的气势。你可从中看到巍峨的宫殿，可以想象一支显赫豪华又次序森然的仪仗队正在行进。解法严密工整，又如一丝不苟的宋朝的工笔画。况且还有气魄宏大的名字。

　　皇帝亲自来制作围棋的死活题，多少有消闲的心情。作为臣子，得到太宗的棋谱，却会看作是一生的光荣。珍藏在心底的回忆，当然不独王禹偁一人，只是他如今外放在千里之外，感觉特别深刻。

> 中使宣来示近臣，天机秘密通鬼神。
>
> 乃知棋法同军法，既戒贪心又嫌怯。
>
> 惟宜静对守封疆，不乐穷兵用戈甲。
>
> 先皇三势有深旨，岂独一枰而已矣！
>
> 当时受赐感君恩，藏于箧笥传子孙。

　　王禹偁接到太宗颁示的三棋势，该是从商州归来不久。他兴致勃勃整顿衣冠，重新登上高高的台阶，免不了暂时收敛初到待漏院时的锐气。如果是对围棋本身哲理的赞美，这几句诗当然并不过分。但是认为太宗的这三势包含有治国的深意，显然有一点过誉。而太宗也未必需要通过围棋表现"深旨"。

　　如今虽然处江湖之远，他不会对皇帝有什么怨意，他对太宗依旧有着深深的怀恋。或者说，他并不是怀才不遇，他知道太宗、真宗都对他有着特别的照看。

> 至道年中出滁上，失脚青云空怅望。
>
> 移典维扬日望还，轩辕鼎成飞上天。
>
> 龙髯忽断攀不得，旧朝衣上泪潺湲。
>
> 吾皇曲念先朝物，徵归再掌西垣笔。
>
> 悲凉忽见红药开，哭临空随梓宫出。
>
> 去年领郡得齐安，山川僻陋在江干。
>
> 黄民谁识旧学士，白头犹在老郎官。

然后又有直言，又被放为外官。真宗在汴梁，而他在偏远的地方，乡民哪里知道他王禹偁是谁。他很孤独，无处倾诉。

> 昨日江边天使到，随例沾恩着衣袄。
> 皇华本是江南客，久侍先皇对棋弈。
> 筵中偶说当年事，三势分明皆记得。
> 我从失职别上台，御书深锁不将来。
> 遥想棋图在私室，天香散尽空尘埃。

本来已将那些复杂的情感了结，如同当年皇帝留下的御书棋图，放在老家深锁的箱子里，准备传给后人了。那些已经尘封的往事，也"天香散尽"，早已不去想了。

天使到来，何况还颁赐特制的衣袄。真宗遣王禹偁的旧友到来，有什么深意没有？家藏御制棋图，或许也有重温的一天？

纯以乐景和哀情，已不能完全解读。诗人的人生感慨，终于借着围棋，一吐为快。皇帝和王禹偁之间有着围棋。君臣交往中的围棋，奇特地成为某种亲疏的尺度。在历代文人多数嚼之无味的"围棋诗"中，这一首不可错过。

他当然向往汴梁，想往朝廷。只是他心目中还有理想化的诤臣形象，他不断在回想自己初在待漏院等待上朝时所思所想。他也明白，天不变，皇上也不会变，处于皇上这个位置，需要的忠臣，既要刚直，也要柔软。然而，他是那种有刚直惯性的大臣，道不变，他的政治理想也不会变。即使在朝廷，"对面"和皇帝下棋论政，近在咫尺，君臣因其各自的精神空间，也该有"千里"之隔。他明白，却不能从已经习惯的空间走出来。

那一年，因为黄州出现了许多异象，宋真宗也恐他不利，便让他改知蕲州。一个月后，王禹偁在任上病故，年仅48岁。

2016年3月，人工智能学者刘知青教授与我完成了围棋文化与人工智能的谈话。在确定书名时，我们感慨，文化背景相距甚远的我俩，依靠网络和电子通讯，共享了围棋的空间。旧瓶装新酒，《对面千里》上了封面。棋势当然出自宋太宗，内心却一直在怀念王禹偁。

书的题解为：

　　围棋爱好者宋太宗赵光义御制三棋势，赐予诸大臣。堂堂第一势，即是"对面千里"。

　　2014 年 10 月，西湖桂枝飘香之时，我二人于钱塘江畔会议上偶然相遇，倾心交谈，便知人工智能和美学、语言学等，虽有千里之遥，心得颇有相通之处。不免握手订约，择日携手写作。

　　此后，有五次谈话。胡执黑匆匆先行，刘执白悠然应对。虽一在北京，一在上海，然使用网络可视电话，见人，听声，化千里而为对面。

　　埋头于书斋数月，尽所学所思，请教师友，旁征博引。数千春秋，时间之悠悠，聚于当下；无穷变化，空间之茫茫，缩为咫尺。思绪飘摇于碧空，似远不可及，落笔而成谈话录，则已近在书桌。

　　2015 年 10 月，AlphaGo 击败了樊麾二段，2016 年 3 月，击败李世石九段。人工智能的大突破，引起了棋界内外的震动。

　　此时再读书稿，有不可思议之感。

　　　　　　　　　　　　　　　　　　　　　　　　　　　　　　2023 年 5 月

（2023 年 3 月 6 日，哈尔滨师范大学冯毓云教授感染新冠去世。她和先生杨光洪，都是我文学启蒙的恩师，理解王禹偁和古诗人，始于他们给我的书。）

苏黄无缘一局棋

苏轼的《观棋并序》，曾流行于中日围棋擂台赛之时。

1988年，第四届擂台赛，日本以年仅22岁的七段棋手依田纪基为先锋，一路连胜中国俞斌、陈临新、王群、刘小光、江铸久和马晓春六位棋手，最后出现了先锋对主将的场面。聂卫平以两个6目半击败依田纪基和淡路修三，随后便输给了羽根泰正2目半。他的连胜纪录就此终结于11次。

那时候，聂卫平被看作是神一样的战将。父老乡亲都以为中国只要有聂卫平，就一定能够胜利。苏轼这首诗中的八个字便上了新闻："胜固欣然，败亦可喜"，便说那就是"平常心"。平常心就是用来安慰聂卫平？劝慰人们理解最高等级的棋手也未免要输棋？

虽然我也是认同如此写新闻，内心里却觉得未必领会了苏轼的诗意。

近日在上海图书馆重读《围棋天地》时，读到洪洲先生的文字，专谈苏轼的"胜固欣然，败亦可喜"，"并不一定适合作为棋手的修养"。

洪洲先生是电影编剧，是《一盘没有下完的棋》的作者之一，对于围棋文化研究颇深，京城文艺界下棋人都称呼他"洪哥"。他比我们早一年确认，苏轼真的"素不解棋"。

他质疑"败亦可喜"：

> 就对局者的情感来说，甚至于懂棋的、有倾向的观棋者的情感来说，"败亦可喜"的情况很不多见。除却虚心的低手向高手请求指导对弈以外，如果推枰认输之时，便做出"可喜"的表示，那要有着自我克制的极高涵养，于对方，显示礼貌；于本身，进行自我安慰。就其本意，是喜不起来的。

更以为"胜固欣然"也并非必然：

　　并非所有的胜利都能取得情感上的愉悦。与低手对弈，获胜易如反掌，往往索然无味。与强手对弈，靠对方一时疏忽而侥幸赢棋，也无多少乐趣可言。

洪哥在提醒，苏轼本在围棋边缘之外，此诗看似写棋，意不在棋。

读《观棋并序》，有好几次。还是觉得很潇洒。

　　五老峰前，白鹤遗址；
　　长松荫亭，风日清美。
　　我时独游，不逢一士；
　　谁欤棋者，户外屦二。
　　不闻人声，时间落子。
　　纹枰对坐，谁究此味？
　　空钩意钓，岂在鲂鲤。
　　小儿近道，剥啄信指。
　　胜固欣然，败亦可喜。
　　优哉游哉，聊复尔耳！

序也值得一读。

　　予素不解棋，尝独游庐山白鹤观。观中人皆阖户昼寝，独闻棋声于古松流水之间，意欣然喜之。
　　自尔欲学，然终不解也。儿子过乃粗能者，儋守张中日从之戏，予亦隅坐，竟日不以为厌也。

在中学教书时，曾经听一位老教师备课苏轼的《赤壁怀古》，他说读苏轼的诗文要细心，只读到豪迈、旷达总是不够，背后总站着那位哀伤痛苦的作者。老教师看着我们这些年龄不小的新教师，"你们自己去想吧，你们都下过乡……"

苏轼称自己"素不解棋"，回忆起对围棋感兴趣，还在当年游庐山白鹤观的时候。"独闻棋声于古松流水之间"，苏轼欣赏的围棋，诗化的下棋环境，以及下棋者无关胜负的闲适。很优美啊，哪里有哀伤？

苏轼当然不是棋迷。他把下棋写得那么美好，实际上藏起了他当时并不美好的日常。写诗之时，距离苏轼游庐山约十四年。诗中写到，儋守张中每天陪同苏轼的儿子苏过下棋。苏轼在旁整天观看，兴致勃勃。"竟日不以为厌"。他这样闲吗？

苏轼到儋州，是受政敌章惇构陷。一路南下，一路被贬的通知接连不断赶来。最后贬至海南岛。他已经知道，章惇是要他老死于此，便也抱着必死之心。他在给友人的信中说："某垂老投荒，无复生还之望。昨与长子迈诀，已处置后事矣。今到海南，首当作棺，次便作墓。乃留手疏与诸子，死则葬海外。生不契棺，死不扶柩，此亦东坡之家风也。"好友佛印想要渡海来见，苏轼一再劝阻。

苏轼毕生离不开朋友家人的陪伴。此时两位爱妻早就入土，朝云客死他乡。他的弟弟苏辙以及苏门诸学士，也都已遭贬谪星散，苏轼几乎与外部世界隔离。

孤独并一无所有时，方才想起，世界上还有围棋。也不是主动去找围棋的乐趣，而是张中在凄风苦雨里把棋带到了他们的生活中。张中仰慕苏轼，同情苏轼的遭遇，也愿意让苏轼的人格和学识照亮自己。

张中和苏过下棋，或许因为偶然。不过在封闭窒息环境中的苏轼，正需要新鲜空气。尽管不知棋，看他们下得津津有味，不免心中有感。

张中不久便被人告发。离任之时，苏轼送张中一首诗：

孤生知永弃，末路嗟长勤。
久安儋耳陋，日与雕题亲。
海国此奇士，官居我东邻。
卯酒无虚日，夜棋有达晨。
小瓮多自酿，一瓢时见分。
仍将对床梦，伴我五更春。

　　暂聚水上萍，忽散风中云。

　　恐无再见日，笑谈来生因。

　　空吟清诗送，不救归装贫。

　　这首诗的标题就很特别，《和陶与殷晋安别，送昌化军使张中》。苏轼和的是陶渊明隐居时送别友人殷晋安的诗。陶渊明是苏轼心目中理想的精神伴侣，他在遭贬的日子里，一共写了124首和陶渊明的诗，其中有15首，就是在海南写的。如此可以推测，张中未必是可以和苏轼唱和的诗人。张中也未必有苏辙、黄庭坚、秦观、佛印等的学问才华。苏轼与他为友，是患难之交、人格之交。

　　陶诗和苏诗，都是抒发对远去友人依依不舍的情感。苏轼的这一首，特别的感伤。

　　张中自是一位"奇士"，在不到一年的时间里，为苏轼修葺漏雨的居所，自酿瓮酒，即使少至一瓢，还要分给苏轼一半。在苏轼艰难困苦之时，张中的情怀，是苏轼心灵重要的抚慰。

　　不敢说两个本不相识的官员成为知交是因为围棋。张中知道海南人需要一位精神导师，也知道，让苏轼讲学，可重新唤起文豪内心的诗意，重新获得士人的尊严。宋哲宗绍圣四年（1097）冬，张中和当地黎子云兄弟等人，与苏轼一起出资，在黎子云的旧居上建屋，并取"载酒问字"的典故，名之曰"载酒堂"。苏轼俨然又成了教授。即使心如死灰，飘零至天涯海角，苏轼毕竟还是在蛮荒之地教育出了一批优秀的学生。海南岛有举人和进士，当自苏轼始。

　　张中当然知道厚待苏轼，必然惹祸上身。据说离开儋州前夜，张中在苏轼家中待了一个晚上。"仍将对床梦，伴我五更春"。久久不忍入睡，"恐无再见日，笑谈来生因"。也有文称，张中告别苏轼之后，不过三数月，便在任上去世。苏轼悲痛不已。

　　因为围棋，因为张中，还因为周围的黎汉居民，以及不顾一切渡海而来的友人，苏轼自如地走进海南人群，带着一条嘴巴黑色的狗。他获得了一位文豪需要的起码精神环境，终于将海南的生活当成日常，这便激起了他的豪情。他说过，他可以上陪玉皇大帝，下与乞儿相处，他眼中天下没有一个不是好人。在他将北归中原时，有《别海南黎民表》，曰："我本海南民，寄生西蜀州。"他乡海南已经被看作故乡，而真正的故乡眉山，却成为寄生之地。

苏轼于艰苦的日常中感悟到了特别的人生之道，内心激荡，低吟："问汝平生功业，黄州惠州儋州。"文豪之心终于在生命的悬崖边缘盛开了最后的鲜花。

围棋或者人生的输赢都可淡看。当苏轼获赦北上之际，他的政敌章惇却被流放。章惇的儿子章援，担心苏轼报仇，便特写一篇七百余字的长信给苏轼。苏轼的回信却说：

> 某与丞相定交四十余年，虽中间出处稍异，交情故无所增损也。闻其高年寄迹海隅，此怀可知……

苏轼的好友黄庭坚，棋下得不错，棋诗也非常精彩。

他甚至还将自己下棋的体会，写成《棋经诀》。只要稍有古文知识的棋手，必能从中感悟到黄庭坚对棋理认识之深：

> 初下十子以来，进未可占地，各逐其宜以求有力，此立理之道；下及三十下以后，布置稍定，须观局之强弱，或占地或刑克，必观于利，此乃用行之时也；杀不必须得，地不必须破；此三者取舍之道，棋之所切，无出乎胜。
>
> 倘或局胜，专在自保，或局弱，即须作行，然作行须是敌人有衅，无隙而动，必败之道也。棋之机要，多在外势，取局之要，在于鸿渐。
>
> 棋有三败，一者欺敌，二者不辨局，三者多错。又有六病，一者贪杀，二者取舍不明，三者无劫兴劫，四者苦觅奇行，五者知危不防，六者稍胜望筹。
>
> 棋之大要，先手不可失局，初有大利方可弃之，局中有倍利方可弃之。
>
> 古人经诀，皆述简易，贵于立理，先为不可胜，以待敌之可胜，或逍遥得极，高道自乐，终局雅澹，是其长也。

未知山谷先生和北宋最高一层的国手，是否有过对局。以我粗浅的围棋见识，他的文字，当是有段棋手才能领会的真知灼见。知"棋之大要"，必先与有相当棋艺水平的棋友对弈。"三败六病"，也需要认真复盘自己的败局，方可总结出来。

绍圣初，黄庭坚被人迫害，放逐黔中，他的朋友一路陪伴着他，他的哥哥还特意去看望他。虽在西南黔州，据说和黄庭坚经常往来的朋友，先后有 50 多人。其中自然有迁客骚人，亦有棋友，这期间依然不忘下棋。如此，他感慨：

> 世上滔滔声利间，独凭棋局老青山。
> 心游万里不知远，身与一山相对闲。

他怀念着苏轼，苏轼也怀念着他。不过他们之间，并未下棋，也不会聊棋。聪颖如苏轼，必然不会去读黄庭坚的《棋经诀》，在棋上颇为自得的黄庭坚，也不可能相信下棋居然胜败都可以愉快。很多当代人的文字，都曾经写到苏黄经常对弈，边下棋便说趣话。其实苏轼直到流放海南时还是一个围棋的旁观者，观棋诗的序中说，"自尔欲学，然终不解也"。黄庭坚曾经和苏轼同朝为官三年，贬谪路途，苏轼和黄庭坚又在鄱阳湖畔一起度过三天。这些日子，两人谈诗论文，切磋书法。却没有资料确凿说他们下过棋。

明朝的学者李东阳曾有《棋说》，他说，"古之不善弈者"苏子瞻《观棋并序》之"胜固欣然，败亦可喜"很有道理，"用是，知不工于弈者，乃得弈之乐为深。人之达于是者，可与言弈也"。

李东阳"言弈"，实不在弈，《观棋并序》的诗意，也不在棋。苏轼"不工于弈"，哪里能够和棋下得不错的李东阳聊聊围棋呢？不会下棋的苏轼，哪里会有"弈之乐"呢？李东阳如真的穿越与苏轼相逢，会不会谈谈书法呢？见过北京故宫所藏《清明上河图》，有李东阳的两篇跋，字迹细若蚁足，他也是有名的书法家啊。

鲁莽地揣测，黄庭坚的棋下得好，却仅仅将下棋当成有趣游戏。

他在《棋经诀》中的很多言语，如"取局之要，在于鸿渐"，"杀不必须得，地不必须破"，以及批评的"苦觅奇行"和"稍胜望筹"等等，都极有人文含量。这些属于棋理的口诀，在人生日常看也是隽语。可惜他为棋的胜负束缚，轻轻放过了。

年轻时，曾经向往山谷先生的"心似蛛丝游碧落，身如蜩（tiáo）甲化枯枝"，以为是棋诗中难得佳联。年老时，方知这两句的意趣，只到棋局为止。转而去欣赏他"桃李春风一杯酒，江湖夜雨十年灯"，那里有心迹。

他青年时酷爱围棋，在流放时岁月蹉跎，忽然便感到光阴的急迫：

> 涪翁放逐黔中，既无所用心，颇喜弈棋。绍圣四年丁未，偶开韦昭（即韦曜）《博弈论》，读之喟然，以为真无益于事，诚陶恒公所谓牧猪奴戏耳。因"自誓不复弈棋，自今日以来，不信斯言，有如黔江云"。

他感慨人生苦短，已经 53 岁，不能再一味下棋浪费时光。

不过，身在不断的政治打击中，也得以棋调节自己的情绪。有人从他遗留的文字中获知，他"自誓不复弈棋"之后，至少还下过九次棋。

苏黄无缘一局棋当不是憾事，文豪之间论道更不必拘泥于棋。

苏轼有《寒食帖》，书写的是他自作的两首诗：

其一

自我来黄州，已过三寒食。

年年欲惜春，春去不容惜。

今年又苦雨，两月秋萧瑟。

卧闻海棠花，泥污燕支雪。

闇中偷负去，夜半真有力。

何殊病少年，病起头已白。

其二

春江欲入户，雨势来不已。

小屋如渔舟，濛濛水云里。

空庖煮寒菜，破灶烧湿苇。

那知是寒食，但见乌衔纸。

君门深九重，坟墓在万里。

也拟哭途穷，死灰吹不起。

原诗作于元丰五年（1082）寒食。就在这一年的七月和十月，苏轼又作前后《赤壁赋》，并有《念奴娇·赤壁怀古》。虽同为苏轼所作，《寒食诗》悲凉低回，《念奴娇·赤壁怀古》雄放壮烈。苏轼本就是有多重感怀的诗人，睹景生情，景不同，诗也不同。每一个悲情的苏轼背后，也必有一个豪放的东坡先生。

此帖被人收藏。元符三年（1100）得此帖者张浩，听说黄庭坚将要出蜀，先往青神探望姑母，便携帖匆匆赶来，拜见黄庭坚。黄庭坚书 59 字为跋：

东坡此诗似李太白，犹恐太白有未到处。此书兼颜鲁公、杨少师、李西台笔意。试使东坡复为之，未必及此。它日东坡或见此书，应笑我于无佛处称尊也。

今天的人们欣赏《寒食帖》为"天下第三行书"，必会引用黄庭坚的跋。黄庭坚从《寒食帖》中读到了前辈诗人李白的韵味，又揣摩到了前辈书法家颜真卿、杨凝式、李建中的笔意。寒食那天，雨正在下，苏轼将雨中的嗟叹，与传承前辈书家的笔墨，尽情倾洒在纸上。若寒食过去，苦雨停歇，情景已换，苏轼再书写此两首诗，当"未必及此"。

诗学书道，几乎分不开，笔墨呈现的意境，也是自然生成。黄庭坚几乎是随手，写出了一幅杰作。《寒食帖》这一卷书法便成为两个不羁灵魂的相逢之处。

中国美院章祖安教授说：

> 书法以其对现实世界中的什么都不肯定，因而也就什么都不否定的形式，而自成一独立的小宇宙，它什么都没有，却应有尽有。人在得意忘形之时，或精神困惑之际，时时可以体察到新的图景而终于物我两忘，他无须离开现实世界而似乎已经得到解脱。虚无之象，抑亦解脱之象也。

老师所论，是书法所具的精神空间。苏黄毕竟可以携手自由进出书法这一"独立的小宇宙"，他们都是见纸便欢，取笔便写，纸尽方罢。

同遭流放之后，他们在"精神困惑之际"回到书法小宇宙。因为书法，他们于虚无之中获得了审美的满足。然而他们又不是单纯的书法家。"空钩意钓，岂在鲂鲤"，总有值得寄托的一缕光线在照耀着他们。他们沉浸于书法中创造的图景，暂时放下困苦的环境，以及衰老低沉的晚年。"物我两忘"之后，他们获得了解脱。解脱不是躺倒，而是逍遥地遨游于精神空间，在更高层次领悟生命。遂继续以学问和艺术激荡自己一再挫折的人生。

可惜，双璧共辉的这一字帖，苏轼并未见到。黄庭坚题跋前后，苏轼获赦，便在元符三年夏，开始踏上归程。苏轼到了常州，他羸弱的身体终于支撑不住，于1101年夏去世。

黄庭坚晚年看淡了自己的凄凉处境："家本农耕，使不从进士，则田中庐舍如是，又可不堪其忧耶？"

只有经历过的人才知道，将艰辛岁月视作寻常，有多么艰难。

南宋诗人陆游在《老学庵笔记》记载：

范寥言：鲁直至宜州，州无亭驿，又无民居可僦（jiu），止一僧舍可寓，而适为崇宁万寿寺，法所不许。乃居一城楼上，亦极湫（jiao）隘。秋暑方炽，几不可过。一日忽小雨，鲁直饮，薄醉，坐胡床，自栏楯（dun）间伸足出外以受雨，顾谓寥曰："信中，吾平生无此快也。"未几而卒。

据当地报道，南城楼现仅存遗迹。1986 年，宜山县在白龙公园内重建黄山谷祠。春天破土动工，同年 10 月竣工。祠为古式建筑，重檐挑角，琉璃瓦面，祠内正中墙上立黄山谷自画像碑，祠后重修黄山谷衣冠墓一座。

黄庭坚的书法，有众多爱好者。黄庭坚的诗句，经常被人传诵。而他爱好围棋，很少有人提起。他的"围棋小宇宙"只有知棋爱棋者才能进入。不久前，和棋友谈及黄庭坚说下棋不可"苦觅奇行"，老记者亦是老棋手萧强兄深以为然。并说，某些年轻棋手读 AI 的谱入了迷，经常在对局时想，这一着"AI 会怎样下"。久而久之，不免会失去按照内心思路下棋的自在。

2023 年 1 月 18 日

一灯明暗复吴图

围棋史家赵之云先生称自己是"现实主义者"。他曾经说过，围棋研究，棋谱是不可或缺的重要依据。一个时代围棋水平的高低，一位棋手的实际水平，文人带有倾向性和描述性的语言，并不可靠，还得研究棋谱。

赵公说，即使晚至清朝的棋谱，也并不齐全。而且大部分没有记载"某年某月下于某处"。宋以前的棋谱很少，即使有一些，看起来也并不可靠。因此，围棋史研究还有不少空白。

赵公去世，已有一十八载，早期古谱依旧没有新的发现。本文以"吴图"为对象，试图讨论中国早期棋谱的传播和流失的过程，供专业研究者参考。

棋谱在围棋活动中发挥着重要的作用。弈秋授徒，王粲复盘，武陵画荻……种种传说，棋谱都"隐形"于故事中。而确凿的关于棋谱的记载，却是少之又少。

南朝宋文帝（424—454年在位）时，羊玄保为会稽太守。他是皇帝的棋友。宋文帝想起羊玄保的时候，就派遣官员中的高手褚思庄去会稽，"与玄保弈，因制局图还，于帝前复之"。这是我们所能看到的资料中，最早提到记谱制图，然后依据棋图复盘的记录。

宋明帝（465—472年在位）时，朝廷中设围棋周邑，有专人管理围棋。刘善承先生主编的《中国围棋史》认为"它大体上是负责围棋的人才的举荐和考核，以及组织比赛、品棋、收集整理棋谱等工作"。

那时候还没有大型的比赛，因此品棋成为比较水平的重要手段。虽然围棋史家认为，品棋始自晋朝，不过南朝品棋之盛况，超过了晋朝。多次大型品棋活动，由皇帝亲自发起，并指定专人负责。其中，有三次品棋，都有比较具体的记载。

梁武帝天监年间（502—519）一次，说明了棋谱在品棋中举足轻重的作用：

梁武帝好弈棋，使恽（柳恽）品定棋谱，等格者二百七十八人，第其优劣，为《棋品》三卷。恽为第二焉。

柳恽"品定棋谱"，决定棋手的棋品。从流传的九品"入神、坐照、具体、通幽、用智、小巧、斗力、若愚、守拙"的等第来看，不仅看输赢，还需兼看棋的质量，借以了解棋手的境界。可以猜想，每一个棋手，交上的棋谱必然不会只有少数几件。

品棋结束，都会有文字成书，例如梁武帝有《棋品》三卷。沈约曾经写过《棋品序》，一般认为是梁武帝《棋品》的序言。文中说"今撰录名氏，随品详书，俾粹理深情，永垂芳于来叶"。文中没有提到有没有棋谱附录，看来是没有。这一点也难以详细考证，除沈约的《棋品序》，自晋至南朝，品棋类书卷，如今只见到书名，实物都见不到了。

至唐朝，对外交流频繁。处于围棋艺术高峰的唐帝国，接待了不少前来学习围棋的外国人。也有使节出访，特意带了善棋的官员同行。

晚唐诗人张乔（公元 873 年进士及第）的好友棋待诏朴球是新罗人，他回国的时候，张乔特意写诗送他，其中两句很耐咀嚼：

阙下传新势，船中复旧图。

当宫廷中正在传阅棋手们新创作的棋谱的时候，朴球却在回国的海船上阅读着随身带去的旧图。这说明当时棋谱在围棋向外传播中，起着重要的作用。

在《忘忧清乐集》中的《孙策诏吕范弈棋局面》之前，我们没有见到过"吴图"，或者当时其他棋谱的真实面貌。

早期的棋谱，是不是我们今天意义上的"图"呢？

唐人薛用弱《集异记》讲述王积薪学棋于"妇姑"（姑且认为是在公元 755 年），却透露了一点记谱的信息。

忽闻室内姑谓妇曰："良宵无以为适，与子围棋一赌可乎？"妇曰：

"诺。"积薪私心奇之，况堂内素无灯烛，又妇姑各处东西室，积薪乃附耳门扉。

俄闻妇曰："起东五南九置子矣。"姑应曰："东五南十二置子矣。"妇又曰："起西八南十置子矣。"姑又应曰："西九南十置子矣。"

每置一子，皆良久思维，夜将尽四更，积薪一一密记其下，止三十六。忽闻姑曰："子已败矣，吾止胜九枰矣。"妇亦甘焉。

其中开始四子，都用语言表示了棋子于棋盘上的位置。

故事未必真实，却正是薛用弱所在时代（公元830年左右）一般人能够理解的一种记谱方式。

宋初徐铉（916—991）改进了记谱：

古棋图之法，以平上去入分四隅，交杂难辨。

铉改为十九字：一天、二地、三才、四时、五行、六宫、七斗、八方、九州、十日、十一冬、十二月、十三闰、十四雉、十五望、十六相、十七星、十八松、十九容，甚为简便。

"古棋图之法"将棋盘分成四个部分。在《忘忧清乐集》下卷中，开始即是一张空棋盘，介绍记谱方法，然后才开始以此法一一介绍角部的行棋步骤。

徐铉的记谱方式，是将棋盘当成一个整体。围棋史专家徐润周先生这样解读：

十九代字，每字均常用之典故，使人易于知晓。其次序大抵自右而左平排为经，而以一至十九数字直排为纬。以数字之纬，乘代字之经，而得棋局中交叉点之位置。

赵之云、许宛云编辑的《围棋词典》所载现代"代号谱"记谱方式，经常在棋评中见到。纵轴为阿拉伯数字1—19，横轴为英文字母A—T。这一种直角坐标体系的记谱方式，应是古法的沿袭。实际上是用英语字母替换了"十九代字"。

文字最早是刻在甲骨上，以后又铸刻在青铜器上，或者石头上。书写材料和书写方式的成本都非常高。那个时候，还谈不上记谱。

当竹木简成为书写主流的时候（大约始于战国，和早期围棋出现文字记载时间差不多），使用文字记谱可能是最早期棋谱的流传方式。与竹木简同时出现的帛书，书写成本不低，还不至于用来描画棋谱。

围棋在汉朝渐渐进入宫廷。到了东汉，自大文学家班固的《弈旨》始，围棋的文化价值开始被人认识，这一游戏日渐受到士大夫的欢迎。巧合的是，中国的造纸术，因为蔡伦的贡献，而在东汉获得了突破性的进展，纸张因其价格低廉，成为非常有竞争力的新书写材料。

《中国围棋史》这样分析：

> 棋谱的记录留存起源于何时，尚难以考定，但两汉时期是肯定已经比较流行了。
>
> 一些优秀的对局谱，经收集整理后成为棋家珍藏之物，对推动围棋水平的提高，起了巨大的作用。

围棋文化学者陈祖源先生认为，从汉开始，棋谱可能以文字和绘图两种方式传播。早期围棋书籍均以手抄本形式存在，上面载有的棋谱，文字和绘图都可能。绘图较之文字更为明白但是制作不易。文字棋谱在出版上较为简便，直到清朝，还有棋谱是使用文字出版的。

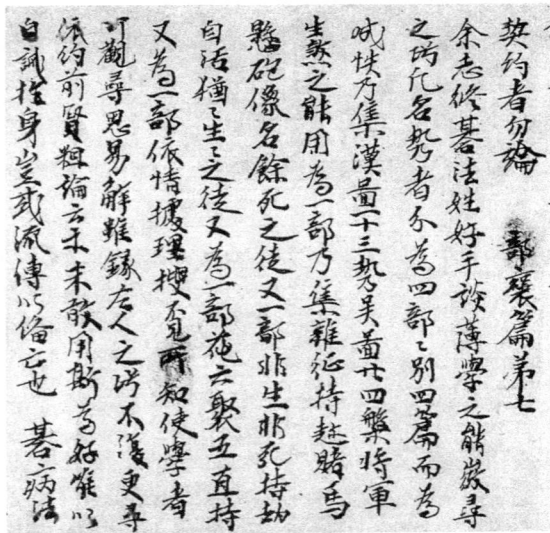

《敦煌棋经》为手抄于一卷佛经背面。《部袠篇第七》部分

"孙吕局面"如今成为"吴图"的唯一代表。对局者之一孙策去世于献帝建安六年（200）。实际对局时间应该稍早于此时，其时，孙氏政权当

还在形成之中，"吴图"这一说法，应该是后人的称呼。

"吴图"这一说法，见之于三处文字资料。

最初见到"吴图"这一概念的是《敦煌棋经》。围棋史家成恩元先生称此卷成书应该在南北朝北周（557—581）年间。我们读到的是隋唐人的抄本。

棋经中多次提到了棋图，两次提到"汉图一十三势"和"吴图廿四盘"。此时，距离三国已经差不多 300 年了。

《敦煌棋经·部裒（póu）篇第七》这样写：

> 凡名势者，分为四部，部别四篇，而为成帙。乃集汉图一十三势，吴图廿四盘，将军生煞之能，用为一部。乃集杂征持趁，赌马悬炮，像名余死之徒，又一部。非生非死，持劫自活，犹犹生生之徒，又为一部。花六聚五直持，又为一部。

陈祖源先生认为，此书前面部分，似是某书序言的一部分。因此后面应该有实图，只是抄写者没有继续往下抄而已。

"凡名势者，分为四部"，说明这一些图本身都可以被称为"势"。"汉图"和"吴图"，也不例外。中国古典棋谱中，很多重要的局部棋型图，被称为"势"者不少，如"采樵势""一子解双征势""十王走马势"等。和"汉图"与"吴图"归纳在一起的"将军生煞之能"，可以理解为围绕角部"将军"的局部死活。因此"汉图"和"吴图"中有一部分，或者大多数，可能不是完整的对局图，而是局部，或者是布局的若干着棋。这样才能达到"使学者可观，寻思易解"的目的。

晚唐著名诗人杜牧（803—852）有《重送王逢绝句》，其中"别后竹窗风雨夜，一灯明暗复吴图"为名句。

虽然"诗无达诂"，不过我们认为，杜牧这里说的"吴图"，似乎就是借代了"棋谱"或者"古谱"，并不一定指三国时代吴国的棋谱。而根据上句的诗意，"复吴图"也很可能是在重新研究自己和王逢的对局谱。

不过，杜牧这样写，可以证明在他那个年代，"吴图"还是一个耳熟能详的名词，一提起，读诗的人便心领神会。

之后，北宋书法家兼诗人黄庭坚（1045—1105）有句："枯棋覆吴图。"

在黄庭坚写到"吴图"时，离开李逸民编辑《忘忧清乐集》已经不远了。

从三国到北宋，"吴图"至少流传了 900 年。可以说，"吴图"这个概念，起于隋唐抄本《敦煌棋经》，终结于南宋刻本《忘忧清乐集》。

围棋图谱印刷成为出版物，从技术上看，不可能早于宋朝。

从印刷技术上来看，中国最早可以称为"书"的是一卷《金刚经》，这也是世界上第一部书。经卷是在敦煌藏经洞被发现的，最后题有"咸通九年四月十五日"字样。唐咸通九年，就是 868 年。藏经洞中，有写经三万多卷，唯此一卷为印刷品。同样发现于敦煌的《棋经》，则抄写于一卷佛经的背面。

实际上，可以用来印刷的纸张，也是差不多这个时期出现的。"最早《金刚经》"印刷在黄檗（bò）纸上，这种纸经过黄柏的药水浸泡，保存得更为久远。

柳诒徵先生在《中国文化史》中说："隋唐之时，雕版之法，仅属萌芽，尚未大行。故唐人之书，率皆写为卷轴，而印刷成册者流传甚希。"柳诒徵先生还说，"北宋之初，雕印书籍，先佛藏而后儒书。"这是当时社会的需要。

即使宋初围棋大大发展，而棋书的刻印，却还不能排上队。

吴小如先生主编的《中国文化史纲要》认为，宋朝生产力的发展，学术和文化事业的繁荣，科举制的发展，为刻书业提供了更多的素材和需求，并使其商业化成为可能，直接刺激了行业的发展。"馆刻""家刻"和"坊刻"一时并起。这使得大量日常用书得以进入出版领域。

当刻书的内容越来越广泛时，刻制棋谱方能排上日程。而在此时，技术的发展速度不可估量，雕版的速度大大加快，印刷用纸洁白光滑平整。

虽然近年有考证认为，李逸民是本书的"第二任"编辑，原编者是著名棋手刘仲甫。从时代背景来看，编书却是一个完整的过程。《忘忧清乐集》开始编辑应该在宋徽宗（1100—1126 年在位）时期，成书于北宋末年。当时是否已经印刷成书，待考。

靖康之乱，北宋图书遭到浩劫，连国子监所有书版，都被掠劫一空。书稿随躲避战乱的李逸民来到南方。

南宋建国，出版业才重新恢复，逐渐兴盛。《忘忧清乐集》刻制出版于南宋建炎、绍兴年间（1127—1162），和出版业的发展大势相符。

当时，南宋都城临安，也就是今天的杭州，印刷业非常兴盛，《中国印刷史话》这样描写：

> 临安城内有书铺20多家，有的还开设分号。他们或刻印佛经、文选、史书，或刻印诗话、唱本、小说异闻，或刻印有关娱乐游戏、占卜、赌博的书。当时还出版了一种类似今天交通游览图的《朝京里程图》……此外下棋的棋盘，玩的纸牌，都有印刷品……

"现藏于北京图书馆善本库中的《忘忧清乐集》就是杭州刻本。"印刷于皮纸之上的该书"字体隽美，刀法娴熟，墨色清纯，行格疏朗，古朴大方，充分展现出宋代杭州刻本的风貌"。不过，后人校勘此书，发现不少错漏之处。杭州刻工（可能并不懂棋）毕竟是第一次雕刻棋谱，雕版又难以修改。

《忘忧清乐集》中只有《孙策诏吕范弈棋局面》一局为"吴图"的全局谱。与此谱可以并列的是《晋武帝诏王武子弈棋局》《明皇诏郑观音弈棋局图》。这三局古棋应该不是同时代最好棋手下出来的，而是三位帝王（孙策称为"准皇帝"更合适一些）的弈棋记录。而与之呼应，当朝宋太祖，在此书中也有两个非常了不起的排局。

联系到书名出自宋徽宗那一首"忘忧清乐在枰棋"的诗来看，这三局棋、两个排局和一首诗，一共和五个皇帝有关，使这本书煌煌然有皇家气派。

看来，这些棋谱，象征的意义更大于技术价值。这样做，对宫廷可以交代，而"皇家的棋谱"，对读者也是有号召力的。

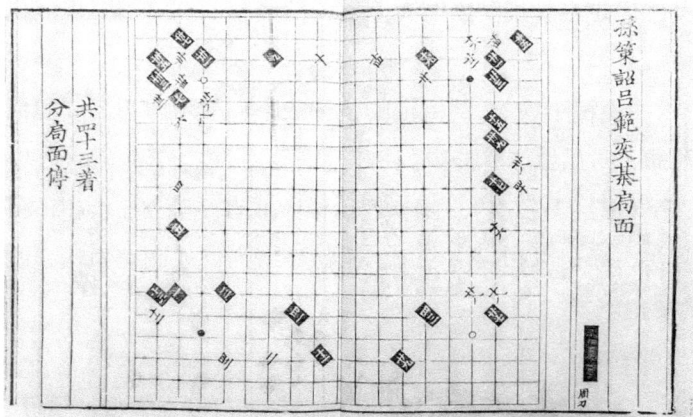

《忘忧清乐集》摹刻本之
《孙策诏吕范弈棋局面》

即使在南宋，刻印棋谱也非常不易。《忘忧清乐集》中出现这样多的棋谱，在雕版印刷时期，还是非常麻烦的事情。

棋谱把圆形棋子全部做成方形。或许本来棋子的形状并不重要，也该有方形的棋子。不过从刻工的角度来看，化圆弧线为直线，可能刻字略微方便。而且将长方形斜转 45 度，当是最经济地利用了空间。

围棋史家徐润周先生在《围棋记事诗》的一则注解中说，方形棋子和"博棋"有关：

> 近年（1960 年）看到淮安宋墓出土的石磨棋子，不作圆型而作方形，觉得两者（与《忘忧清乐集》）之间，倒有互相牵连之处。……宋墓出土之棋竟用博棋之形……围棋与博棋，实是一家眷属。古来博弈并称，也可于此参得消息。

从围棋的发展来看，北宋的棋待诏制度集中了全国最优秀的棋手。不少政坛和文坛精英，也都精通围棋，将各种思想学术观念融入围棋之中。因而"北宋的棋艺水平有了很大的提高，达到了前所未有的水平"（《中国围棋史》）。据说，刘仲甫的水平，已经在唐初王积薪之上"两道"。

如果细察宋朝围棋，必然可以发现，这一时期，围棋的观念也获得了巨大的飞跃，特征是非常坚实地大踏步迈向了科学。

宋初徐铉不仅推出了简明的记谱方式，而且他编撰《围棋义例诠释》，将 32 种术语定名。说明当时有识之士已经意识到将围棋规范化可以推动围棋的进一步发展。

《围棋十诀》，将围棋的各种战略和战术思想高度概括，其中包含的围棋辩证思想，对后世广有影响。

《棋经十三篇》是围棋理论集大成者，确立了围棋的基本理论基础。其脱胎于兵法，而足以和兵法比肩。虽然作者为何人尚有争论，此文完成于北宋，却是不争的事实。

......

身为棋待诏的李逸民在这样的棋艺高度上编辑，便有"俯视"前朝棋谱的可能。

《忘忧清乐集》全书没有"汉图"和"吴图"的字样。书是给同时代人看的，这是出版人的常识。《忘忧清乐集》没有必要编成一本按照历史年代为序的纪念册。出版物体现宋朝人对他们所见到的所有棋谱整理和总结的成果，才是重要的。

上卷为对局谱，标明了下棋者大多数是宋的著名棋手，除了上面所说的三局"皇帝棋"，还有唐朝棋手的棋谱两局。全部是十九道棋局。《忘忧清乐集》的编辑着眼于十九道棋盘，遵循的是新制式。"不用则废"，更早朝代国手下出十七道棋盘的全局性棋谱，如果当时还能见到，已全被删去。

中卷大多是角部变化。"晋士明转换"、"晋士明新图"（两处）、"晋士明各五着"，点明是北宋时期的作品。晋士明可能是当时棋待诏中的创作高手。唐朝的王积薪和贾玄，也各有一个作品被编在内。

"大角图二十变"之"第十八变"题下有解释：

庞统字士元见徐庶字元植告行，乃成四望势四变。

从题解中看，这是两位朋友告别时候的对弈局部，走出了一种特殊的变化，因而被记录在案，时间或许比赤壁之战（209）稍早。更在三国分别称帝（220—229）之前。不知道这一局部，能不能归入"汉图"。

下卷以死活题为主，应该是历代创

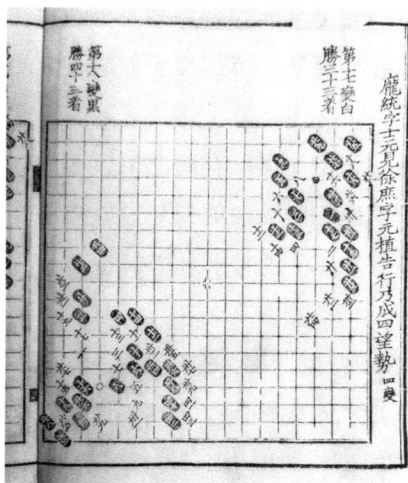

《忘忧清乐集》摹刻本庞统徐庶对局局部

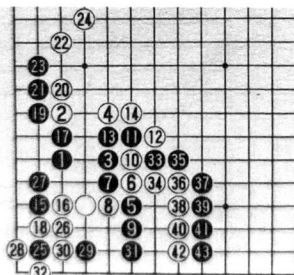

第十八变
黑胜
四十三着
庞统字士元见
徐庶字元植告
行，乃成四望
势四变

十八

《忘忧清乐集》现代版本庞统徐庶对局局部

作的总汇。见到"高祖困荥阳"和"高祖解荥阳势","四皓出洞势"和"四皓归洞势",以及"方朔偷桃",都会联想到汉朝故事。不过,这些棋谱,大多是因势命名,并不能确定就是"汉图"的几种。正如"烂柯图"和"烂柯势",并不能确定作品创作于故事流传的晋朝。

中卷和下卷大多数棋图模糊了创作年代。可以认为,前朝棋谱过于粗浅的、有错讹的,都被淘汰了。凡是编书时代尚可借鉴的优秀作品,已经和本朝的作品混编在一起。

"吴图"这个概念因此而消失。同时消失的,还有"汉图"等带有时间元素的概念。一方面,可以说,用宋朝的围棋观编辑的《忘忧清乐集》,彻底覆盖了"汉图"和"吴图"。另一方面《忘忧清乐集》的出版,也可能使原本归于"汉图"和"吴图"旗下的部分棋谱,得以重生,继续流传于历史。

很多争论集中在"吴图"中硕果仅存的《孙策诏吕范弈棋局面》。这局棋应该下在十七道时代,载在书中的棋谱却是十九道的。

窃以为,这未必是李逸民刻意作伪。可以推想,他所见到的棋谱,应该是"吴图"在岁月磨洗之后的形态。曾经想过,"吴图"这个概念能够流传那么久,它一定需要不断变化,才能非常自然地跟上不断发展的围棋艺术。

"吴图"中的一部分,以其先天的精确,岁月对它们无可奈何。不过也有一部分棋谱,特别是全局性质的棋谱,可能已经不再是原样。不排除有人在转抄棋谱的过程中张冠李戴,频频出错,以至以讹传讹。而更可能的是那些对于围棋有研究的传抄者,看到了原图的缺陷,不断在做修补和更新,特别是十七道转变到十九道这一突变时期。

这样的好事者一代接着一代,绵绵不绝,相信其中还可能有匿名的国手。你可以说他们无视历史,可是他们并不是历史学家,他们所关注的只是这些棋谱在他所生活年代的使用价值。《孙策诏吕范弈棋局面》最后成为十九道,也不足为怪了。

在没有新资料出现的情况下,考证《孙策诏吕范弈棋局面》是不是原汁原味的"吴图",已经没有那么重要了。李逸民以出版的方式固化并保存了这一棋谱,我们依旧可以从中解读出很多古代的信息。正如《围棋词典》所认定:《孙策诏吕范弈棋局面》,是"现在我们看到的最古老的棋谱"。

从某种意义上看,《忘忧清乐集》中所有的棋谱，都是"现在我们看到的最古老的棋谱"。

2013 年秋

（对于考证棋史，我的棋力和学问都不够。为写此文，和围棋文化学者陈祖源先生在电话中长谈多次。"吴图"被《忘忧清乐集》'覆盖'，也是他的看法。"《忘忧清乐集》中不少精彩的局部棋谱，可能就是'吴图'。"陈先生说，"打谱时可要小心，'吴图'认得你，你不认得'吴图'！"）

海峡对岸的眼睛

朱铭源像，之久作

初知朱铭源先生有一双犀利的眼睛，是在去年。很意外收到一封来自台北的信，说是最近美国有位棋友回台北，送他一本我所写的访谈录《黑白之道》，然后朱先生便毫不留情地指出书上某页某处写错了。

于是想起家中书架上有他写的一本《中国围棋史趣话》，读书时曾很意外，这一本"趣话"的资料非常详实，甚至超过了民国初年黄俊编写的《弈人传》。从朱先生的来信中，似又看出他对中国各地出版的棋书相当熟悉，许多作者正在研究什么也一清二楚。

随后就是一个个方信封套着的资料，隔着大海寄来了。读着这些信，看着这些资料，是常常令我脸红的。例如我曾经把古代围棋的"格"理解为棋盘上的方格。又将"尧向蒲尹学棋，传于儿子丹朱"，写成"丹朱向蒲尹学棋"。而且，不知古时"围棋九品"和今日职业棋手的九段正好倒置。夜里再读古籍，颇有些汗颜。另外一些资料，则全是他复印或摘录的，以示某些作品误导读者了。海峡对岸有这样一双厉害的眼睛，依据着古谱，想让正确和公正大行于棋界，令我非常感动。

通信渐多，朱先生在海外出版的《中国棋艺》和《中国围棋史话》也都到了我的案头。

今年 70 岁的朱先生在信中说，他是江苏武进人，早年居于上海，自小孤独，无兄弟姐妹，便以棋为戏。先学象棋，8 岁时，邻家小孩教会他下围棋，此爱好便伴随他入中学，进大学（上海沪江大学）。后来他到香港，五年之后由港至台。工余朱先生先是进入象棋社，但那里多是本省人，环境不对胃口，又到外省人聚集的围棋社。朱先生把棋看作是一门艺术，棋艺也不错，曾在台湾以中油职员的身份，获段位组第一。

朱铭源对棋，极为投入，退休之后，每天都去台北远东棋社下棋。若有余暇，便去图书馆寻找围棋资料，台北傅斯年图书馆等三处，常有朱铭源的足迹。朱先生寻找古谱中棋的资料，大有"地毯式轰炸"的味道，《四库全书》《古今图书集成》都成了他"轰炸"的目标。凡有"棋"字，正史（如唐史、宋史）、典籍、通志、地方志，乃至《太平广记》《夷坚志》等笔记小说，甚至《佩文韵府》等辞典，均一一涉猎。每有心得，便一一写成文章，在报纸上发表，有时大陆的报纸杂志上，也会有他的作品。他的几本著作，都是集腋成裘，花费极大苦功。

搜罗围棋这样的小道资料，自然不可能如发现大矿一样，而必须要有沙里淘金的精神。朱先生说，最难的是查"集"中的资料，不知何文何处有，只得依次读去。相对容易的是查地方志，因为方志中有一项"方伎"，查这一项就易得到围棋的资料。从 40 岁利用工余去图书馆起，迄今已有近三十年了，所积资料已经不可胜数，可以新编一册《弈人传》矣！"今日不作，明日就可能失传。"这正是他肯出苦力研究的原因。

如古人时时考订真伪，朱铭源也会对不同典籍中不同说法时时比较、鉴别。例如："黄梅时节家家雨，青草池塘处处蛙。有约不来过夜半，闲敲棋子落灯花。"《千家诗》中称作者为司马光，另有一说作者为南宋赵师秀。只为了诗中有一个"棋"字，朱铭源查遍司马公文集八十卷中的诗词部分，未见此诗。又在赵师秀所撰文集中找到，便很高兴断定，此诗为赵师秀作品。缘此，便不难明白他为什么对一些人贪图省力致使谬误流传的行为如此愤慨了。

小时候，同学的父亲见他弈棋进步很快，便送他范西屏的《桃花泉弈谱》和施襄夏的《弈理指归》，爱书如命的朱铭源，以后便留意于棋谱、棋书、棋画、棋邮。凡是与围棋、象棋有关的东西，都一一搜集。他有濑越宪作的《御城棋谱》，亦有清朝的木刻本《黄龙士先生棋谱》和《兼山堂弈谱》，岁月沧桑，这些古书已吹弹欲破。大陆出版的象棋、围棋书，他家也都藏有。他是一个细心的人，他的几本书，插图都是古代的棋画，精美异常，意趣深远，能集于书中，必是日积月累留心的结果。

朱铭源并未自诩为学者，但确实成为台湾几乎唯一的围棋古籍专家。

研究棋史，自然寂寞，不比记录轰轰烈烈棋赛引人注目。好在乐于此道的人，走出台湾便有。朱铭源"以信会友"，与上海的赵之云、李毓珍，韩国的李承雨，日本的水口藤雄，都讨论过围棋古谱问题。尽管有些问题互相坚持，但总是同道中人，共同推进围棋的发展。

赵之云等学者也都知道，海峡对岸这一双搜寻古谱的眼睛不知疲倦、孜孜以求。

人们在等待他的新作。

发表于 1995 年 6 月 3 日。不久，朱铭源先生患病，不再有作品发表。

重　逢

　　台湾省作家三毛最初遇到的大陆名人是谁？有一回，中国棋院院长陈祖德笑着说，可能是我。

　　或许，只有想象力特别丰富的武侠小说家金庸先生才会有这样奇特的构思：将围棋与武侠并列，进行一次讨论会。自然，这因为金庸不仅是作家，也是一位棋迷，他的小说中，写到超凡脱俗的侠客，时常会出现不可思议的棋局，共同构成一个可望而不可即的世界。

　　陈祖德欣然赞成。因为棋与侠，道是相通的。1982 年，陈祖德九段癌症手术后在香港金庸家中养病，经常阅读新派武侠小说。

　　金庸请了一些名流。学者兼棋迷，而又有文学功底的台湾沈君山先生。围棋评论家罗建文七段。还有一位，竟是具女侠风采，浪迹天涯的台湾作家三毛。

　　陈祖德回忆，在香港，他与三毛见面好几次，彼此一起聊天、吃饭，印象深刻。在香港这片特殊的土地上，三毛初识大陆人，陈祖德初识台湾人。文学与棋成为桥梁。

　　我曾经这样描述：谈棋论侠整整一个下午，彼此都很投缘。金庸先生还请《明报》的记者，专门做了记录。不久，在《明报月刊》，一份学术性颇强的杂志上发表了。

　　年前在上海图书馆，请工作人员从郊区的书库调取了 1982 至 1986 前后五年的《明报月刊》。眼随手指在目录上移动，在 60 本杂志的目录上，没有找到三毛的论侠、论棋的文字。

　　不过，读到了好几篇说棋的文章。文章作者，有《新体育》杂志总编辑郝克强，也有台湾学者、围棋活动家沈君山。两人的文章都很生动。老郝在文中即兴赋诗，沈君山津津有味回忆 1982 年，受让 2 子胜了陈祖德一局。因此想到，20 世纪 80

陈祖德和三毛重逢，1989 年 4 月 27 日摄自杭州长甲山宾馆

年代中国围棋的崛起，如陈祖德和聂卫平这样的领军人，在华人知识界，都是知名度很高的人物。

三毛结识陈祖德，不仅因为围棋，还因为两人都有文学的共同语言。陈祖德的《超越自我》影响了海外，三毛的散文，有不少大陆青年喜爱。

1989 年春，陈祖德到杭州主持首届应氏杯聂卫平与曹薰铉的冠军争夺战，在电视上露面。这时，恰巧三毛正在大陆寻根，知道陈祖德也在同一城市，这使她喜出望外。三毛便请杭州的陪同人员，找到香格里拉饭店。陈祖德抽空，欣然前往长甲山宾馆。三毛入住于此。

重逢。

三毛的感情极为丰富，见到陈祖德，一阵激动，就要拥抱。斯文的陈祖德，以当时大陆人的拘谨，稍稍一呆，三毛这才将两手放下，笑容灿烂，握手言欢。

三毛相信灵学，她是真的相信。她把一枚硬币放在桌上，喃喃的，就会与空中的神灵对话。那天三毛说，她还想沿黄河走上一遭，黄河到底是中华民族的母亲之河，常令海外赤子梦魂缭绕。三毛久在异国他乡，说这话时，泪水渐渐湿润了眼眶。

三毛坦率。那时，陈祖德的《超越自我》已经出版，声誉鹊起。三毛就提醒说，你的书如果在台湾出版，可要小心，台湾的书商可能会欺负你，你一定不要客气，和他们讨价还价。

三毛为陈祖德准备了一些礼物。有她自己创作歌曲的音带，那里就录有传遍海峡两岸的《橄榄树》。三毛还送给陈祖德一本她自己也非常喜欢的《闹学记》。用她那向右倾斜的字体，在浅土红色的扉页上写：

这是作者本人——陈平，亲自随身带入中国大陆第一本原版著作。

十一亿人口中海内孤本。千里鹅毛，礼轻
意重。

　　敬赠
　　一九八四年香港相识相知的陈祖德大师

　　陈祖德是一个爱书的人，对这本《闹学记》尤
其钟爱。三毛离开了人世，陈祖德感慨不已，每当
看到这本书，就会勾起难以磨灭的回忆。

原载《解放日报》1995 年 5 月 14 日，2024 年 2
月 3 日修改

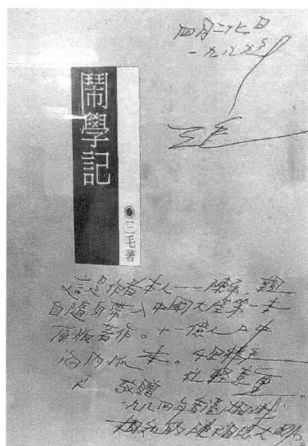

经考证，陈祖德与三毛初见在
1982 年，三毛在《闹学记》上题
字"1984 年相识"，应是笔误

左斜右弈

疫情期间，读过棋友编辑的上百幅围棋题材的绘画作品。虽然不乏名家之作，不过大多数不像是为棋而画。经常看到的是，远处缥缈的林中，翼然一亭，两位文人，于亭中下棋……烂柯传说、商山四皓、竹林七贤、赌墅轶事……都被画过很多遍，只是因为他们古逸。

把这些画作一一看过，记不清哪一张值得再看一遍。

唯独民国才女陆小曼的《对奕图》不一样。自然，认真的人，一定会将"奕"改回"弈"字。一位研究围棋的前辈认为，这两字都是古字，当不可作为通假替换。

不过古人刻印的棋谱中，"奕""弈"不分是常事，陆小曼将错就错也不是意外。

画上是两位古装仕女边饮酒边下棋，再看题词，便读出了画作中有自己生活的况味，或者人生的甘苦在内：

> 余此身除好梅花成癖外，另爱棋道，常与小妹唐瑛对奕，有上品女儿红，一着一酌，彼为有趣。丙子秋月小曼陆眉于海上曼庐。

留意陆小曼的题跋。此处的"丙子秋月"当为 1936 年秋，徐志摩去世已经五年。陆小曼丧夫之痛难以排遣，于是梅花与棋便是伴侣。"彼为有趣"是不

有友告余，两位仕女如此对弈，曾经在古画中出现过，陆小曼的手绘当是画家的日常功课

是"颇为有趣"呢？陆小曼的绘画，经过名师指点，解放后，成为上海画院的画师。弈棋是画家某种精神寄托，喝酒也是画家的情绪的排遣。读陆小曼此画，便读出一些真性情，感染许多惆怅和孤独。

明吴门画家唐寅曾有句曰"琴棋书画诗酒花"，宽泛地说，陆小曼以画家的身份几乎占全了此"七雅"。于是想，如陆小曼这样边下棋边喝酒的，大概总有文人的气息在内。

中国棋院杭州分院为围棋研究者建了一个群，孔明故里的惠老师，在微信上的名字是"左斛右弈"。便问他，你边喝酒边下棋吗？

他回复说，哪里哪里，不过就是棋酒都爱罢了。

虽然酒在左，棋在右，惠先生，或者现代人的风雅大概偏向棋更多一些。酒能使人陶然，然各人有各人的微醺。也有醉酊大醉，为何喝醉，醉态如何，又各个不同。只能说，酒是载体，如有学问或意趣，都在酒本身之外。唯棋友相聚，可因棋的玄妙，思路翩翩，至历史，至哲理，至人生。聊得远了，又可回到棋局，以世间的道理指点妙处和失着。如此，棋毕，再喝点酒，多聊几句，也便从里至外，风雅了一回。

寓居上海的南京棋手吴祥麐（lín）（1880—1946），少年时受周小松的学生李祥生指导，可称周小松再传弟子。他也是一位喜欢喝酒的人。前辈徐润周之《围棋纪事诗》的注解中写他：

> 性放旷不修边幅，每日午后赴茶楼，借指导棋得资为活，半天对局不少憩。晚间至老宝和酒家谋醉。当酣饮自适时，斜身木塌上，引吭高歌。

吴先生既是棋手，自不是一般的酒徒，也和泛泛爱棋的文人不一样。可载入中国棋史的是，他曾与日本棋手高部道平累战百局让子棋，并有著作探索围棋新法，是中国废除座子的先行者，都有棋谱为证。

当代好酒的棋手为数不少。例如日本的藤泽秀行，中国的陈祖德和聂卫平，都是豪饮的好手。不过他们喝酒都在不下棋的时候，聂卫平每临重要对局，便要戒酒数月。

喝酒喝出些雅趣的，当数当年国家队教练罗建文。

我们认识他，往往在棋评文字。偶然几次，中日擂台赛的中方赛场在北京之外，与罗教练同住一个宾馆，他的屋里摆了大大一瓶日本的清酒，桌子上有一些过酒的小食。见到熟悉的记者，便邀共饮。他本是性情中人，喝酒时，还会唱几句京戏。他扮老生，《空城计》中诸葛亮的唱段，便是棋界都熟悉的。

宾客散去，他便拿出棋盘，展开稿纸，为《围棋天地》写稿。那样专业的稿件，附有棋图，精细到一着不差。文中又有许多激情之处，当读得出京剧中歌的韵律，词的诗味，混和着酒的浪漫恣意。

也曾经想过，写围棋评论时，他的杯中尚有残酒，棋盘边上还有零星的小菜。"左斟右弈"，或许在这时候实现。

唐寅说到文人得意时的雅，自然也说到文人失意时不能免之俗。那就是"柴米油盐酱醋茶"。说出那七字时，历经沧桑的伯虎先生满腔悲愤地写"而今般般皆交付"。对于一个才子来说，与普通人一般地生活，内心却老是在重温文人墨客的风雅，此时必是万般无奈。

不过古人也好，现代人也好，真正的风雅不在外物而在内心。

罗建文便是那种可以在日常生活中经营酒与棋风雅的人。他做得一手好菜，家中冰箱里常有饺子，为的是来客请教棋艺，便可邀他同饮。

大赛中，带队员出征，教练兼任厨师，本是中国国家队许多项目的传统。围棋队也是如此。

现在，他们当然已经在餐饮主义中有段位了。他们只要带走必要的少许调料，再加上对赛场附近超市的熟悉，立刻就能在异国他乡做出中国美食。

这是写在小说中的一小节。不知怎地，就写到了罗建文：

其中最有造诣的是国家队老教练罗建文七段。常昊在三星杯半决赛胜李昌镐时就是罗老带的队，"红烧黄鱼、炸猪排、番茄炒蛋、香菇菜心和海蛎子豆腐羹，四菜一汤"，至今此菜谱还在队里流传。

那时边写边想，做好了饭菜，罗建文和常昊，一老一少，是不是曾经小酌一两杯呢？不由就闻到了酒的香气。不过相信，他们如果在赛前吃饭喝点小酒，意必不在乎饭菜，也不在乎酒。罗建文也未必会在吃饭的时候，叮嘱常昊几句。或许唠叨的是，一包上好的香肠被机场没收。如果青年棋手这一夜能够放下一切，安然入眠，轻轻的鼾声，便是对罗建文这一番厨艺的最好报偿。有菜肴铺垫，今夜酒的抚慰成全了明天棋的风流，雅俗一体。

唉，那一场比赛，距今已经 20 年了。罗建文先生去世也近 4 年了……

读过陆小曼晚年的一些画，也颇有一些人间烟火。如果她能够和当代棋士接近，那么，另画一幅《对弈图》，想必会有另外一番意境。

2021 年仲夏

最后一画

那时，朱伟先生的《上海滩棋人棋事》即将出版，责任编辑李昂女士让我写几行字向棋友推荐。顺便又说，封面如何设计让她和另一编辑黄慧鸣女士很费脑子。

传回去那几行字的时候，她告诉我，为封面作画的是贺友直贺老。原来，贺友直先生的女儿小玮，是李昂的同窗好友。李昂便请她说动贺老为棋友留下一幅作品，老先生应允了。李昂还说，贺先生当时笑了："如果我不答应，我宝贝女儿会哭的。"

微信当然没有声音，不过我听到了李昂打下那几个字时候的笑声。我也笑了，贺老先生到了95岁，依旧如此幽默。

三十刚刚出头，我用文字"配合过"贺老先生一回。1979年初秋，前辈作家任大霖老师找到我，问我是否愿意为连环画家贺友直做些文字工作。那时候，收集了大霖老师儿童文学作品的《蟋蟀》将要出版，贺老为这本书做了封面，还画了插图。大霖老师去取作品的时候，贺老便说，有一本费了很多心血的连环画要出版。画完了之后，想要找个人润色一下文字。

"你当过知青，你最合适。"大霖老师说。

于是，我去了巨鹿路，将自行车靠在他家门口，一步步走上了狭窄的木楼梯。他坐在方桌边，示意我也坐下。一个回城知青和一位知青家长面对面。

他小心地拿出一个不小的纸包，里面便是需要我"配合"的画：《朝阳沟》，一共117幅。"原来的文字都在这里，剧本也在这里。画完了，便觉得文字要修改一下。这已经不是豫剧了，这是一本连环画。"

他又说："如果按照豫剧画，也可以，不过，我去了太行山，住在老乡家里，

每天就是出去写生。那里
人的面孔，脾气，讲话的
腔调，走路的样子，和南
方人都不一样。连得种
田的家生，耕地的老黄
牛，都和这里不一样。住
在山沟沟底下，太阳是从
山背后出来的，比这里要
晏一点，落山落得要早
一点……"

贺老随手便拿出了一
块已经擦得圆滚滚的橡皮。一张张指点，一边擦掉铅笔打的草稿。某些细部还用
一只硕大的放大镜照给我看。

如今，拿出珍藏至今的初版《朝阳沟》，犹记得他浓郁的宁波腔。

"这一张，一男一女，栓宝和银环，蹲在地里谈心。你看看，他们蹲下的辰光
交关长久，竖在那里的两根锄头柄，一动不动。我画了一群燕子，在他们边上飞
来飞去，其中一只，将要停在锄头柄的上面。那只燕子是把锄头柄当成树枝了。"
他瞪大两只眼睛有点神秘地看着我，还有点得意地微微点头。"不过你不要写出
来，一写出来就俗气了。"

"再看看这几张，二大娘臂膊上是一篮杏子，剧本里原本写的是苹果。那个季
节，苹果还没有下来。"

这样一张张地说过。意犹未尽，他好像要再说一遍，看看天黑了，就收齐了
画稿，在桌子上，笃了一笃，齐整了。忽然又想起什么，抽了一张出来，看过，
用橡皮擦了擦，拂去碎屑，才放回去，包在报纸里。用细绳扎了个十字，看着我
放进包里，又下楼，看我把包挂在自行车的龙头上。一路骑行回家，我总感到背
后有一双炯炯的眼睛。

我忘了他给我多少时间，只觉得那些日子只够傻傻地欣赏这些画稿。

一张张看去，我大致看出了贺老的一番苦心。《朝阳沟》的原作是豫剧，编剧
杨兰春是抗战老干部。那剧本，有人说，就是取材于他出生并战斗过的村庄，至

今太行山里，有一个村庄就叫朝阳沟，那里有栓保和银环的家，还展览有小两口的结婚照。原作是喧闹的喜剧，杨兰春的幽默在他的豫剧唱词里，响响亮亮，一唱出来就爆发出满场笑声。这一本连环画也是喜剧，不过是平面艺术的喜剧，是安静的，合适在图书馆里，慢慢地看的故事。是一个人捂住嘴，不由自主对着画偷偷地笑的幽默。在豫剧里，每一句唱词，都像是杨兰春自己在唱。而在连环画里，看得出每一张画后面都站着一个有噱头的贺老，他是导演，导了一出又一出的戏，演员也都是他自己，他手画他心。

那时候还不知道，贺老从张择端的《清明上河图》继承了人物的聚散，在陈洪绶的《水浒叶子》那里，领悟了人物的夸张。那些夸张，带着人间温暖，是作画人内心的希望和寄托。《朝阳沟》里的人物，特别是女子，形体动作"写实而略带夸张"。那些人物，其实贺老内心都很喜欢。主角银环的很多干活的动作表情，都是城里学生对于农村的想当然。银环妈、二大娘和巧珍妹妹，都有让人笑出来的喜剧元素，总是源于城里人看乡下人，乡下人看城里人的不同心态。满村子的孩子，也都是他夸张的对象，他们本不是重要角色，偏偏又处处露脸。那样，安静的画幅，便有了声音。如此夸张了才可爱的女子和孩子，与那些容貌端庄，说话却严肃中带着滑稽的男人们，合成一台饱满的戏文。

贺老在这本画册中，用柔和轻快的单线白描展现了太行山水的万千气象。有时候用大片留白，看出山间晨昏的雾气。鸟，很多鸟。都是林鸟，一团一团飞在空白处，因其大小，便知山之远近。也有鹰鹫之类，款款地伸长翅膀翱翔，盘旋，画面上有它们，便有了气氛的调节，画面的平衡。那时看不懂山水，以后看到了不少宋画，方知中国古画依靠悠深的意境取胜，不过古人山水里的人物，似乎只是为了安排个人的心境。山间溪流上的渔夫，山道上书童和骑驴旅人，其实都是古代画家内心孤独的自我形象。然贺老的连环画，山水笔墨是他旷远之意的偶然袒露，那些画，都以人物为视觉重心，即使那些人物小如芥末，都有画家的精神寄托，也有故事主角的情感逻辑。《朝阳沟》是现实的，又是个性的。每一幅都在画家内心的艺术趣味和世俗人生的交会处。故而是高雅的，也是平民化的。

那时我还在中学教书。学校图书馆清理一批旧书时，有一本纸质发黄，几乎破碎的书，搁置一旁。我忘了把它买下花了几个小钱，只知道那本书是长篇小说

《火种》，贺老作的插画，都是竖幅。大霖老师后来送我的《蟋蟀》，封面和插画也是竖幅。都是可一幅幅分开来独立欣赏的精品。

白描，有故事的中国画，有着喜剧元素的中国画。《朝阳沟》的连环画幅和《火种》《蟋蟀》里的插图，便都是我美术欣赏最初的导引。

贺老晚年，《朝阳沟》再版，他情不自禁地说：

> 许多人评说我画的连环画以《山乡巨变》为最好，我则以为《朝阳沟》比它画得好。
>
> 这本《朝阳沟》有不少文字之外的妙笔……允许我说句自夸的话，到画到这本作品的阶段，是真正懂得连环画的要义了。

《上海滩棋人棋事》出版，贺老的画，果然在封面上。

很多人咧着嘴，看了封面笑了一番，以为是画家呼应作者，随手为棋迷造像。

毕竟因《朝阳沟》而受到贺老艺术的熏陶，在他的作品面前，我会略略想得多一些。我知道到了晚年，贺老不可能如《朝阳沟》那样精雕细刻，画出的线条细如蚕丝。然他画每一幅画，也必然会一以贯之有着故事，有着夸张和幽默。这是他的艺术惯性。

一棵树，法国梧桐树，像是公园。贺老家距离襄阳公园不远。或许"文革"前，贺老画画累了，背着双手外出走动，四处看看的时候，也到过襄阳公园。《上海滩棋人棋事》里，公园里当年下棋的盛况，触动了他的灵感？

画上很多人都在笑。看样子，左边有人下了一个昏招，悔之晚矣。是谁？是黑衣人吗？是戴着眼镜的老者吗？我倾向于下棋的是那位老者，而黑衣人则是支昏招者。老者不可能经常来公园，对棋格外认真，输了一局棋，要记个一两星期。他不怪罪黑衣人，黑衣人面对棋局，自有恍然大悟的痛苦。他的面部表情很难用简练的笔法表达，贺老便以他的胳膊挡住了他的脸。对面一共五人，下棋者和帮衬者，一起咧嘴大笑，有人或许还在唱些小调，戏弄左边的下棋者。也有两三位哥们，是同情者，有人似乎在叹可惜可惜，另有人看出了一线希望，喊着快快"掏个茅坑"……

动静不小，两位在梧桐树下的青年男女，已经听不见彼此含情脉脉的甜言蜜

语，只得快步离开。另有一人，知棋已经没有悬念，从人堆中抽身出来，脸上还余一丝不屑的笑：那水平，都该是我手下败将啊。

这是有声音的场面。然而，似乎主题在没有发出喧哗声的那几个人。贺老为此画题名为《旁人不语真君子》。那些既是"旁人"，又是"不语"者，自然就是"真君子"。那老者还盯着棋盘，自然是不语者，可他不是"旁人"。下边偏右一人同情地看着他，也想不出用什么话来劝劝他。在图画的最下面，一个背影最费猜详。那荷包蛋一样的发型和那副须臾不离身的眼镜与贺老有三分相像。背影左旁一人，似在窃窃私语。大概说是此公园当年下棋者不可小觑，名棋手顾水如、王幼宸和汪振雄时常光顾，还能遇见杨振宁的父亲、数学家杨武之这样的名流。这老者棋不行，或许是一个知识分子呢。

把这个想象故事片段变成文字，很是踌躇。我知道这是贺老眼睛里看出来的棋迷，也知道读画者不该代替他做直白的叙述。于无声处，好像贺老站在画后，听到了他的宁波官话："画画是我的事情，看画是你们的事情。"

谁都没有料到，此画作后来不知去向。

贺友直先生去世之后几天，去他那充满市井烟火气的家中吊唁的，除了美术界的人士，还有他的读者、仰慕者，一时川流不息。

斯是陋室，唯贺德馨，谈笑有鸿儒，往来无白丁。贺老家中从不设防。是哪一个道德上的"白丁"，夹在一群"真君子"里，悄悄来过了贺老的家？

此画作于 2016 年 1 月。李昂回想，得到贺老的画，便迅速回出版社制版。贺老说过，他想保存原画。黄慧鸣便于制完版当天将画送回。贺老将画夹在画架上。

当年 3 月 16 日，贺老去世那天，那画依旧在画架上。

2022 年 10 月 26 日

大年初一的两局棋

大年初一，宅在家中，我便下棋。

事先想过，新年要还一些文债，校核一些稿件。窗外的冬雨没完没了，白茫茫的一片。昨天武汉封城，这时候要静下心来看稿，有点为难。

如果一生的黄金岁月中有那么二十多年做过真正的新闻，那么就会有一种关于现场的惯性。大事件出现，内心便会呼唤要去目击。现在的我已白发苍苍，古稀之后，又是一个本命年。不由叹息，此身已被惊心动魄的新闻现场淘汰。

这辈子和围棋有不解之缘。今日唯有围棋方如达摩之一苇，可渡着下棋人，逆长江之流西赴黄鹤楼。

脱下口罩，穿上马甲，打开弈城网，问："有武汉的吗？"

一秒钟，出来了两个名字。其中一位叫做"蜗牛慢慢来"，我猜想这是一个孩子。此刻，我愿意与病毒飞沫中的孩子下棋。他或许不会猜想我是谁，不过他或许从我的马甲上看到了一个"老"字，便会想象我是那种一朝学棋就一成不变的古董。年里，他或许愿意和古董聊聊？

我知道我到了虚拟空间。落下第一枚棋子，我们便是面对面，在留言栏中互致问候。

他说："封城了。"

我便问："你住在哪里？"

他回答："汉中街。"

不知为什么，我变得婆婆妈妈了。"家里还好吗？"

"都没事。"

"慢慢会好起来的。"

"我知道。"

"蜗牛慢慢来"的回答都只有三个字。

他的棋很有想象力，属于大开大合，大放弃大转换的那种，绝对不是边下边点目的"蜗牛"。

于是试探："想来你正在青春年华。"

"高二。"

这回只有两个字。他果然是一个孩子，算起来，不过 16 岁。

他忽然发现自己数子死掉了。便说："送你一块。不谢！"真是一个高傲的孩子。我又复核了一遍，确认他是误算，不是故意弃子。便说："不急，还能下。"

他回答："嗯嗯嗯。"

棋下完了。我站起，回身看看书架。为围棋写过一些文章，也存有不少棋书，有一些文字他或许会感兴趣。

返身到电脑前，先打下的是："孩子，祝你坚强勇敢。"又是古董的婆婆妈妈。

不料，慢慢来的"蜗牛"已经快快去了。我在弈城网的大厅四处找寻，并未见影踪。他已经下线。虚拟的现场已经解除，他又回到了武汉，我依旧在上海。

两局棋，都下得匆匆忙忙，加起来还不到一个小时。

整个上午茫然若失。我很怀念那个孩子。下午再一次打开弈城网，是为了看看我们下过的棋。

棋局之上，游荡着新冠病毒。是一次特殊的会见。有关武汉城外和城内，疫区和非疫区，老人和孩子，病毒的蔓延和剿灭。我们唏嘘感叹都不在棋，而是病毒。

一胜一负，无数次的错进错出。围棋此时已经回复到了"手谈"的本性。用围棋的形状语言，加上汉语这一自然语言，我们构筑了一个精神空间。我回看棋局，不由读出了彼此的心情。我想要宽慰他，用自己饱经风霜的年龄，以及自己在各种现场获得的人生思考。也知道，此时此刻，城外的人，必然言不达意。他呢？大概是他太想要告诉对武汉一无所知的我以及在城外的我们，他有青春的朝气，九头鸟有自己天生的倔强。

"蜗牛慢慢来"，在我眼中不是怪异的马甲。我愿由此读出一种与他的年龄，与他的棋风不一样的沉着和自信。现在他在城里，他知道他应该做什么。

查了气象，武汉的天气是阴，有雨也有雪。又看了地图。"汉中街"位于汉口，距离那个华南水产市场并不太远。汉中街是一个热闹的地方，有很多当地名小吃，距离著名的汉正街商场不远。周围有设施完备的医院，也有不错的学校。我不知道"蜗牛"在哪个学校读书。

用想象力再一次虚拟一个空间。我愿意看见武汉的天上有着大大的太阳，紫外线杀灭了一切飞沫中的病毒。他在教室里和同学下棋，下得激情飞扬。阳光是美的化身，穿过窗棂，照耀在他的身上。他又喊"送你了"，那是真正的弃子争先，断尾而新生。他得胜回家，书包里装着围棋，手中提着棋盘。他在汉中街上走，夕阳拉长了他的身影，令他的笑脸生动。16岁的青春啊。

我一定会被他的笑脸感染，于是我苍老的脸上也有笑容。我在哪里呢？会不会在汉中街某家小店，用筷子搅拌着有芝麻酱和酸豆角的热干面呢？

会下棋的都是好孩子，我想。

2020年2月3日

下烂柯

写完《烂柯》，便是下了烂柯山。

一篇一篇写着围棋，知道自己总会写完，便惶惶然若有所失。

把棋书整理成三箱，交给了上海棋牌院。这里有围棋高潮时，上海棋界诸贤几乎全部的围棋作品，他们都签上了名字。签名本中还有陈祖德先生初版《超越自我》、郝克强先生的擂台赛回忆录，亦有日本作家江崎诚致的一部小说，以及棋手或许愿意阅读的文学作品。

等待棋院的车来，便站在院子里，发了一会呆。

我在想我遗漏了什么。

这本散文集中很多篇幅都有"美"字，然而，围棋的审美是那么的特别。至今还不敢说"围棋美学"究竟是什么。

当年曾经豪情万丈，和评论家刘绪源说过，我们如果能够将围棋的思维搞明白，便可以面对林林总总的美学理论，说一些新见解。绪源友说他访谈李泽厚先生的两本书，可以理清一些基本思路。那两本书的主题都是中国的哲学。很认真读了，然后与人工智能学者刘知青教授一起写作了《对面千里》。

《烂柯》的写作过程中，很多次请教文学评论家兼诗人张定浩先生。便将这段话发给他：

> 棋手下棋就是在审美。不夸张地说，学前年龄段的孩

子，人人都在对自己幼稚的棋进行"美存劣汰"。

何为"围棋之美"，依旧值得讨论。

围棋的审美是特别的。相比其他艺术，围棋有比赛有胜负，这里的美就有了数字，有了客观评价标准。

棋手审美，贯穿整个下棋过程：

1. 下棋时，通过视觉，以形象思维感受了围棋形状不同程度的美。

感受经常由直感开始，瞬间感受的背景是大量对局形成的阅读经验。

经验的形成，离不开数字："效率"和"胜率"。

2. 抽象思维对围棋形状进行识别之后，棋手进入统计、比较优选和推理等逻辑思维活动，构建未来可操作的理想棋形。

3. 棋手的审美是在激烈的争斗中进行的，影响棋手审美的还有强烈的情绪。

棋手审美，是感觉和"计算"交融的美，知性和感性结合的美，懂得和愉悦并存的美。同时，美的棋带有某种规律性，又是可实践的，故是知与行结合的美。

定浩兄：

您好！

发去上面这一片段，内心有一些恍惚。因为一直感到，"围棋美学"还是一个模糊并不太可靠的说法。

我大概动摇了。因为我读过的美学书籍不太多，而且接受的，都是"很实用"的观点。

《烂柯》进入编审程序，有可能以比较快的速度出版。不过将围棋的观念清理一下，也还来得及。

谢谢！

胡廷楣

2024 年 3 月 27 日

胡老师：

　　我当然认为围棋是有美学的。但这个问题一旦讨论，就枝蔓丛生，涉及对美学的定义，最后很容易变成一个同义循环，就是我证明的只是我给出定义的部分。比如说我还看到过一本谈论围棋暴力美学的书，一旦美学变成一个后缀，那么就和文化一样了，什么都可以冠之以文化，这个词本身也就失效了。

　　所以，我觉得，与其纠缠在围棋有没有美学这个大概念下，不如先细微地讨论一些在围棋这个事情上具体的让我们产生美的感受的东西。因为美的感受既是主观的，同时又是可以和他人交流的。这样慢慢积累起来，或许会诞生一种当代的围棋美学。

　　至于 AI，我认为即便 AI 的棋是美的，那也是人类的感受，对 AI 来讲，美就是真。当然这本身又是济慈的诗了，最后美和真理又是统一的。

　　总的来说我觉得可以从具体的细节开始探讨，先搁置大的美学概念性的植入。

　　匆匆。

定浩

2024 年 3 月 29 日

定浩兄：

　　非常感谢！对于我这样的围棋写作者来说，这是到位的回答和提醒。

　　和你意见相同的是研究美学的专家，上海大学刘旭光教授。他委婉地回答我："（那段话）把'美'换成'好'同样成立。"我觉得他说得很对，年轻时读过一本美学词典，"美"和"美好"分处不同的页面。刘教授最近和苏甦二段建立棋手和学者"互学"的关系，刘教授指点她："围棋带来的精神体验应当是围棋审美的核心。"

　　棋手崔灿五段理解"美感"，是感官上极致的效率（并且能成立），即所谓的"棋形之美"。他认为棋盘上的美源于人类的认知与理解。如果能解读 AI 的着法内涵，也会感受到它的"美"。AI 下法一般都是追求极致效率的，棋手的语言就是"撑得很满"。他正在研究人工智能的开局，工作中有太多的感受，我很欣赏他的表达。

人工智能学者刘知青认可的是："相比其他艺术，围棋有比赛有胜负，这里的美就有了数字，有了客观评价标准。""围棋先走了一步，其他方面尚有困难，但这是方向。"我相信他在说，AI 今天在围棋上解决问题，明天很多"不可算"的艺术品类，也可能因为数据算法的更新，而获得"客观评价标准"。艺术中隐性存在的科学，将因为 AI 而被强化。

艺术家海蓝说："现在看申真谞他们棋谱有些乏味，石破天惊的着法随便搭配，其实都是一个师父：谁像我谁赢面大。功夫都用在死记硬背上了。大家都知道，个性这东西曾经是围棋的魅力，现在是万万不能要了。……所以很容易让看的人疲倦。"他在日本展览围棋艺术作品时还说过："如果 AI 有朝一日……我绝不会向它交出真心。有朝一日如何我忘了。那天对武宫先生也是这样说的，当时想不出贴切的词，我就用肢体语言代替了，武宫也明白了。"

围棋记者萧强友说："我不懂围棋美学，第一感觉得围棋之美很大程度源自模糊，是一代一代棋手寻路而上的偶然所见，AI 指明了路径，其实也是失去了一路上的惊喜。我做的直播坚持用木质棋盘，而不用电子棋盘，因为我觉得棋盘也是围棋的一部分，你说的'视觉'，应该包括棋盘、棋子。另外，围棋沦为数学游戏，就不够'形而上'了，现在大多数棋手都在猜 AI 的答案，对局的趣味便失了一大半。好吧，我也有些'恍惚'和'动摇'了。"

最后收到的是老友陈村的观点："在我看，AlphaGo 的出现，令围棋的设定改变了。原先不仅是人与人的博弈，也是人与环境的博弈，并被高举到宇宙现象。现在这个定义被破碎，光环破灭，被降级到一般的人类游戏，仅适合人与人博弈。在 AI 的指导下，原先占据高位的天才棋手的更替加快，被打爆的概率上升，高手的被破解成为可以轻易实现的现实，他们的短板也历历在目。"

以上记录了各位师友的说法，表现了这个时代人们对围棋的关切和思考。

我完全同意你所说，"先搁置大的美学概念性的植入"，不必"纠缠在围棋有没有美学"，"从具体的细节开始探讨"。

保留是高段棋手最迷人的手法之一，面对有各种可能的美好而复杂的形状，并不急于过早定型，暂时放下，可待万千变化。

关于"围棋之美"，就"保留"一下吧。

胡廷楣

2024 年 4 月 1 日

继续讨论。我问：

> 把我们的聊天，做成一个片段，成为这本书的结尾，好不好？

张定浩答：

> 我觉得，这或许可以成为一本新书的开头，放在这本书结尾似乎有点可惜。

写一本新书？

我知道我的朋友们可以完成它，不可能是一个人。心目中最优写作组合是：懂棋的资深美学家和喜欢探究人文精神的职业棋手。或许，还应该有喜欢唐诗宋词或者莎士比亚，具有文人气质的人工智能学者。

我还想，围棋美学，因其特殊性，或许也是中国式美学不可或缺的一部分。在这个年代，似乎确认美学属于"人学"更加重要。作为普通人游戏的棋类，在日常生活中之美，难道不能和孤傲的棋手，深思熟虑堪称经典棋局中表现出来的美，并置于经典？

以上这段文字的取舍，最后征求了责任编辑的意见。
黄慧鸣女士说：

关于围棋之美的讨论，可以待看校样时再决定是否需要
补充到适当的位置。
不过，这确实能予人启发与思索。

又说：

若能有美的感觉，就是享受了。

看完校样，便希望编辑能将这些文字作为正文的最后一篇。这里
十余篇文字，写的都是赛场以外的围棋，有围棋的生活。
《上海文学》登载了张定浩的新诗。他写烟雨中的巷陌。我从衢
州烂柯山上走下来，也是雨蒙蒙的天，山路弯弯，是人间的阡陌。
他写俯身捡拾细小的野花，我把"野花"换成"围棋之美"。

我看着它们重新在你手中生长，
挺立在一种成熟的光辉中。
真好啊，在这暗淡阴郁的世界里，
我们选择成为幸福的人，
把遇到的每道墙都视作一扇门。

2024 年 5 月 23 日

校后闲话（代跋）

　　一份三百页出头的校样看了足足四十天，这样的速度如果是我的徒儿"跑"出来的，站在终点线掐秒表的我一定会把小朋友骂得抬不起头来！可是，这一个"纪录"却是本人"亲自"创造的。

　　这份校样的书名是《烂柯》，是一部围棋文化随笔集，作者是与我相识超过三十年的老朋友胡廷楣老师。按说，这部书稿最配我的胃口，理当开足马力、大步流星地审读完成。确实，从五一假期的第一天我开工的时候就是如此设想的，开局也确乎顺利，然而当看到《在天堂"遛狗"的求道派棋士》这个题目时，我突然卡顿了，情绪久久难以平复，只好把书稿笃笃齐，没有高阁就暂且束之高架吧！

　　这篇文章是去年1月曹志林老师猝然离世后，胡老师写的第二篇悼文（第一篇题为《三个电话》，刊于《新民晚报·夜光杯》）。在曹老师病危和去世的短短几天内，我和胡老师电话、微信联系频密，在我俩的交往史上是创纪录的。他的两篇悼文，我都是第一读者，也是最积极的推手和义务编辑。为一位逝者、师友，我俩所做的尽管只是"秀才人情纸半张"那样的微不足道，但这份情足够真，也因此当我在一年半后重见此文，我会很不职业地"罢工"，或者可以说像当年的老名人秀哉那样无理由地"打挂"了！

　　"打挂"期间，脑子是不会停转的。我想起了与胡老师"三十年陈"的交情。没认识胡老师之前，先拜读了他的不少围棋赛事的报道和棋手的采访，当年的体育记者都很了得，而胡老师的文采是非常突出的，他的新闻稿具有很强的文学性。后来赵之云老师送了我一本胡老师的《黑白之道》，这是胡老师对围棋界的一个重大贡献，他利用记者访谈的形式，记录了学者专家、专业棋手对围棋的认识，这本初版于上个世纪90年代初的老书至今翻读并没有过时的感觉。如果有一个优秀围棋图书"×佳"评选的话，我一定会为《黑白之道》投一票的！

因为也参与一些棋类赛事的宣传报道，所以和胡老师这位"老法师"在赛场喜相逢的机会挺多，自然熟络起来。后来得到了他惠赠的《境界》，拜读之后，感觉胡老师对于围棋文化的思考已经到了一定境界。这一时期，我的主业是编辑棋牌类图书，编过一本林峰老师翻译的《国际象棋诗文选》，胡老师看到这本书后，便建议我寄赠给金克木和吴文俊二位先生，这二位都接受过胡老师的采访，他们的对话收入《黑白之道》和《境界》。我欣然从命，按照胡老师提供的联系方式，认认真真地写了信，寄走了书。没想到二位先生都有回应，吴文俊先生给我回了信，而金先生虽然没有写信，却回赠了我很喜欢的两本书，其中一本还签了名，这都是意外惊喜！

胡老师长我差不多二十岁，忽然在赛场见不到他了。偶尔碰到退休后的他，他兴致勃勃地谈起了摄影，津津乐道其如何在上海网球大师赛中抓拍精彩瞬间，我心里想：这是疏离围棋了吗？后来他告诉我：拍照既有记者的快乐，也可从艺术的角度探寻理解视觉思维。有一回看到预告，胡老师联袂刘知青教授在上海图书馆做讲座，话题是"人工智能与围棋文化"。鼻子底下的讲座，岂能错过？我全程洗耳恭听，并买了一本他俩合著的新书《对面千里》，讲座结束后混在粉丝队伍里求签名，自然被胡老师一眼发现。从这本书，我明白胡老师对围棋文化的思考并没有因退休而"封盘"……

厚厚的校样，总不能让它一直"躺平"着。零敲碎打地读着，看到有关金克木、徐润周、朱铭源、陈祖德、赵之云等逝者的篇章时，我的情绪又一回回地低落、感伤，但再也没有"罢工"。把书稿看薄，这是一个编辑的日常工作；但这一回不是家常便饭，胡老师还给我布置了一道作文题——写一篇跋，这令我压力山大！我记得一年多前，他在微信里跟我说：把写过的围棋文字编一本集子就告别围棋，退役了！他把历年来积攒的棋书也都捐给了上海棋牌院，真有点"断舍离"的果决。那么我所审读的《烂柯》，岂不就是他的告别之作吗？当然他说的"告别围棋"，我的解读是"告别围棋写作"吧！于是我一诺无辞地接受了审读＋作跋的"套餐"任务，因为胡老师和责编慧鸣的信任，我也唯有"以文相许"了，虽然这有点不知轻重地班门弄斧，但以此求正，并纪念一段超越三十年的情谊，我还是有话可说的。

胡老师其实是很想写一本《围棋美学》的，他微信中跟我说："我已经力不从心。又感觉既要有学术上的高屋建瓴，又要有棋史和技术上的严谨，必须有至少两人（一位美学家，另一位为棋手）组成的团队才行。"这是一个很好的选题，我很想作为责编来做这么一本书的，当然胡老师也来帮忙是再好不过了。

棋海无边，何处是岸？

落子可悔，地阔天宽。

一笑收笔，闲话代跋。

杨柏伟

甲辰端午后

上海文化发展基金会资助项目

图书在版编目（CIP）数据

烂柯：棋道与人生 / 胡廷楣著 . -- 上海：上海文化出
版社，2024.8（2025.4 重印）
ISBN 978-7-5535-2944-8

Ⅰ. ①烂… Ⅱ. ①胡… Ⅲ. ①围棋－体育文化
Ⅳ. ① G891.3

中国国家版本馆 CIP 数据核字 (2024) 第 068018 号

出 版 人：姜逸青
责任编辑：黄慧鸣
版面设计：华 婵
封面设计：汤 靖

书 名：烂柯——棋道与人生
作 者：胡廷楣
出 版：上海世纪出版集团 上海文化出版社
地 址：上海市闵行区号景路 159 弄 A 座三楼 201101
发 行：上海文艺出版社发行中心
上海市闵行区号景路 159 弄 A 座二楼 201101 www.ewen.co
印 刷：上海新华印刷有限公司
开 本：710×1000 1/16
印 张：22.25
印 次：2024 年 8 月第一版 2025 年 5 月第二次印刷
书 号：ISBN 978-7-5535-2944-8/G.482
定 价：80.00 元
告 读 者：如发现本书有质量问题请与印刷厂质量科联系
T：021-56324200